Anton A. Bucher

Psychologie der Spiritualität

Anton A. Bucher

Psychologie der Spiritualität

Handbuch

BELTZ PVU

Anschrift des Autors:
Prof. Dr. Anton A. Bucher
Universität Salzburg
Fachbereich Praktische Theologie
Religionspädagogik
Universitätsplatz 1
A-5020 Salzburg

1. Auflage 2007

Programm PVU, Psychologie Verlags Union
http://www.beltz.de

Lektorat: Barbara Locher, Monika Radecki
Herstellung: Anja Renz
Umschlaggestaltung: Federico Luci, Köln
Umschlagbild: Mauritius Images, Mittenwald
Satz und Bindung: Druckhaus „Thomas Müntzer“, Bad Langensalza
Druck: Druck Partner Rübelmann, Hemsbach
Printed in Germany

ISBN 978-3-621-27615-3

Inhalt

Geleitwort von Rolf Oerter

Eine Psychologie der Spiritualität zu schreiben, ist immer noch ein Wagnis. Sollte man sich überhaupt mit einem solchen Thema beschäftigen? Ist es wissenschaftlich solide, sich damit auseinander zu setzen? Erscheint es notwendig, so etwas zu tun? Zumindest die letzte Frage kann man positiv beantworten. Angesichts der Massenemotionen, die der verstorbene und der neue Papst auslösten, der religiösen Massenproteste der Moslems gegen Karikaturen über ihre Religion, aber auch der esoterischen Massenbewegung ist es dringend nötig, sich auch wissenschaftlich mit Phänomenen auseinander zu setzen, von denen so viele Menschen so auffällig betroffen sind. Aber vielleicht sind es weniger Massenbewegungen, sondern die Suche einer vielleicht noch größeren stillen, unauffälligen Gruppe nach Spiritualität, die im Zentrum des Interesses dieses Buches steht.

Bucher zeigt in seiner Darstellung, dass Verbundenheit ein entscheidendes Kriterium für Spiritualität ist, Verbundenheit, die er nach breiter Beschäftigung mit vielen Aspekten der Spiritualität und nach offenbar reiflicher Überlegung als Verbundenheit mit dem Übernatürlichen, den Mitmenschen und der Natur kennzeichnet. Wenn man so will, ist dadurch die Sinnfrage eingeengt. Das erweist sich als Vorteil, denn Untersuchungen (einschließlich meiner eigenen, die ich weltweit zum Menschenbild durchgeführt habe) zur Frage nach dem Sinn des Lebens zeigen, dass die Probanden in der Hauptsache Familie und Selbstverwirklichung an die beiden ersten Plätze setzen, dies auch bei freien Antworten. Selbst in Regionen, wo der Islam eine wichtige Rolle spielt, wie etwa im Umkreis von Bandung, Java, werden religiöse Inhalte bei der Sinnfrage spontan nicht oder kaum genannt.

Bucher plädiert für ein „Verständnis von Spiritualität, wonach diese wesentlich Verbundenheit und Beziehung ist ..." (Kap. 2.4). Diese Sichtweise ist keineswegs Spekulation und fußt nicht in erster Linie auf philosophischen und theologischen Argumenten, sondern vielmehr auf empirischen Befunden. Das Wertvolle an diesem Buch ist die Zusammenfügung und Einordnung einer Vielzahl unterschiedlichster Befunde zum Thema Spiritualität. Sie reichen von Untersuchungen des Gehirns und der Gene über qualitative Studien bis zu Untersuchungen über die ontogenetische Entwicklung von Spiritualität und deren positive Effekte in und außerhalb der Psychotherapie. Ein eigenes Kapitel ist der Messung der Spiritualität mit Hilfe von Skalen in Fragebogenform gewidmet, Skalen, die je nach Akzentuierung und Interessenschwerpunkt ihrer Konstrukteure unterschiedliche Bereiche abdecken.

Der evolutionsbiologische Aspekt und Befunde aus der Genforschung sowie der Hirnforschung stehen am Anfang des Buches, so als wollte der Autor deutlich machen, dass der Mensch biologisch für Spiritualität angelegt ist und dadurch bessere Überlebenschancen hat, weil er der Zukunft optimistischer gegenübertreten kann. Aber Bucher überlässt es, wie bei anderen Befunden auch, dem geneigten Leser, Schlussfolgerungen zu ziehen.

Die Darstellung ringt immer wieder von Neuem mit dem Problem der Verbundenheit im Sinne der Befreiung von Egozentrismus und Individualismus hin zum sich Eins-Fühlen oder Vereint-Fühlen mit der Umwelt im Sinne des Transzendierens des eigenen (eingekerkerten) Selbst. Nun gibt es weitverbreitete säkulare Arrangements, die der Tendenz zur Ich-Umwelt-Verschmelzung, zu den ozeanischen Gefühlen (im Sinne von Freud) Rechnung tragen. Ich habe schon vor Jahrzehnten auf dieses Phänomen aufmerksam gemacht, das sich im Disko-Besuch (intensive multimodale Eindrücke), bestimmten Sportarten, wie Surfen, Skifahren, Drachenfliegen und Schwimmen (besondere Nähe zur und Verschmelzung mit der Umwelt) und im Reisen (durch Fernreisen macht man sich scheinbar die ganze Welt zu eigen) zeigt. Ob und in wieweit man hier von Spiritualität sprechen kann, ist fraglich. Freilich nähern sich phänomenologische Beschreibungen stark den Darstellungen über Spiritualität an.

Aber das Bemühen um Verbundenheit ist vermutlich eine typische Tendenz des westlichen Kulturkreises. Die Entwicklung von individualistischen Kulturen, die in ihrer Sozialisation und Enkulturation einen scharfen Schnitt zwischen dem Ich und der Umwelt machen, führt zwangsläufig zu Erfahrungen und Erlebnissen der Isolation. Ich als Individuum bin einmalig, alles andere ist verschieden von mir. Dieser erkenntnistheoretische Dualismus von Ich und der übrigen Welt führt zu dem Bedürfnis nach tieferer Verbundenheit mit der sozialen, natürlichen und übernatürlichen Welt. Kollektivistische Kulturen, vor allem der asiatische Kulturkreis, haben diese Probleme viel weniger, denn ihre Grundanschauung ist das Einssein mit der Welt und das Sich-geborgen-Fühlen in der sozialen Gemeinschaft. Diese Art von erkenntnistheoretischem Monismus erleichtert spirituelle Erfahrungen und macht sie möglicherweise zu einer mehr alltäglichen Erscheinung. Hier wären psychologische kulturvergleichende Untersuchungen wichtig. Ethnologische und religionswissenschaftliche Untersuchungen gibt es hierzu bereits, doch fehlen Daten über Individuen und Individuengruppen der Ethnien.

Dieses Buch über Spiritualität ist zweifellos wichtig. Es tritt esoterischem Aberglauben ebenso entgegen wie dem Missbrauch religiöser Gefühle. Es bietet einen Überblick über die wichtigsten empirischen Befunde zu Spiritualität, wobei auch neueste Ergebnisse mit aufgenommen sind. Und schließlich: Es wägt das Für und Wider von Aussagen kritisch ab und überlässt den Lesern, sich selbst eine Meinung zu den dargestellten Phänomenen zu bilden. Man kann nicht genug betonen, dass es um empirische Daten geht und nicht um Spekulationen oder philosophische Konstruktionen. So fehlen auch extrem negative Positionen gegenüber Spiritualität nicht, die empirisches Material anders deuten als der Autor und seine Gewährsleute. Diese Sachlichkeit tut wohl. Der Autor selbst, das spürt man zwischen den Zeilen, misst dem Phänomen große Bedeutung bei, versucht aber niemals, den Rezipienten zu beeinflussen. Ich bin überzeugt, dass dieses Buch gern und viel gelesen wird. Es eignet sich für eine Vielzahl von Adressaten: Religionspädagogen, Theologen, Philosophen, Mediziner, natürlich Psychologen und interessierte Laien, von denen es nicht wenige geben dürfte.

Einleitung

Gestern noch altertümlich, heute Megatrend: Spiritualität

„In den ganzen fünf Jahren meines Psychologiestudiums habe ich nie etwas von Spiritualität gehört, vom Geist, von der Seele. Ich habe auswendig gelernt, welcher Gehirnteil aktiv ist, wenn Menschen Probleme lösen oder Angst haben. Aber verstehe ich damit den Menschen? Es war alles so naturwissenschaftlich. Dass Menschen auch glauben, an Gott, an ein höheres Wesen, dass sie einen letzten Sinn suchen . . . davon haben wir kaum etwas gehört."

Die zitierte Absolventin des Psychologiestudiums verweist auf eine Lücke innerhalb der mitteleuropäischen Psychologie. Ursprünglich angetreten als Wissenschaft von der Seele, hatte die Psychologie diese weitgehend aus dem Blick verloren und befasste sich zunehmend mit äußerlichem Verhalten, gehirnphysiologischen Mechanismen und Kognitionen. Demgegenüber begreifen uralte Traditionen den Menschen wesentlich als Seele und Geist. Mit Letzterem befasst sich „Spiritualität". Dieser Begriff war bis vor wenigen Jahrzehnten nicht unbedingt positiv besetzt. Er weckte Assoziationen an Nonnen, die den Rosenkranz beten, an weltabgewandte Orte des Schweigens, der Askese. Spirituell zu sein bedeutete, weltflüchtig und religiös konservativ zu sein und sein Kreuz bewusst auf sich zu nehmen. Doch in den letzten Jahren hat sich das explosionsartig geändert.

Spiritualität liegt im Trend, in den USA freilich (noch) stärker als in Europa. Psychologen verglichen das Interesse an ihr mit einer mächtigen Woge, die über den Globus rollt (Thoresen, Harris & Oman, 2001). Der Psychoanalytiker David Tacey (2004) diagnostizierte eine „spirituelle Revolution". „Spiritualität" prangt von Bestsellerlisten, beispielsweise der Buch-Top-Ten der New York Times. Gewürdigt und empfohlen wird sie nicht nur von Vertretern der Kirchen oder Meditationslehrern in Ost und West; für sie werben auch Psychotherapeuten, Esoteriker, Wellness-Spezialisten etc. Der Soziologe Roof (2000) charakterisiert die US-Gesellschaft als „spirituellen Marktplatz und Sinnsuche-Kultur". Spirituell zu sein bedeutet demnach, in die Tiefe vorzudringen oder in ungeahnte Höhen des Bewusstseins aufzusteigen, über das Materielle hinauszuwachsen, institutionelle Religion in Richtung kosmisches Bewusstsein zu überschreiten. 82 Prozent der Amerikaner verspüren das Bedürfnis, spirituell zu wachsen (Thoresen, Harris & Oman, 2001). Emphatisch werden Forschungsergebnisse berichtet, wonach spirituelle Personen länger leben, seltener einen Infarkt erleiden, einen niedrigeren Blutdruck haben und auch in ärgsten Schmerzen und in der Agonie Sinnhaftigkeit und Hoffnung bewahren. Zu wenig Spiritualität, titelte die „Medical Post“ am 9.1.2001, fordere ebenso viele Todesopfer wie das Rauchen.

Aus diesem Grunde verwundert es wenig, dass sich auch die Psychologie – die Wissenschaft vom menschlichen Verhalten, Erleben sowie der Erfahrung aus beidem – der „Spiritualität“ vermehrt annimmt. Dabei wurde ihren Vertretern noch bis vor kurzem nachgesagt, an religiös-spirituellen Phänomenen wenig interessiert zu sein. Zahlreiche Studien wiesen Psychologen als die am wenigsten religiöse Berufsgruppe aus, Physiker hingegen als am spirituellsten (Argyle, 2000).

Die religionskritische Attitüde speziell der Psychoanalyse (Religion als infantile Zwangsneurose; vgl. Freud 1974) war ein Grund für diese Marginalisierung, aber auch der Behaviorismus, der auf die Beobachtung von äußerlichem Verhalten fokussierte und Religiosität als inneres Erleben ausklammerte (Kurtz, 1999). Die Schulpsychiatrie hingegen tendierte dazu, spirituelle Phänomene zu pathologisieren: Mystische Zustände galten als „primitiv und infantil“ (Group for the Advancement of Psychiatry, 1976). Spirituelle Gipfelerlebnisse, von denen Menschen überwältigt werden, wenn sie geschlossenen Auges im Lotussitz verharren, kamen nicht in den Blick. Oder sie wurden von gesellschaftskritischen Psychologen, wie im Umfeld von 1968 herangebildet, als privat-bürgerliche Innerlichkeit abgetan. Utsch (2005, 58–64) beklagt die „Tabuisierung“ religiös-spiritueller Themen, die er auf „das Konzept einer ‚Psychologie ohne Seele‘“ zurückführt.

Spiritualität im Studium. Dass Spiritualität im Psychologiestudium praktisch nicht vorkommt, ist ein weiterer Grund dafür, dass sich viele Psychologen wenig um religiöse und spirituelle Fragen kümmer(te)n. Kein einziger der von Lannert (1991) befragten Psychologen erinnerte sich, dass in der Ausbildung religiös-spirituelle Themen angesprochen wurden.

Demgegenüber wünschen viele Psychologiestudierende, dass auch religiöse Fragen, mehr noch spirituelle Themen und Wege erörtert werden. Dies umso mehr, als viele die Erwartung hegen, auch die „Seele“ profunder kennen zu lernen, die ursprünglich ein religiös-spirituelles Phänomen war (Elkins, 1998). Ohnehin ist „spirituelle Psychologie“ im Grunde ein Pleonasmus, weil Psychologie nicht anders als spirituell praktiziert werden kann, in Achtsamkeit für das beseelende Prinzip des Lebens.

Notwendige Integration in die Therapie. Besonders relevant sind psychologische Kenntnisse zur Spiritualität für Therapeuten. Viele Menschen, die eine Therapie beginnen, leiden an spirituellen Problemen. Es wäre fatal, wenn Therapeuten dem religiös-spirituellen Hintergrund ihrer Klienten keine Beachtung schenkten und beispielsweise nicht bedenken würden, dass gläubige Muslime dazu tendieren, Depression als sündhafte narzisstische Selbstbeschäftigung zu deuten (Hedayat-Diba, 2002; ausführlicher Kapitel 5). Unter Psychologen ist in den letzten Jahrzehnten das Ansehen von Religion, mehr noch das von Spiritualität gestiegen, nachdem sich speziell Physiker zu Religiosität und Spiritualität bekannt hatten (Barbour, 1990). „Psychotherapeuten denken religiös“, bilanzierte Jordahl (1990) vor mehr als zehn Jahren seine Umfrage unter Therapeuten.

Zwei Drittel der amerikanischen Psychologen erachten „Spiritualität" als wichtig, obwohl mehr als die Hälfte „Religion" reserviert gegenübersteht (MacDonald, 2000, 155). Das „Diagnostische und Statistische Manual Psychischer Störungen", herausgegeben von der „American Psychiatric Association", listet „religiöse oder spirituelle Probleme" auf (DSM IV, 2001, 772; dazu Lukoff, 2000, Lukoff, Lu & Turner, 1995). Der renommierte Psychologe Robert Emmons (1999) ist überzeugt: „Die psychologischen Wissenschaften stehen an der Schwelle einer spirituellen Revolution". Überzeugend konzeptualisierte er eine „spirituelle Intelligenz", die sich auf Menschen enorm positiv auswirken könne (Emmons, 2000). Richards und Bergin (1997, 6) bekunden in ihrem Buch „A spiritual strategy for counseling and psychotherapy" tiefe Ehrfurcht vor der menschlichen Spiritualität und ihrer heilenden Kraft. Psychologie dürfe diese Kerne und Wurzeln der menschlichen Existenz nicht länger negieren, „es ist Zeit für einen Wandel".

Psychologie der Spiritualität oder der Religiosität. Sowohl von Spiritualität als auch von Religiosität gibt es zahlreiche Varianten (Argyle, 2000; Spilka et al., 2003; Wulff, 1997). Die beiden Begriffe sind zwar aufeinander bezogen, aber nicht deckungsgleich. Viele Zeitgenossen verstehen sich als spirituell und nicht (mehr) als religiös; viele Autoren, auch Psychologen, publizieren ausdrücklich zu Spiritualität, die ein umfassenderes Phänomen darstellt als Religiosität (Elkins, 1998; Slater, Hall & Edwards, 1999).

Eine zusammenfassende Monographie ist deswegen sinnvoll, weil zu „Spiritualität" zwischenzeitlich enorm viel psychologische Forschung vorliegt. Hinzu kommt, dass viele Beiträge in englischsprachigen Zeitschriften veröffentlicht wurden, die nicht leicht greifbar sind. Die Datenbank „PsychInfo on Silverplatter" (http://web5.silverplatter.com), die die weltweit erscheinende psychologische Literatur sammelt, warf am 28.4.2003 zu „spirituality" 3.880 Titel aus, knapp ein Jahr später (20.4.2004) 4.387.

Mehrheitlich stammen die Studien aus dem angelsächsischen Raum, speziell den USA, von deren Bürger mehr als 40 Prozent wöchentlich die Kirche besuchen und 95 Prozent an Gott glauben (Hoge, 1996). Der Einwand, die Ergebnisse dieser Spiritualitätsforschung seien für das stärker säkularisierte Europa wenig relevant (Utsch, 2005), trifft nur bedingt zu. Auch hierzulande wird ein „Megatrend Spiritualität" konstatiert (Zulehner, 2004) und dafür optiert, in Psychotherapie und Medizin spirituelle Komponenten zu integrieren (Belschner & Gottwald, 2000; Renz, 2003; Seefeldt, 2000). Darüber hinaus liefern die Studien keineswegs nur Prozentwerte, die in verschiedenen kulturellen Milieus differieren, sondern zeigen Zusammenhänge auf, etwa zwischen Meditation und der geringeren Anfälligkeit für kardiovaskuläre Erkrankungen. Sofern sie theoretisch erklärbar sind, stellen diese keine nordamerikanischen Spezifika, sondern anthropologische Grundkonstanten dar.

Spiritualität empirisch und spekulativ. Auch wenn das Buch seinen Fokus auf empirische Arbeiten richtet, sind spekulative Abhandlungen zu berücksichtigen. Denn sie können innovative Sichtweisen eröffnen. Ein bevorzugtes Thema sind

Spekulationen über die höchsten spirituellen Bewusstseinsstufen, die über die von Piaget beschriebene formaloperatorische Intelligenz hinausführen, hinauf in eine „transpersonale“, mystische Höhe und Weite, in der die Grenzen des Individuums bzw. von Raum und Zeit überschritten werden (Tart, 1978; Galuska, 2003). Es wird zu zeigen sein, wie sehr sich spirituelle Gipfelerlebnisse und die aus solchen hergeleiteten Entwicklungsmodelle in unterschiedlichen Kulturen ähneln.

Das Buch versteht sich nicht als Anleitung für einen bestimmten spirituellen Pfad, von denen es unzählige gibt (Jaxon-Bear, 2001; Peck, 1993; Walsh, 1999), erprobte und seriöse, zweifelhafte und abstruse. Ohnehin kann Spiritualität nicht einfach gekauft oder angelesen werden, obschon dies im Markt der Spiritualität suggeriert wird. Vielmehr beschreibt und erklärt das Buch jenes menschliche Verhalten und Erleben, das als „spirituell“ bezeichnet zu werden pflegt. Und dies ist enorm mannigfaltig. Internet-Portale für Spiritualität öffnen sich beispielsweise in Richtung „Aura Soma, Bachblüten, Chinesische Medizin“ bis hin zu Themen wie „Yoga“ und „Za-Zen“. Andere Websites zu „Spiritualität“ konkretisieren sich als Chakrenmeditation, Rosenkranzgebet, Exerzitien etc.

Zwischen Esoterik und Materialismus. Eine „Psychologie der Spiritualität“ steht vor der grundsätzlichen Schwierigkeit, sowohl von Vertretern religiöser Institutionen als auch von Psychologen skeptisch betrachtet zu werden.

Der Mönch Louis Bouyer (1965, 28) kritisierte als materialistischen „Irrweg“, sich spirituellen bzw. geistlichen Phänomenen psychologisch zu nähern. Aber auch Leser, die mit „Spiritualität“ vor allem Esoterisches und Paranormales verbinden, sind von gängiger psychologischer Forschung, die Prozentwerte, Koeffizienten etc. liefert, wenig fasziniert. Je „akademischer“ eine Psychologie der Spiritualität, desto massiver dürfte sie als „ungeistig“, reduktionistisch und materialistisch verworfen werden.

Akademische Psychologen hingegen, um „objektive“ Wissenschaftlichkeit bemüht, tendieren dazu, spirituelle Phänomene als phantastisch, wenn nicht pathologisch einzuschätzen. Sie halten wenig von einer sakralisierten Psychologie, wie sie in New-Age-Zirkeln gepflegt wird, als Gegentrend zur Säkularisierung und einer „materialistischen“ Psychologie ohne Geist und Seele. Wer kognitive Entwicklung in den Kategorien von Rationalität und empirischer Überprüfbarkeit untersucht, gerät in Verlegenheit, wenn behauptet wird, die höchsten Bewusstseinsstufen seien transrational (über der Rationalität) (Wilber 2001). Je „spiritueller“, spekulativer und transpersonaler eine Psychologie der Spiritualität konkretisiert wird, desto weniger „psychologisch“ ist sie für viele Fachvertreter.

Das Buch versucht, zwischen Skylla und Charybdis durchzukommen. Es unterstellt, dass spirituelle Zustände von Menschen erlebt werden und für sie keine Hirngespinste sind, sondern psychische Realitäten. Unter „Wirklichkeit“ wird hier mehr verstanden, als mit gängigen empirischen Instrumenten wie Fragebögen erfasst werden kann. Dennoch können Psychologen versuchen, auch solche außergewöhnlichen Erfahrungen zu beschreiben, zu erklären und zu anderen Variablen (bspw. Wohlbefinden, Gesundheit) in Beziehung zu setzen.

Innenperspektive. Eine Psychologie der Spiritualität muss die Innenperspektive einnehmen und bemüht sein, den subjektiven Erfahrungsberichten von Personen, die sich als spirituell empfinden, so gerecht wie möglich zu werden (Fontana, 2003). Überzeugend legen Walach und Reich (2004) dar, dass eine Wissenschaft der Spiritualität eine Wissenschaft der inneren Erfahrungen sein müsse, die für Menschen ebenso wirklich sind wie die äußere Welt. Aus diesem Grunde präsentiert das Buch ausführliche Erlebnisberichte spiritueller Erfahrungen.

Was Sie in diesem Buch erwartet

Kapitel 1 verortet „Spiritualität" im Kontext der Lebenswelt und erörtert Gründe für ihre hohe aktuelle Popularität. Skizziert wird zunächst die Krise institutionalisierter Religion, speziell der Volkskirchen, die spirituellen Suchbewegungen Vorschub leistet. Dargestellt werden außerdem Berichte über positive Effekte, auf die physische Gesundheit ebenso wie das psychische Wohlbefinden. Und nicht zuletzt wird das Wissenschaftsverständnis untersucht, das eine tiefgreifende Transformationen erfahren hat. Durch Zweifel am materialistisch-objektivistischen Verständnis der Wirklichkeit sind Physiker, aber auch Gehirnforscher heute für spirituelle Phänomene offen und brachten bereits Interessantes zutage.

„Spiritualität" ist zum einen ein enorm häufig verwendeter Begriff, zum anderen ein schillerndes Konzept, das diffus, ja geradezu „fuzzy" ist (Chiu et al., 2004). Kapitel 2 legt dar, wie in psychologischen Studien „Spiritualität" definiert und konkretisiert wird. Wir verfahren induktiv und referieren zunächst, was gemäß qualitativen Studien Menschen hier und heute unter „Spiritualität" verstehen. Sodann werden gängige quantitative Messinstrumente der „Spiritualität" dargestellt. Ernüchternd wird sich zeigen, dass keineswegs das Gleiche gemessen wird, wenn mit verschiedenen Skalen „Spiritualität" erhoben wird.

Kapitel 3 erörtert, wie sich Spiritualität entwickelt. Zum einen werden (spekulative) Stufenmodelle präsentiert, die die gängigen Entwicklungsstufen hinter sich zurücklassen und in eine transpersonale Sphäre hinaufführen. Zum anderen wird skizziert, was empirische Studien zur spirituellen Entwicklung im gesamten Lebenslauf zutage brachten.

Spiritualität kann man als abhängige oder unabhängige Variable betrachten. Entscheiden wir uns für Letzteres, ist zu fragen: Resultiert aus spiritueller Praxis mehr Gesundheit? Fördert sie das Wohlbefinden? Verlängert sie das Leben? Kapitel 4 beschreibt psychologisch nachgewiesene Effekte von Spiritualität, die als positiv gewürdigt werden, und zwar auf die physische und psychische Gesundheit, Stressreduktion, Bewältigung kritischer Lebensereignisse etc., aber auch solche Formen, die fragwürdig, ja mitunter pathogen sind.

C. G. Jung (1963, 362) sagte einmal, in seiner therapeutischen Praxis habe er keinen Patienten über 35 Jahren erlebt, „dessen endgültiges Problem nicht das der religiösen Einstellung wäre". Heute würde er vermutlich „spirituell" formulieren. Dass gerade die Psychotherapie gefordert ist, für die Spiritualität von Menschen nicht nur offen zu sein, sondern sich auf sie einzulassen, trifft nach wie vor zu. Kapitel 5 erörtert spirituelle Praktiken, die in Psychotherapie(n) integrierbar sind, zumal dann, wenn sich die Klienten als spirituell und/oder religiös verstehen. Auch spürt das Kapitel therapeutischen Effekten von Spiritualität nach.

Ein umfangreiches Verzeichnis der verwendeten Literatur, überwiegend aus dem angelsächsischen Raum, sowie ein Register runden das Buch ab.

Der Autor hat vielen zu danken.

Allen voran Mag. Johanna Gangl, Psychologin, mit der er sich stundenlang über Spiritualität austauschen durfte. Anna Steup, Bibliothekarin an der Universität Salzburg, besorgte zügig und zuverlässig hunderte von Fernleihen. Elke Schäfer, Chefsekretärin am Fachbereich Praktische Theologie, sowie cand. theol. Jakob Reichenberger erstellten virtuos die Register.

Psychologisches Know-how für die Praxis

Hans Reinecker
Grundlagen der Verhaltenstherapie
3., vollständig überarbeitete Auflage 2005.
X, 161 Seiten. Gebunden.
ISBN 978-3-621-27566-8

Sie suchen einen Einstieg in die Verhaltenstherapie, ohne drei Bücher in die Hand nehmen zu wollen? Kompakt und übersichtlich werden hier die Grundlagen der Verhaltenstherapie dargestellt:

1. historische und konzeptuelle Grundlagen
2. wichtige Gesichtspunkte der Verhaltensanalyse und Therapieplanung
3. theoretische Modelle, die für die Verhaltenstherapie entscheidend sind
4. methodologische Aspekte

Peter Fiedler
Verhaltenstherapie in Gruppen
Psychologische Psychotherapie in der Praxis
2., vollständig überarbeitete Auflage 2005.
X, 342 Seiten. Gebunden.
ISBN 978-3-621-27580-4

Peter Fiedler stellt in seinem Praxisbuch eine Vielzahl verhaltenstherapeutischer Gruppenkonzepte konkret und ausführlich vor. Er zeigt, welche Störungen in der Gruppe zu bewältigen sind – und welche nicht. Die zweite Auflage des Standardwerkes wurde vollständig überarbeitet, aktualisiert und noch stärker auf Praxisanwendung hin ausgerichtet. Bewährt zuverlässig und präzise.

1 Spiritualität: aktuell und notwendig?

„Wir sind nicht menschliche Wesen, die spirituelle Erfahrungen haben.
Wir sind vielmehr geistige Wesen, die menschliche Erfahrungen machen."
(Teilhard de Chardin)

Wie lässt sich die enorme Popularität von Spiritualität erklären, die umso weniger zu erwarten war, als immer wieder prognostiziert wurde, Spiritualität würde sich in der als Fortschritt konzipierten Geschichte des Menschengeschlechts erübrigen? Dies behauptete Comte (1789–1857) in seinem Drei-Stadien-Modell, gemäß dem die Menschheitsgeschichte mit einem mythisch-religiösen Stadium begonnen habe, das von einem philosophischen Stadium abgelöst worden sei, welches seinerseits von einem wissenschaftlich-positivistischen Stadium überwunden werde. Das Ende von Religiosität proklamierten auch Freud (1974), Marx, Lenin etc. Doch das Gegenteil trat ein! In den letzten Jahrzehnten mobilisierten religiös-spirituelle Neuaufbrüche Millionen von Menschen, nicht nur im muslimischen Kulturkreis, sondern auch in neureligiösen Gruppierungen, in Entwicklungsländern ebenso wie in Industriestaaten. Vor allem aber expandierte „Spiritualität", wofür folgende Gründe genannt werden:

- Krise der institutionell-kirchlichen Religiosität; Spiritualität als attraktive Alternative (Kap. 1.1).
- Die positiven Effekte von Spiritualität (Kap. 1.2).
- Die These der Gehirnforschung, Spiritualität sei ein universales und angeborenes Phänomen (Kap. 1.3).

1.1 Individuelle Spiritualität aufgrund der Krise von Religion?

„Wenigstens in einem Sinn wird die persönliche Religion [Spiritualität, Anm. d. Verf.] sich als grundlegender erweisen als Theologie oder Kirchlichkeit. Kirchen leben . . . aus zweiter Hand aufgrund von Tradition; aber die Gründer jeder Kirche verdankten ihre Macht . . . ihrer direkten persönlichen Gemeinschaft mit dem Göttlichen."
(William James, 1979, 40)

Eine Glaubensgeschichte – von traditioneller Kirchlichkeit weg hin zu persönlicher Spiritualität – ist kein Einzelfall (Fuller, 2001). Viele Zeitgenossen – auch Psychologen – bestehen darauf, „Spiritualität" sei von „Religiosität" zu unterscheiden; einer der Ersten war Tart (1978; vgl. Irwin, 2002; Utsch, 1998). Wäh-

Fallbeispiel

Ein befreundetes Ehepaar schrieb dem Verfasser: „Und noch eines: Wir sind aus der römisch-katholischen Kirche ausgetreten. Aber mehr denn je bemühen wir uns, in unserer Spiritualität zu wachsen. Es geht jetzt viel leichter." Beide waren damals in den Vierzigern und erinnerten sich an eine katholische Kindheit: Weihrauch, Erstkommunion, Maiandachten, Beichtstuhl. Beide erinnerten sich an die begeisternden Auswirkungen des Zweiten Vatikanischen Konzils und waren als junge Erwachsene und später als Mutter und Vater in den Gemeinden, in die sie ihr Leben verschlug, engagiert. Und beide erlebten, wie die Beziehung zur Kirche langsam abkühlte, wie diese zusehends unglaubwürdiger wurde, enger und kälter. Sie konnten nicht mehr nachvollziehen, warum die Hälfte der Gläubigen von höheren Weihen ausgeschlossen sein sollte, warum nicht auch Priester das Wunder der Sexualität erleben dürfen, und mit welchem Recht eine Glaubenshierarchie darüber entscheiden könne, wer „richtig" glaube und wer nicht. Aber ihr Interesse an den letzten Fragen erlosch in keiner Weise, ebenso wenig der Glaube an ein Göttliches und Geistiges, das jeder selber suchen, finden und erfahren müsse, aber in den Kirchen verwaltet und in seiner Dynamik unterdrückt werde. Sie lasen Schriften von Steiner, Aurobindo, Buddha; sie besuchten Meditationskurse und verstanden sich zunehmend als spirituell.

rend sich der Begriff religiös auf konfessionell-kirchliche Glaubensüberzeugungen, Dogmen, vorgeschriebene Verhaltensweisen und Riten beziehe, sei Spiritualität „die persönliche Beziehung eines Menschen zu dem, was für ihn heilig oder transzendent ist" (Sinnott, 2001, 199). Ein Gesprächspartner in der qualitativen Spiritualitätsstudie von O'Connor (1997, 32) bestand darauf: „Meine Spiritualität ist meine. Sie ist privat und meine Angelegenheit. Meine Beziehung zu Gott ist meine Aufgabe, und ich will nicht die Religion anderer Leute. Ich möchte die Weisheit, um die Dinge zu verstehen, die mir widerfahren sind."

Individuell und erfahrungsgesättigt. Diese Merkmale von Spiritualität beschrieb eindrücklich Stoll (1989, 6): „Spiritualität ist mein Sein, meine innere Persönlichkeit. Sie ist, was ich bin – einzigartig und lebendig. Sie drückt sich aus durch meinen Körper, meine Gefühle, meine Urteile, und meine Kreativität." Entscheidend ist, ob die Nähe zu einem Absoluten so erfahren wird, dass Friede in die Kapillaren hinausströmt, der Herzschlag ruhiger wird, die Atmung langsamer und tiefer, der Muskeltonus entspannter – und nicht, ob das Gotteskonzept mit Katechismen, Dogmen oder dem Lehramt übereinstimmt. Bezeichnend ist der Titel eines Buches, das der klinische Psychologe David Elkins (1998) vorlegte: „Beyond religion. A personal program for building a spiritual life outside the walls of traditional religion".

Die Krise der Kirche(n) – aus denen viele Menschen austreten, in Österreich 52.000 Katholiken allein im Jahre 2004 – begünstigte die Attraktivität von Spiritualität. Kirchen werden von vielen Zeitgenossen als autokratisch wahrgenommen, verkrustet, ängstlich auf Machterhalt fixiert. Spiritualität, formulierte der amerikanische Spiritualitätsforscher Martin Marty prägnant, sei „cool", Religion/Kirche „uncool" (Zinnbauer, Pargament & Scott, 1999, 903). Auch in den USA, wo die religiösen Gemeinden vitaler sind, bauen zusehends mehr Heranwachsende keine kirchliche Bindung mehr auf oder geben sie wieder preis (Fuller, 2001; Roof, 2000). Gerade für sie, die „Baby Boomers" (die um 1970 Geborenen), wird kirchlich entkoppelte Spiritualität attraktiv. Diese sei auch ohne Glaube möglich, ja sogar leichter praktizierbar als in kirchlichen Fesseln, postuliert der liberale Humanist Clark (2002). Seager (1998, 248) formuliert es so: „Viele ziehen eine scharfe Trennlinie zwischen Religion, die sie verschmähen, und Spiritualität, welche sie als Königsweg zu Authentizität, Freiheit und Kreativität würdigen."

Individualisierung. Der postmoderne Zeitgeist ist der Spiritualität ebenfalls förderlich (Richards & Bergin, 1997). Schon vor Jahrzehnten thematisierte der Soziologe Peter Berger (1980) die Individualisierung, die auch vor Religion nicht Halt machte. Viele Menschen lassen sich nicht (mehr) verordnen, woraus sie ihren Lebenssinn beziehen sollen. Sie beanspruchen Selbstbestimmung und machen sich auf die Suche nach ihrem spirituellen Weg. Clarke (2004) definierte Spiritualität als „das Beschreiten meines heiligen Pfades". Roof (2000) belegte empirisch, dass Amerikaner umso stärker dazu neigen, sich für spirituell zu halten, und nicht (mehr) für religiös, je autonomer sie sich der Religion gegenüber fühlen. Wuthnow (2000) brachte diese epochale Veränderung in der religiösen Landschaft auf die Formel: „Vom Wohnen im Hause Gottes zum Suchen in der spirituellen Landschaft". Mit enormer Resonanz beschrieb Gerhard Schulze (1992) die „Erlebnisgesellschaft", in der die Qualität und Intensität des Erlebens zu maßgeblichen Kriterien der Lebensgestaltung avancierten. Dies gelte auch in der Spiritualität: Sie könne weniger vermittelt oder gelehrt, sie müsse vielmehr gesucht, erlebt und erfahren werden, von jedem und jeder selbst. Spirituelles Wissen ist persönliches Wissen und umso leichter zugänglich, je offener der Mensch für neue Erfahrungen ist und je tiefer seine innere Reflexion reicht (Chiu, 2000; Hart, 1997).

Ökumenisch und religionsübergreifend. Als überholt und wenig spirituell gilt auch, wenn Religionen beanspruchen, den wahren Glauben zu verbürgen, was die katholische Kirche mit der Erklärung „Dominus Jesus" im Jahre 2000 getan hat. Demgegenüber realisiert sich Spiritualität ökumenisch und interreligiös (Fontana, 2003; Richards & Bergin, 2002; Taylor, 2001). Narayanasamy (1999) hält es für notwendig, die Grenzen religiöser Traditionen zu überschreiten und Spiritualität als universale Funktion der gesamten Menschheit zu würdigen. Insbesondere die seit den 60er Jahren des 20. Jahrhunderts rezipierten östlichen Traditionen wirken in die Spiritualität hinein – weshalb man freilich trotzdem nicht übersehen sollte, wie viele spirituelle Früchte auch im Abendland gediehen sind.

Synkretismus. Viele spirituelle Personen schöpfen umstandslos aus den verschiedensten Traditionen. Ken Wilber (2001, Kap. 3.2), Leader der Transpersonalen Psychologie, wechselt in seinen Schriften vom christlichen Mystiker Plotin zu den buddhistischen Vijnanas (Bewusstseinsebenen), von Stanislav Grof zu den Chakren (gemäß dem Hinduismus sieben feinstoffliche Energiezentren zwischen Steißbein und Scheitel), von Aurobindo (indischer Mystiker) zur jüdischen Kabbalah (Mystikerbewegung im Mittelalter). Der religiöse Pluralismus, für die Postmoderne charakteristisch, wird voll und ganz realisiert.

Religiosität und Spiritualität als polare Gegensätze?

Zu dieser polarisierenden Sichtweise neigen gerade Psychologen. Leicht wird dann dieser Kontrast auch in die Spiritualitätsforschung hineingetragen. Allerdings verkennt die Polarisierung von Religiosität und Spiritualität, dass Letztere stets aus religiösen Traditionen schöpft (Donahue, 1998) – nicht nur aus dem Schamanismus, der sich großen Interesses, auch und gerade von Psychologen (Walsh, 1998) erfreut –, sondern auch aus den Weltreligionen (Möde, 2000). Spirituelle Praktiken wie Meditation, Versenkung, sakraler Tanz, Imagination etc. wurden innerhalb altehrwürdiger Religionen entwickelt, ausgeübt und tradiert. Auch Religiosität wird zu differenzieren sein: Sie kann formal und ohne inneres Engagement oder zweckdienlich (extrinsisch) praktiziert werden, aber auch intrinsisch, um ihrer selbst willen, erfahrungsgesättigt und mit spirituellen Erlebnisqualitäten (Kap. 2.4).

1.2 Spiritualität aufgrund ihrer positiven Effekte?

„Die Psychologie muss sich von der Vorstellung verabschieden, dass Religion der seelischen Gesundheit schade: Der Glaube macht häufiger gesund als krank."
(Heiko Ernst, Chefredakteur „Psychologie heute")

Eine Hypothek der akademischen Psychologie besteht darin, Religiosität und Spiritualität negativ zu sehen, speziell ihre Wirkungen auf die Psyche. Albert Ellis (1983), Begründer der Rational-Emotiven Therapie, verunglimpfte sie als Regression in die früheste Kindheit und als emotionalen Wirrwarr, der krank mache. Die eleganteste therapeutische Lösung bestehe darin, den Glauben fahren zu lassen – allerdings hat er dies jüngst zurückgenommen (Ellis, 2000). Zugegebenermaßen gab und gibt es Formen von Religiosität, die Menschen entmündigen, infantilisieren (Bucher, 1997), pathologisieren (Spilka et al., 2003), ja ihr Leben zerstören, manchmal gar das von Tausenden – nicht erst seit dem 11.9.2001.

Der Gesundheit förderlich. In der jüngeren Diskussion über Religiosität/Spiritualität werden vor allem ihre wünschenswerten Effekte akzentuiert, nicht nur auf das psychische Wohlbefinden, sondern auch auf die körperliche Gesundheit sowie das Coping, speziell von kritischen Lebensereignissen (Matthews, 2000). In einer der ersten Überblicksdarstellungen belegte Bergin (1983), dass gut die Hälfte der von ihm analysierten Studien einen signifikant positiven Zusammenhang zwischen Religiosität und psychischer Gesundheit nachwiesen, und nur 23 Prozent einen negativen, speziell deshalb, weil die Religiosität der untersuchten Personen angstbesetzt war. Seither ist die Forschung explodiert. Mit an die Spitze gestellt hat sich Harold Koenig (2001; 2002), der an der Duke University das „Zentrum für Spiritualität, Theologie und Gesundheit" gründete und bisher 26 Bücher veröffentlichte. Er ist Mitherausgeber des voluminösen „Handbook of religion and health" (Koenig, McCullough & Larson, 2001), in dem gut 1.000 empirische Studien zur Relation „Spiritualität und Gesundheit" referiert werden. Überwiegend zeigten sich positive Effekte, auf die Psyche ebenso wie auf den Körper, die spirituell betrachtet ohnehin nicht zu trennen sind. Wie in Kapitel 4 ausführlicher geschildert, verlängert Spiritualität die Lebenserwartung, reduziert sie das Risiko von Zivilisationskrankheiten, speziell kardiovaskulären, vermindert sie Stress, erhöht sie in aller Regel das Wohlbefinden und erleichtert Coping. Von daher versteht sich die mehrfach erhobene Forderung, dass Spiritualität nicht nur in psychotherapeutische Settings zu integrieren sei (Miller, 1999), sondern auch in die medizinische Behandlung (Benson, 1997; Matthews, 2000; Puchalski, 2001) und dies auch von zunehmend mehr deutschen Autoren (Belschner & Gottwald, 2000; Renz, 2003; Weber & Frick, 2002).

1.3 Spiritualität, weil in der Wissenschaft gewürdigt?

„Solange unser Gehirn so eingerichtet ist, wie es ist, und solange unser Geist diese tiefere Wirklichkeit zu spüren vermag, wird die Spiritualität die menschliche Existenz weiterhin prägen." (Newberg, d'Aquili & Rause, 2003, 234)

1.3.1 Die Überwindung des objektivistischen Paradigmas

Ein weiterer Grund für das gestiegene Interesse an Spiritualität sind wissenschaftstheoretische Entwicklungen. Das positivistische Paradigma, das nur als wissenschaftlich relevant gelten lässt, was „objektiv" gemessen werden kann, wurde durch ein breiteres, postmodernes Paradigma abgelöst. Unter Ersteres fallen jene Psychologen, die behaupten, Spiritualität könne, weil ein nicht materielles, geistiges Phänomen, mit „wissenschaftlich akzeptablen" Methoden gar nicht untersucht werden (Fontana, 2003; Miller & Thoresen, 2003). Entsprechend beschränkte sich die Religionspsychologie auf die Messung von beobachtbarem Verhalten, bevorzugt die Häufigkeit von Kirchgang und Gebet.

Quantenphysik pro Spiritualität. Doch dieser Anspruch auf Objektivität wurde in den harten Naturwissenschaften längst preisgegeben, insbesondere aufgrund der Heisenberg'schen Unschärferelation und der Quantenmechanik (Barbour, 1990). Die vom Philosophen René Descartes festgeschriebene Trennung zwischen dem beobachtenden Geist (res cogitans) und der objektiv beobachteten Materie (res extensa) ist obsolet (Grof, 1993). Vielmehr „verschwindet die Trennung zwischen dem Beobachter und dem Beobachteten" (Joshi, 1998, 4). Die „Natur" sei „eine weit umfassendere, ja eine geistige und beseelte" (Dürr, 2003, 32). Dies kommt einer spirituellen Sicht der Welt entgegen, sofern diese die Einheit von allem akzentuiert: „Ich kann das Göttliche nicht von mir abtrennen. Diese Auffassung entspricht auch meinem Weltbild als Quantenphysiker. Für mich gibt es kein totales Getrenntsein, alles hängt mit allem zusammen. Auftrennen, Analysieren, Differenzieren – das tut man, um Dinge zu erkennen. Aber wenn ich Gott schaue, will ich nicht erkennen, sondern ich will ihn einfach erfahren." (Dürr, 1997, 30).

Auf die Quantenmechanik berufen sich auch der Bewusstseinsforscher Grof (1993) in seinem Plädoyer für die Anerkennung spiritueller Phänomene, der britische Psychiater Powell (2001), desgleichen Dossey (1993) in seiner Erklärung transpersonaler Zustände. Dossey (1989) legte zudem schlüssig dar, wie sehr die moderne Physik zu einer ganzheitlichen Medizin beitragen kann, in der weniger einzelne Organe und Zellen in den Blick genommen werden, als vielmehr die „intrinsischen Verbindungen". Der indische Physikprofessor und Minister Joshi (1998) verweist in seinem Vortrag „Die Bedeutung von Wissenschaft und Spiritualität für den Weltfrieden" auf die Upanishaden (heilige Schriften der Hindus), gemäß denen die Separation von Betrachter und Betrachtetem verkürzend ist: „Wenn einer nichts anderes sieht, nichts anderes hört, nichts anderes erkennt, das ist ‚Fülle'. Aber wenn einer etwas anderes sieht, etwas anderes hört, etwas anderes erkennt, das ist ‚Wenigkeit'." (Upanishaden, 1958, 120). Ein so wahrnehmendes Selbst sei eins mit allem. Dazu sagen die Hindus: Atman (das Selbst) ist eins mit Brahma (geistig-göttliches Weltprinzip). Westliche Psychiatrie neigte dazu, in Aussagen wie der, eins mit Gott zu sein, „expansiven psychotischen Wahn" zu sehen; Hindus hingegen würdigen dies als höchste Mystik (Hellstern, 2000, 18).

Inneres Erleben. Spiritualität und Religiosität sind mehr als soziales Verhalten, sie ereignen sich wesentlich in individuellen Erlebnissen, die subjektiv gedeutet und damit erfahren werden; „gedeutetes Erleben" ist eine nach wie vor taugliche Definition von „Erfahrung". Eine solche lässt sich nur indirekt über die Mitteilungen der Person erschließen. Ihre Berichte sind umso valider, je mehr bzw. je tiefer gehende Introspektion vorausgegangen ist (Barušs, 2003). Introspektion war eine der wichtigsten Forschungsmethoden in der Bewusstseinspsychologie von Wundt sowie in der Religionspsychologie zu Beginn des 20. Jahrhunderts. Girgensohn (1930) legte seinen Versuchspersonen religiöse Texte vor, so den Sonnengesang des Franz von Assisi, und bat sie, in sich zu gehen und anschließend zu schildern, was sie dabei erlebt hatten. Gins (1992) verfeinerte diese Methode, indem er Personen in meditative Versenkung begleitete, ihnen spirituelle Texte rezitierte und sie ermunterte, entsprechende innere Bilder zu imaginieren. Zu „Ich bin versunken in den Lichtraum Gottes“ sah eine Frau: „Ich sitze im Raum, habe die Hände gefaltet . . .; von unten her steigt Licht auf – umschließt mich ganz, es ist nicht sehr hell, blendet nicht; Licht in gutem Gelb. Es beruhigt“ (Gins, 1992, 165).

Humanistische und transpersonale Psychologie. Seit der kognitiven Wende der Psychologie wurden solche Bewusstseinsphänomene rehabilitiert. Insbesondere gilt dies für die Humanistische Psychologie mit Repräsentanten wie Maslow (1970), Fromm (1989), Assagioli (1992), mehr noch die Transpersonale Psychologie mit Vertretern wie Tart (1978), Walsh und Vaughan (1993), Wilber (2001), Grof (1994). Diese vierte Kraft der Psychologie – nach Psychoanalyse, Behaviorismus, Humanistischer Psychologie – geht über das hinaus, was „objektiv“ gemessen werden kann. Sie fokussiert auf jene (inneren) Bewusstseinszustände, in denen Personen sich selbst transzendieren, sei es hin zu anderen Menschen, sei es zur Natur oder zum Kosmos.

Fallbeispiel

Der klinische Psychologe Elkins (1999) erzählt von einer Studentin: An einem Spätnachmittag ging sie den Strand entlang. Wie die Sonne sank, stieg sie auf einen Steinblock, der aus dem Wasser ragte. Die See überblickend, fühlte sie langsam, wie sie mit der Natur eins wurde – mit der Sonne, die am Horizont sank, mit den Wellen, die zu ihren Füßen schäumend brachen, und mit den Farben, die am westlichen Himmel erstrahlten. Sie sagte: „In diesem Augenblick fühlte ich Ewigkeit. Ich wusste, dass sich alle diese Dinge schon Millionen Jahren vor meinem Kommen so abspielten, und dass dies auch noch in Millionen Jahren so sein wird, wenn ich längst gegangen bin. Ich fühlte, dass es gut ist, Leben zu sein, ein Teil von alledem. Ich war zutiefst bewegt und begann zu schreien.“

Auch wenn eine solche Erfahrung von außen nicht beobachtet werden kann, war und ist sie für die Studentin Realität. Psychologischer Analyse zugänglich ist, was die Frau dazu im Medium der Sprache mitzuteilen im Stande oder willens ist. Es wäre Verarmung, Zeugnisse von solchem Erleben aus der Psychologie – ursprünglich Wissenschaft der Seele – auszublenden.

Ist Spiritualität primitiv? Auch wer Spiritualität den niedrigsten Entwicklungsstufen zuordnet, fällt ins traditionelle Paradigma. In diese Kerbe schlug nicht nur Ellis (1980), sondern die psychologische Religionskritik, die Religiosität in der Absicht analysierte, sie als Derivat psychischer Faktoren zu entlarven und aufzulösen. Ein klassisches Beispiel ist Freud (1974, 197), der sich zu Beginn seiner Schrift „Das Unbehagen in der Kultur“ mit dem „ozeanischen Gefühl“ auseinander setzte, wie es der Dichter Romain Rolland beschrieb. Dieses kann insofern als spirituell qualifiziert werden, als es – so Freud (1974, 198) selber – die „unauflösbare Verbundenheit, die Zusammengehörigkeit mit dem Ganzen der Außenwelt“ beinhaltet, für ihn aber nichts anderes als „die Wiederherstellung des uneingeschränkten Narzissmus“ in der „kindlichen Hilflosigkeit“ (204) und damit regressiv und zu überwinden ist.

Spiritualität und Libido. Reduktionistisch wäre es, Religiosität und Spiritualität ausschließlich auf sexuelle Libido zurückzuführen, insbesondere auf deren Verdrängung oder Sublimierung. Der frühe Freudschüler Schroeder (1977, 68; erstmals 1908) behauptete, Sexualität sei „die wahre Grundlage jeder mystischen Erfahrung“. Freilich kann auch Sexualität spirituell erlebt werden (wenn Partner dabei ganz von sich absehen und zum anderen werden), oder wenn sie als spirituelle Teilhabe an einer göttlichen Lebensenergie gedeutet wird, beispielhaft im Tantrismus und im „Kamasutra“ (Taylor, 2001a). Auch die Bibel kennt diese Sicht. Das Hohelied der Liebe sollte dazu motivieren, die in der abendländischen Tradition festgefahrene Trennung von Sexualität und Spiritualität zu überwinden (Carr, 1998) und diese als „miteinander verbundene Dimensionen des einen ganzen Menschen“ zu sehen (MacKnee, 1997, 210). – Dies unterstreicht auch die expandierende Neuropsychologie (Joseph, 2000), ebenso die Neurotheologie, die das ambitionierte Ziel verfolgt, „religiöse und spirituelle Konzepte mit neurologischen und neuropsychologischen Analysen“ zu verbinden (Newberg, d’Aquili & Rause, 2003; Newberg & Iversen, 2002, 251).

1.3.2 Spiritualität – in den Genen und im Gehirn angelegt?

Jack Hitt (1999), ein kanadischer Psychologe, erzählt von einem Experiment, an dem er im ebenso bekannten wie umstrittenen Laboratorium von Michael Persinger (2002a; 2002b) an der Laurentian University in Subury, Ontario, teilnahm.

Fallbeispiel

In einem schalldichten Raum setzte sich Hitt entspannt in einen Sessel, Mitarbeiter stülpten ihm einen Helm auf, der elektromagnetische Felder (im Bereich von 10 Nano Tesla bis zu 1 Mikro Tesla) erzeugen kann. Sodann wurde der rechte Schläfenlappen des Gehirns stimuliert. Hitt erlebte Folgendes: „Ich fühlte deutlich, wie ich von der Hülle des Körpers weggezogen wurde und in eine unendliche existenzielle Leere („existential emptiness“) wegdriftete. In diesem schwebenden Zustand wurden alte Kindheitserinnerungen gegenwärtig. Plötzlich saß ich mit Scott Allen auf dem Kaminvorleger in seinem Haus in Charleston, so um 1965, und sang ‚Moon River‘, klarstens hörend ...“

▶

Andere Personen erlebten die Anwesenheit Gottes oder eines Schutzengels, der Heiligen Maria oder des Propheten Elija (Persinger, 2002b, 282), je nachdem, welches ihre religiöse Herkunft war. Vielfach handelte es sich um Erfahrungen, die an Berichte von Mystikern erinnern, Erfahrungen der unmittelbaren Gegenwart von Abwesendem. Eine 21-jährige Frau beschreibt: „Ich fühlte eine Gegenwart hinter mir und dann an meiner linken Seite ... Als sie sich auf die rechte Seite bewegte, erfuhr ich ein tiefes Gefühl von Sicherheit, wie ich es noch nie erlebt hatte. Ich begann zu schreien, als ich fühlte, dass sich diese Empfindung verflüchtigte ..." (Persinger, 2002b, 281).

Zumeist beglückten solche elektromagnetisch induzierten spirituellen Erfahrungen; nur vereinzelt lösten sie Angst und Schrecken aus, etwa wenn der Leibhaftige als anwesend erlebt wurde. Selbst erklärte Atheisten berichteten hernach von der gefühlten Gegenwart eines Anderen oder von „Out-of-body-Erfahrungen" (Persinger, 2002b, 283). Persinger (2002a) zog aus den Berichten die beiden im Folgenden beschriebenen Schlüsse:

Gott und Geist als Artefakte. Als Erstes folgert Persinger, dass es sich bei spirituellen Gott- oder Geist-Erfahrungen um Artefakte des Schläffenlappens handelt. Intensive spirituelle Erfahrungen wie Halluzinationen und Auditionen würden gehäuft auftreten, wenn Menschen von Schläfenlappen-Epilepsie überwältigt werden, auch wenn eine jüngere klinische Studie gezeigt hat, dass in Epilepsien religiöse Inhalte doch nicht so häufig sind (Ogata & Miyakawa, 1998). Während einer Schläfenlappen-Epilepsie sei Mohammed dem Erzengel Gabriel begegnet. Joseph Smith, der die Kirche Jesu Christi der Heiligen der Letzten Tage (Mormonen) begründete, habe im Anfall zuckend das Buch „Mormon" empfangen. Der russische Dichter Dostojewskij erfuhr vor und in seinen epileptischen Krämpfen Folgendes, was er im Roman „Der Idiot" verarbeitete: „Die Luft war von einem gewaltigen Lärm erfüllt, und ich dachte, ich würde regelrecht verschlungen. Ich hatte wirklich Gott berührt. Er war in mich gekommen, in mich selbst; ja, Gott ist, und ich schrie und konnte nichts anderes mehr denken. Alle Gesunden können sich niemals das Glück vorstellen, welches uns Epileptiker in der Sekunde vor unserem Anfall ausfüllt." (Persinger, 2002b, 289)

Spiritualität und Mystik als bloße Produkte des Schläfenlappens? Das wurde als kruder biologistischer Reduktionismus kritisiert. Auch ist die Gefahr groß, dass spirituelle Erfahrungen, ohne lange und intensive Übung, mit einer Schalterbewegung beliebig produziert und so zu Konsumware werden.

Spiritualität ist universal, lautet Persingers (2002a) zweite, bedenkenswertere Schlussfolgerung (Hardy, 1979; Hay & Socha, 2005). Spiritualität erhält eine neurobiologische Basis, die in angeborenen Gehirnstrukturen besteht. Dies erkläre auch, warum alle Kulturen religiös-spirituelle Phänomene hervorgebracht haben und weshalb zumindest die letzten 100.000 Jahre der Glaube an eine spirituelle

Welt nachweisbar ist, die bald von Geistern und Dämonen bewohnt ist, bald von Göttern und Göttinnen, und schließlich von dem Einen Gott.

Ein Erklärungsversuch ist die Annahme, das Gehirn verfüge über einen „Gott-Teil" (Alper, 1996). Im menschlichen Organismus wirke ein Gen, das der Molekularbiologe Dean Hamer (2004) in seinem aufsehenerregenden Buch „The God Gene" als „spirituell" charakterisierte. Es handelt sich um das Gen VMAT2, das die Produktion von Monoaminen mitsteuert: Hirnbotenstoffe wie Dopamin, Serotonin oder Noradrenalin, die die Hirntätigkeit anfeuern und Glücks- und Lustgefühle auslösen können. Menschen, die Mystisches erleben, sich selber leicht transzendieren können und sich als Teil eines großen Ganzen begreifen, hätten im mittleren Abschnitt dieses Gens ein anderes Muster der Aminosäuren als jene, denen solche Erfahrungen nur schwer zugänglich sind. Spiritualität sei eine unserer grundlegenden menschlichen Erbschaften, ja ein „Instinkt" (Hamer, 2004, 6).

Kritische Rezensenten weisen zu Recht darauf hin, ein einziges Gen könne kaum ein so vielschichtiges Phänomen wie Spiritualität ausreichend erklären, angesichts der geschätzten Menge von 35.000 Genen im menschlichen Organismus erst recht nicht – Hamer (2004) räumt dies ausdrücklich ein. Nichtsdestoweniger hat dieses Buch, in der Washington Post breit besprochen (Ausgabe vom 13. Nov. 2004, S. B 09), die Diskussion über die Spiritualität angeregt, in den USA wie in Europa.

Spiritualität als Evolutionsvorteil

Wie aber entstanden diese neurologischen Strukturen, die die Menschen für spirituelle Erfahrungen zumindest empfänglich machen? Neuropsychologie steht in enger Affinität zur Evolutionspsychologie, die menschliches Verhalten und Erleben aus der Stammesgeschichte zu verstehen versucht. Das evolutionäre Prinzip schlechthin ist die Erhaltung der Spezies bzw. die vom Biologen Hamilton beschriebene „inklusive Fitness". Diese zielt nicht nur auf die Reproduktion individueller Gene ab, sondern schließt auch die genetisch Nahestehenden mit ein (Buss, 2004). Auch die Bildung von Spiritualität muss demnach der inklusiven Fitness förderlich gewesen sein (Pearce, 2002).

Persinger (2002a) vermutet, Spiritualität sei durch Reifungsprozesse im Gehirn möglich geworden, vor allem im Stirnlappen. Dieser ist für komplexere kognitive Leistungen zuständig, speziell die Unterdrückung unmittelbarer Impulse aus tieferen Gehirnschichten, sofern diese dem Organismus zum jetzigen Zeitpunkt abträglich sind. Dies setzt ein Bewusstsein von Zeit voraus, insbesondere die Fähigkeit, Zukünftiges zu antizipieren, beispielsweise dass ausgestreute Samenkörner im Sommer Frucht tragen werden und infolgedessen nicht gleich verzehrt werden dürfen. Die Antizipation der Zukunft ermöglichte zum einen die menschliche Kultur. Zum anderen machte sie dem Menschen die Unentrinnbarkeit seines eigenen Todes schmerzlich bewusst. Sofern dieser ernst genommen wird, ist er „die schrecklichste und grauenvollste Imagination" (Persinger, 2002a,

274). Dass das Blut in den Adern erstarrt, die Verwesung einsetzt, die Augen zerfallen – das erschreckt und ängstigt.

Bedeutung von Stirn- und Schläfenlappen. Der römische Philosoph Lukrez prägte das Wort: „Furcht gebiert Götter". Ganz in diesem Sinne erklären Persinger (2002a), Alper (2002) sowie Newberg, d'Aquili und Rause (2003) den Ursprung von Spiritualität in der Evolution. In dieser sei nicht nur der Stirnlappen enorm gereift, sondern auch der Schläfenlappen. Entsprechend stimuliert, sei er in der Lage, Abwesendes zu vergegenwärtigen. Unsere Vorfahren, von der Erkenntnis erschreckt, sterben zu müssen, imaginierten etwas Unsterbliches, Göttliches und den Glauben, letztlich doch nicht zu sterben, sondern wiederholt geboren zu werden oder in eine andere, unvergängliche Welt zu gelangen. In Indien sei das Problem des „Ich werde sterben" gemindert worden, indem das individuelle Ich zu einem Schein verflüchtigt wurde (Fontana, 2003, 48, 159; Persinger, 2002b, 290).

Wann Hominiden erstmals solche Erfahrungen einer höheren, unvergänglichen spirituellen Wirklichkeit machten, ist schwer zu bestimmen. In seinem Aufsatz „paläolithische spirituelle Evolution" legt Joseph (2002a) kenntnisreich dar, wie schon die Neandertaler, die zwar über einen gut ausgereiften Schläfenlappen, aber einen wenig entwickelten Stirnlappen verfügten, komplexe Rituale praktizierten. Diese regelten den Umgang mit der geistigen Welt, aus der die Träume kämen und in die die Toten eintreten würden, die ausgestattet mit Nahrung und geschmückt mit Blumen begraben wurden. Eine Spezies, die sich von den Schrecken des Todes zu befreien vermochte und sich von einem höheren Wesen beschützt fühlte, habe eher überleben und eine stärkere Fitness entwickeln können (Alper, 2002). Angesichts der Vergänglichkeit von einem „angeborenen Sinn für Optimismus" beseelt zu sein, sei ein „Selektionsvorteil" (Hamer, 2004, 12).

Erste Erkenntnisse neuropsychologischer Forschung

Die neuropsychologische Erforschung von Spiritualität steckt in den Anfängen (Newberg & Iversen, 2002). Evolutionspsychologische Rekonstruktionen wie die von Joseph (2002a) oder Newberg, d'Aquili und Rause (2003) können leicht als spekulativ kritisiert werden. Vermögen wir wirklich zu wissen, dass auch die Neandertaler von der Existenz einer spirituellen Welt überzeugt waren? Erwiesen ist jedoch, dass der Cro-Magnon-Mensch (vor ca. 30.000 Jahren), dessen Stirnlappen kräftig wuchs, magische Praktiken ausübte und kraft seiner Imagination, seiner Einbildungskraft, erste religiös-spirituelle Symbole hervorbrachte: Kreuze, heilige Tiere, Symbole des Mutterschoßes. Gesichert ist ferner, dass schamanistische Praktiken wie Trommeln und ekstatischer Tanz, die zu veränderten Bewusstseinszuständen, zu Halluzinationen und Visionen, aber auch zu Heilungen führen, für die letzten 30.000 Jahren „über die ganze Welt" nachweisbar sind, Eagar und Potgieter (2002, 399) zufolge aufgrund von „angeborenen Gehirnprozessen und Erfahrungen". Neuropsychologie liefert triftige Indizien dafür, dass Spiritualität ein universales Phänomen und damit eine anthropologische

Grundkonstante ist. Denn alle Menschen waren – und sind – mit der Tatsache konfrontiert, dass Mitmenschen wegsterben und ihnen dies auch bevorsteht, irgendwann, aber unausweichlich. Viele spirituelle Wege zielen darauf ab, auch dem Tod einen Sinn zu geben, beispielsweise durch seine Deutung als Eintauchen in die Ganzheit, ins Nirwana, oder als Durchgang in eine andere Existenzform bzw. in ein neues Erdenleben.

Eingehend untersucht wurden auch die neuropsychologischen Korrelate intensiver spiritueller Erfahrungen, speziell mystischer, in denen die Ich-Grenzen verschwimmen. Newberg und Newberg (2005) legten dar, dass solche Erfahrungen dann auftreten, wenn im oberen Scheitellappen, der für die räumliche Orientierung sowie die Registrierung der Körpergrenzen zuständig ist, eine Reizblockade eintritt. Sie ziehen den Schluss, auch die in allen religiös-spirituellen Traditionen nachgewiesenen mystischen Zustände hätten eine gehirnphysiologische Basis.

Bisher ist noch nicht systematisch geklärt worden, was „Spiritualität“ ist. Konkretisiert wurde sie als Gotteserfahrung, als Gefühl der Verbundenheit mit dem gesamten Kosmos, auch als Glaube an eine geistige Welt oder an ein Leben nach dem Tod. Auch als genetisch bedingtes Ergebnis der Evolution oder als Produkt stimulierter Gehirnteile wurde Spiritualität vermutet. Mitunter wurden „Spiritualität“ und „Religiosität“ synonym gebraucht, obschon als Grund dafür, warum Spiritualität so populär geworden ist, u.a. die Krise der institutionellen Religiosität genannt wurde.

2 Was ist Spiritualität?

„Spiritualität durchdringt alle Aspekte des Lebens und übersteigt die physische, psychologische und soziale Wirklichkeit." (Walton & Sullivan, 2004, 137)

Definitionen sind nicht jedermanns Sache. Gerade bei „Spiritualität" kann man einwenden: Sie ist wie der Wind, den man zwar spüren, aber nicht ergreifen kann (Nye, 1999). Und jede Definition legt fest, grenzt aus. Spiritualität dagegen solle man offen lassen. Aber: Auch diese Nicht-Definition schließt definitorische Elemente ein. Um der Verständigung willen ist es unumgänglich, am Begriff der Spiritualität zu arbeiten, zumindest offen zu legen, was darunter verstanden wird.

Dass „Spiritualität" – in der Sicht vieler „nebulos" (Daaleman & Frey, 2004, 502) und „flockig" (Wuthnow, 2000, 1) – alles andere als konsensfähig und überzeugend definiert ist, wird vielfach beklagt (Fallding, 1999; Niederman, 1999). Als „spirituell" könne mittlerweile alles gelten, was zwischen der täglichen Messe in der Kirche und dem Anschauen eines Fußballspiels liege (Wendel, 2003). Rose (2001) mutmaßte, dass Spiritualität ein Wort sei, das von jedermann gebraucht werde, aber niemand wisse, was es bedeute. Lawrence (2002) hält es für einen fatalen Fehler der Spiritualitätsforschung, dass diese von Spiritualität im Singular und nicht stets von den Spiritualitäten als „Legion" spricht, selbst innerhalb einzelner Religionen oder Traditionen. Von daher versteht sich die – vielleicht zu optimistische – Erwartung, der Begriff Spiritualität erhalte umso eher wissenschaftliche Reputation, je präziser er konzeptualisiert und für empirische Messungen operationalisiert wird (Gorsuch & Miller, 1999; Larson, Swyers & McCullough, 1997).

Was Sie in diesem Kapitel erwartet

Dieses Kapitel bringt zunächst etymologische und wortgeschichtliche Skizzen zu Spiritualität. Anschließend wird referiert, welche spontanen Assoziationen sich bei 190 Studierenden zu Spiritualität einstellten (Kap. 2.1). Anschließend erörtern wir qualitative Studien, die detailliert rekonstruieren, was verschiedene Personengruppen unter Spiritualität verstehen, Krebskranke ebenso wie Therapeuten, Theologen wie Laien (Kap. 2.2). Daran reihen sich die quantitativen Messinstrumente zu „Spiritualität", deren Menge in den letzten Jahren geradezu explodiert ist (Piedmont, 2001), und die ausgesprochen heterogen sind (Kap. 2.3). Abschließend wird versucht, die Relation Spiritualität – Religiosität zu bestimmen und eine Arbeitsdefinition von Spiritualität zu entwickeln (Kap. 2.4).

2.1 Spiritualität: Etymologie und erste Assoziationen

„Da formte Gott, der Herr, den Menschen aus Erde vom Ackerboden und blies in seine Nase den Lebensatem. So wurde der Mensch zu einem lebendigen Wesen.“ (Gen 2,7)

2.1.1 Etymologie von Spiritualität

Spiritualität leitet sich vom lateinischen „spiritus“ ab. Dieses Nomen bedeutet ursprünglich „Luft, Hauch“, aber auch „Atem, Atmen“, „Seele, Geist“ sowie „Begeisterung, Mut, Sinn“. Das zugrunde liegende Verb lautet „spiro“ und bezeichnet nicht nur „wehen, hauchen“, sondern auch „atmen, leben“ sowie „erfüllt und beseelt sein“. Die Lateiner sahen Spiritualität in engstem Zusammenhang mit dem Atmen. Ebenso die biblische Tradition (Whitlock, 1983): „Ruach“, das hebräische Wort für Geist, steht für Atmen, so bei Hiob, der gelobte: „Solange noch Atem (ruach) in mir ist“ (Hiob 27,3). Ruach bedeutet aber auch „Wind“, den Gott über die Erde kommen ließ, als die Arche gefüllt war (Gen 8,1), sowie Begeisterung: Als die ruach auf den siebzig Ältesten Israels ruhte, „gerieten sie in Verzückung“ (Num 11,25). Den unauflöslichen Zusammenhang zwischen Atmen und Geistigkeit betonen auch Atemtherapien, so das Holotrope Atmen nach Grof (1994) und traditionsreiche Meditationsschulen.

Frömmigkeit. Im Laufe der Geschichte verengte sich Spiritualität auf kirchliche Frömmigkeit. Noch in einem vor zehn Jahren erschienenen „Wörterbuch der Religionspsychologie“ wird sie nicht in einem eigenen Abschnitt abgehandelt, sondern unter der Überschrift „Frömmigkeit/Spiritualität“ (Heinrichs, 1993). Üblich war, Spiritualität als „geistliches“ oder „inneres Leben“ zu bezeichnen (Bouyer, 1965). Es konkretisiert(e) sich im Gebet, der Betrachtung des Leidens Jesu, der Verehrung von Maria, des Herzens Jesu, in Askese und Fasten.

In den letzten Jahren erweiterte sich das Bedeutungsspektrum von „Spiritualität“ massiv (Elkins, 1998). Auch koppelte sie sich, teils partiell, teils voll und ganz, von traditioneller Religiosität ab und expandierte in diverse, schillernde Szenen: New Age, Esoterik, Wellness, Ökologie und nicht zuletzt die Psychologie (Taylor, 1999).

2.1.2 Spontane Assoziationen zu Spiritualität

Studierende an den Universitäten Fribourg und Salzburg bearbeiteten im Rahmen eines Pilotprojektes einen Fragebogen zum Thema „Spiritualität“, der auch folgendes Item enthielt: „Spiritualität lässt mich spontan an folgendes denken“. Die Antworten fielen sehr unterschiedlich aus: „Meditieren, höhere Mächte, Stimmen, Trance“ – „Offenheit für die Existenz von Gott oder einem höheren Wesen, sich Gedanken machen über Zusammenhänge, Sinn des Lebens“ – „Esoterik, Humbug". Ausgewertet wurden 190 Fragebögen, davon 83 Prozent von Frauen, 17 Prozent von Männern (dass bei spirituellen Themen die Antwortbereitschaft von Frauen höher ist, wurde wiederholt festgestellt, bspw. Kirk, Eaves & Martin [1999, 82]). Im Schnitt waren die Befragten 24,7 Jahre alt. Die offene Frage wurde ausgewertet, indem acht Kategorien gebildet wurden. Codieren ließen sich 341 Antwortsegmente, d.h. von einer Person durchschnittlich 1.8.

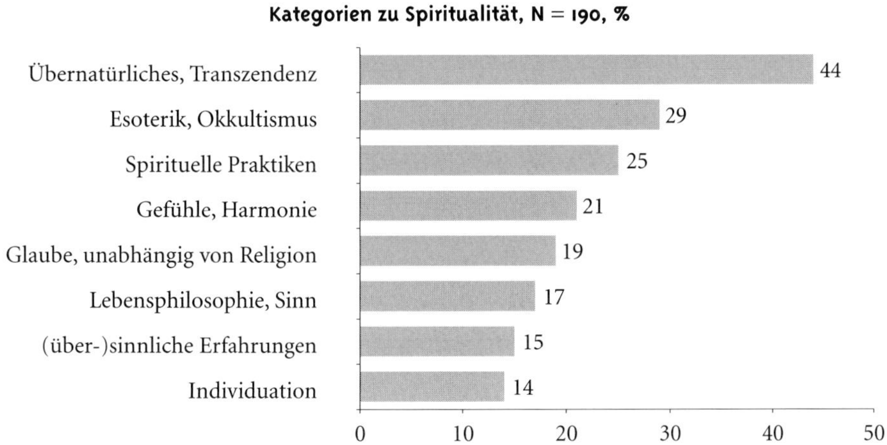

Abbildung 2.1. Studierende der Universitäten Fribourg und Salzburg beantworteten einen Fragebogen zum Thema „Spiritualität". Die spontanen Assoziationen der Befragten wurden in acht Kategorien eingeteilt

Das Bedeutungsspektrum von Spiritualität ist breit und mannigfaltig, wie die acht Kategorien deutlich machen. Welche Aussagen welcher Kategorie zugeordnet wurden, ist im Folgenden aufgeführt:

(1) Übernatürliches und Transzendentes: Damit wird Spiritualität am häufigsten assoziiert, wobei dieses unterschiedlich konkretisiert wurde: „Gott als Freund, mit dem man sich austauscht" oder „höhere Mächte", von denen mitunter ausdrücklich gesagt wurde, mit „Gott" nicht identisch zu sein; aber auch als „Engel", „Schutzengel" oder generell als „etwas Übermenschliches" und „Übersinnliches".

(2) Esoterik – Okkultismus: Wer der zweithäufigsten Kategorie zugeordnet wurde – immerhin knapp ein Drittel – ist Spiritualität gegenüber eher kritisch eingestellt. Sie assoziiert „Esoterik" und spiritistische Praktiken wie „Gläserrücken". Sie sei ausdrücklich „Aberglaube" oder „Magie" und etwas für „übertriebene Spinner", „Humbug", ja regelrecht „gefährlich". Offensichtlich setzen zahlreiche Studenten Spiritualität mit dem vom gleichen Wortstamm hergeleiteten Spiritismus gleich.

(3) Spirituelle Praktiken: Die dritthäufigste Kategorie assoziiert mit „Spiritualität" „Meditation" und „Yoga" – dies am häufigsten –, vereinzelt auch mit

Mantrarezitation („Ohm vor sich her sagen") , „Entspannungstechniken" sowie mit „Exerzitien" und „Gebet", Letzteres allerdings selten.

(4) Gefühle, speziell von Harmonie: Konkret wurde u.a. formuliert „Harmonie spüren, Momente leben", „innere Ruhe und Gelassenheit erlangen", „innere Zufriedenheit", „sich frei fühlen", „vertrauen", oder „Ruhe, Einssein, Wärme, Farben". Spiritualität wird weniger mit Kognitionen als vielmehr mit Emotionen gleichgesetzt, die als wünschenswert angesehen werden.

(5) Glaube: Im Kern enthält diese Kategorie Aussagen, wonach Glaube als „Ansätze verschiedener Religionen" und „eher individuell, zusammengewürfelt aus verschiedenen Religionen (Buddhismus, Hinduismus, Judentum, Christentum)" verstanden wird. Gelegentlich wird dieser Glaube ausdrücklich als nicht auf die Kirche bezogen qualifiziert, vereinzelt auch nicht auf „Gott", sondern „höhere Mächte, gute und böse".

(6) Philosophische Komponenten: „Spiritualität" sei „über das Leben nachdenken", die „Auseinandersetzung mit Fragen wie ‚Woher komme ich, wohin gehe ich?'", sie sei „Sinngebung" oder ein „höherer Sinn" und habe mehr mit „Philosophie" als mit Kirche zu tun.

(7) (Über-)sinnliche Erfahrungen: 15 Prozent identifizieren „Spiritualität" damit. Konkret wurde „Mystisches und Mysteriöses" genannt, „Energien, die man nicht sehen kann, uns aber beeinflussen", gelegentlich auch intensive Naturverbundenheit: „Unerklärliches, Naturerlebnisse". Zentral ist die Dimension bzw. Intensität der Erfahrung.

(8) Individuation: Die letzte, selten angesprochene Kategorie meint, „Spiritualität" bestehe darin, „geistige Reife" zu erlangen, „heil" zu werden (auch durch „alternative Medizin"); sie sei „Reise ins Ich", „Auseinandersetzung mit sich selbst", „ein persönlicher Weg, um sein Glück zu finden", „innerer Weg und Selbstfindung". Akzentuiert wird das Prozesshafte von Spiritualität, aber auch der Weg nach Innen, der in die „Freiheit" führe.

Der Bildung solcher Kategorien haftet stets etwas Willkürliches an – weniger jedoch der Zuordnung der Antworten: die Interrater-Reliabilität beträgt .82. Dennoch zeigt sich: Spiritualität ist für die Befragten ein vielschichtiges Phänomen, dem gegenüber sie unterschiedlich eingestellt sind, von hoher Würdigung bis zu schroffer Ablehnung. Nur vereinzelt wurde sie mit kirchlicher Religiosität in Verbindung gebracht. Spiritualität ist individuell, stärker emotional und erfahrungsorientiert als kognitiv und lehrhaft.

2.2 Qualitative Studien zu Spiritualität

„Die Forscher gehen von der Annahme aus, dass Spiritualität eine existenzielle Komponente in jedem Menschen ist, sodass alle Personen zu einem volleren Verständnis dieses Phänomens beitragen können." (Burkhardt, 1994, 13)

Offen zu beantwortende schriftliche Fragen führen in aller Regel nicht zu so differenzierten Ergebnissen wie qualitative Interviewstudien, die auch zum Phänomen Spiritualität durchgeführt wurden. In einer Gruppendiskussion, die Krankenschwestern über ihre Spiritualität führten, sagte eine: „Ich habe drei Kinder, und mein Mann sagt, ich hätte meine Werte an sie weitergeben können. Darauf bin ich am meisten stolz. Du kannst nur insofern wirklich für andere sorgen, als du fähig bist, dich selbst zu entwickeln. Spiritualität hat mit Selbstentwicklung zu tun." (Hamilton & Jackson, 1998, 267). Wäre dieser Aspekt von Spiritualität – als Selbstentwicklung – auch zutage getreten, wenn die Krankenschwester eine der quantitativen Skalen zur Spiritualität angekreuzt hätte, etwa die oft eingesetzte Skala „Spirituelles Wohlbefinden" von Paloutzian und Ellison (1982)? Keinesfalls! Wie in Kapitel 2.3.1 dargelegt, konzeptualisiert diese Skala „Spiritualität" als erfüllende Beziehung zu Gott und als existenzielle Zufriedenheit. Zahlreiche Aspekte von Spiritualität – so die Erfahrung, mit allem Leben verbunden zu sein – werden nicht erfasst.

Aus diesem Grunde setzen wir qualitative Studien an den Anfang. Zwar haben sie den Nachteil, dass sich ihre Ergebnisse nur begrenzt verallgemeinern lassen. Ihr unaufwiegbarer Vorteil ist jedoch, dass sie zum Phänomen hinführen und Facetten enthüllen können, die sich dem quantitativen Zugriff entziehen. Geschlossene Befragungen bringen die mengenmäßige Ausprägung jener Spiritualität zutage, die zuvor theoretisch konzeptualisiert wurde.

Überblick über qualitative Studien. Qualitative Interviewstudien, die das Phänomen Spiritualität zu rekonstruieren versuchen, wurden, in chronologischer Reihenfolge, von folgenden Autoren veröffentlicht: Burkhardt (1994) mit zwölf Frauen in den Apalachen (USA), Hamilton und Jackson (1998) mit Frauen in helfenden Berufen, Niederman (1999) mit jungen Erwachsenen, Chiu (2000) mit Karzinompatientinnen in Taiwan, Reese und Kaplan (2000) mit HIV-positiven Frauen, MacKinlay (2001) mit Pensionisten, McDonald (2003, 2003a) mit Umweltaktivisten, Mohan und Roy (2004) mit Personen, die Yoga praktizieren, Walton und Sullivan (2004) mit Prostatakrebspatienten.

Weitere qualitative Studien, die im Folgenden zunächst zurückgestellt werden, untersuchten, welche Rolle Spiritualität bei der Bewältigung kritischer Lebensereignisse spielen kann, etwa bei Partnerverlust (Richards & Folkman, 1997) oder bei schwerer Erkrankung: Demenz (Snyder, 2003), myokordialer Infarkt (Walton, 1999), Krebs (Coward & Kahn, 2004; Potts, 1996), HIV (Fryback & Reinert, 1999; Hall, 1998) (Kap. 4.3.2 und 4.3.2). Qualitative Studien befassten sich auch mit der Spiritualität in anspruchsvollen Berufen, so bei Krankenschwestern (Sherwood, 2000), Pflegern von Demenz- oder Karzinompatienten (Farran, 2003), in der Palliativmedizin (O'Connor et al., 1997), bei Meditationslehrern (Miller & Nozawa, 2002) und Therapeuten (Hundt, 2000). Methodologisch sind diese Studien überwiegend der „Grounded Theory" von Glaser und Strauß verpflichtet. Unbeeinflusst von Klischees und Vorurteilen soll Spiritualität dergestalt rekonstruiert werden, wie sie für die Befragten ist und wie sie sich auswirkt. In aller Regel werden

Kategorien entwickelt, die aber nicht völlig trennscharf sind, sondern eine Art „lebendiges Gewebe“ bilden. Im Folgenden werden solche Themen an Beispielen verdeutlicht.

2.2.1 Spiritualität als Verbunden- und Einssein (connectedness)

Eine Gesprächspartnerin von Hamilton und Jackson (1998, 266) berichtet: „Seitdem ich über spirituelle Ideen lese, über sie nachdenke und zuhöre, hat sich um mich herum alles geändert. Jetzt sehe ich überall Verbundenheit in allem. Ich kann sagen und wirklich glauben, dass es mich wirklich betrifft, was auch immer irgendwer tut. Ich denke, die Freundschaften, die ich seit jener Periode eingegangen bin, sind viel reicher und erfüllen mich mehr.“ Mit dem Begriff „Verbundenheit“ traf die Krankenschwester einen Kern von Spiritualität (Bellingham et al., 1989; Braud, 1992), der in unseren Interviews sowie in den qualitativen Studien immer wieder auftaucht. Die Teilnehmerin Monica legte dar: „Wenn alles mit allem verbunden ist, dann wird auch das kleinste Ding, das wir tun, sich auswirken. . . . Wir versuchen, in der Familie Harmonie zu schaffen. Wenn wir das tun, dann strömt Energie aus diesem kleinen Haushalt, und die Wellen, und es ist wirklich Energie, und die Wellen bewegen sich so rasch, dass wir nicht ausloten können, wie sie in andere Bereiche einwirken.“ (Niederman, 1999). Freilich, wer die Existenz geistiger Energie bestreitet, tut sich mit solchen Aussagen schwer und findet sie möglicherweise lächerlich, schlimmstenfalls krankhaft. Aber für Monica sind solche Erfahrungen alles andere als „Hirngespinste“, sondern psychische Realität, die sich auf sie und ihre Familie positiv auswirkt.

Verbundenheit, als „Herzstück einer spirituellen Perspektive“ gewürdigt (Sperry & Giblin, 1996, 527), begegnet in den meisten spirituellen Traditionen und sei auch die „heimliche Erfahrung“ von „ganz normalen“ Personen (Hawker, 2000). Ziel indischer Spiritualität ist die Verbundenheit mit Brahma. Die mystischen Schulen im Islam zielen die Verbindung mit Allah an (Koury, 2000). Auch christliche Texte bezeugen intensivste Erfahrungen der Verbundenheit: mit Gott,

Fallbeispiel

In den von uns geführten qualitativen Interview ergab sich mit einem der Gesprächspartner, 45 Jahre alt, folgender Dialog:

A: „Für mich hat Spiritualität vor allem mit Gefühlen der Verbundenheit zu tun: Verbundenheit mit der Schöpfung, Verbundenheit mit allem Leben. Letzten Sonntag ist mir Folgendes passiert auf einem Spaziergang: Da kommt so ein furchtbarer, widerlicher Hund daher, wenn man ihn so anschaut, der hat uns angekläfft, und ich hab überlegt, was tu ich denn da, ist ja auch ein Stück ►

Leben, das gehört auch alles dazu. Und ferner hat Spiritualität auch damit zu tun mit der Verbundenheit mit dem Leben, das gewesen ist, mit den Millionen, die geboren worden sind.
I: Im Sinne von Reinkarnation oder die gesamte Geschichte betreffend?
A: Unabhängig, ob es Reinkarnation gibt oder nicht – ich könnte mir das durchaus vorstellen, aber es ist so, dass so viele Menschen da sein durften, dass so viele Menschen gelitten und gearbeitet haben und gestorben sind, das alles gehört zu unserem Leben dazu, und das Gefühl der Verbundenheit geht ja zurück bis ins Animalische, bis ins Tierreich.

Christus, der Natur (Franz von Assisi). Eine Kernüberzeugung des Neopaganismus – eine in den USA florierende spirituelle Bewegung, die von ihren Kritikern als heidnisch abgetan wird – besteht darin, dass alle Teile des Universums miteinander verbunden sind, belebte und unbelebte (Higginbotham & Higginbotham, 2003).

Einheit. Verbundenheit geht einher mit der Erfahrung von Einheit, wie sie auch einer Frau zuteil wurde, die an einem nicht mehr heilbaren Karzinom litt: „Der Krebs bringt die Menschen näher zusammen ..., er hilft, mit anderen Menschen Beziehungen einzugehen. Denn, du weißt, wir alle sind spirituelle Wesen, oder welches Wort auch immer du dafür verwenden willst, und wir sind alle hier aus verschiedenen Gründen, aber wir alle sind ein Teil des einen Geistes, nehme ich an, und du magst es Gott nennen, oder Universum, oder wie auch immer, und das bewirkt, dass du realisierst, da ist diese Verbindung." (Thomas & Retsas, 1999, 198).

Auch Kinder und Jugendliche berichten solche Erfahrungen: „Ich war 15, und ich saß in aller Ruhe an meinem Lieblingsort, einen kurzen Weg von meinem Elternhaus entfernt. Ich betrachtete die Natur, die kleinen Vögel und die Insekten. Plötzlich überkam mich die Einsicht, dass alles miteinander verbunden ist. Alles erschien mir als ein Teil des Gleichen, und dann, was mich am meisten verwunderte, diese Einsicht, dass alles gleichwertig ist, der majestätische Berg, der Grashalm, und ich." (Hart, 2005, 165). In solchen Erfahrungen werden die Grenzen des Ichs fließend, mitunter überschritten. Ein Gesprächspartner von Niederman (1999) schildert: „Die universale Energie ist nicht etwas, das uns äußerlich wäre. Wir sind ein Teil von ihr, alles im Universum ist ein Teil von ihr. Da ist keine Trennung. Es ist alles, es ist mich, es ist Du, es ist alles." Von einem Aids-Kranken stammt diese Aussage: „Ich habe schließlich verstehen gelernt, dass die Seele, die in Jesus wohnte, die gleiche Seele ist, die in Buddha oder Mohammed war, und überhaupt in allen Menschen auf dieser Welt. Ich begann die Verbundenheit von allem und allen zu sehen." (Hall, 1998, 150). Anne Shulman (1995, 55) erfuhr in der U-Bahn Folgendes: „Plötzlich begann das dämmerige Licht mit einer außergewöhnlichen Klarheit zu leuchten, bis alles, was rings um mich herum war, in eine unglaubliche Aura gehüllt war. Und ich sah in den vielen

Fahrgästen die wunderbare Verbundenheit aller Lebewesen. Ich fühlte es nicht – ich sah! Was als oberflächlicher Gedanke begann, wuchs zu einer Vision heran, breit und alles vereinigend, ... in der alle Menschen auf diesem Planeten gemeinsam der Sonne entgegenzogen, zu einer einzigen Familie vereinigt, unauflösbar verbunden durch das einzigartige Wunder des Lebens."

Diese Erfahrungen sind insofern „transpersonal", als die abgetrennte persönliche Individualität überschritten und ein allen Gemeinsames erfahren wird. Freilich neigte traditionelle Psychologie bzw. Psychiatrie dazu, solche Erfahrungen für problematisch zu halten, wenn nicht sogar als Symptom dafür zu werten, dass das Ich in eine desintegrative Krise schlitterte (dazu Scharfetter, 1999) oder sich in eine multiple Persönlichkeit aufspaltet. (Transpersonale) Erfahrung der Verbundenheit lässt sich insofern als Kern von Spiritualität würdigen, als sie unterschiedliche Bezugsgrößen einbeziehen kann, vertikale und horizontale. Die vertikale Ausprägung beinhaltet die Beziehung zu einem höheren Wesen, in der abrahamitischen Tradition Gott, für einige unserer Gesprächspartner „Licht", „Geist"; die horizontale hingegen die Verbundenheit mit der sozialen Mitwelt, dem Selbst, der Natur, dem Kosmos (Gomez & Fisher, 2003; Meraviglia, 1999).

2.2.2 Spiritualität als Beziehung zu Gott oder einem höheren Wesen

Traditionellerweise wurde Spiritualität im Rahmen einer Gottesbeziehung lokalisiert; dies begegnet auch in aktuellen Studien immer wieder, so bei einer Gesprächspartnerin von Hamilton und Jackson (1998, 266): „Wenn ich an Spiritualität denke, denke ich vor allem an die Beziehung, die jemand zum Universum hat, oder was immer er als höhere Kraft bezeichnet, oder Gott, das Universum, oder kosmische Energie." Vor allem in den Gesprächen mit Menschen mit lebensbedrohender Krankheit schilderten diese mitunter eindrücklich, wie sehr dieses höhere Wesen gegenwärtig sein kann. Ein HIV-Patient, aufgrund seiner Homosexualität aus seiner Religionsgemeinschaft exkommuniziert, bekannte: „Ich fühle die Gegenwart Gottes beständig. Er ist stets bei mir. Ich gehe mit Jesus." (Fryback & Reinert, 1999, 15).

Keineswegs alle fühlen sich mit einem personalen Gott verbunden. Earl, ein Umweltaktivist aus der Stichprobe von McDonald (2003, 144), bekannte: „Wenn da ein Gott ist, oder wenn wir ein Konzept von Gott wünschen, dann bin ich zutiefst davon überzeugt, dass er nicht der Schöpfer, sondern das Geschaffene ist. Und wenn er irgendwo verkörpert ist, dann ist der plausibelste Ort die Biosphäre, weil wir wissen, dass unter allen biologischen Systemen ein unglaublicher Austausch von Informationen und eine Verbundenheit ist, die vor dem Werdeprozess ganz zentral ist. Wenn ich ein besonderes Konzept von Gott habe, dann ist es wahrscheinlich Gaia."

2.2.3 Spiritualität als Verbundensein mit der Natur

Kein Geringerer als der frühere russische Präsident Michael Gorbatschow bekannte, seine Spiritualität in einer tiefen Beziehung zur Natur zu leben: „Gut, ich glaube an den Kosmos. Wir alle sind mit dem Kosmos verbunden. Schau die Sonne. Wenn sie nicht wäre, könnten wir nicht existieren. So ist die Sonne mein Gott. Für mich ist die Natur heilig. Bäume sind meine Tempel und Wälder meine Kathedralen." (Taylor, 2001, 175). Ein Umweltaktivist, von McDonald (2003, 142) interviewt, erfuhr die erstmalige und nachhaltig wirkende spirituelle Verbundenheit mit der Natur während einem heftigen Schneesturm: „An diesem Punkt realisierte ich bewusst, was ich erlebte. Die Bewegung in meinem Körper war nicht Blut, es war Energie, und sie kam nicht von mir, sie ging durch mich hindurch und kam von der Erde durch meine Beine. Ich war mir ganz und gar bewusst, mit der Erde vollständig verbunden zu sein, ich war wie einer der Bäume, der am Berghang steht . . .". Die aus solchen Erfahrungen resultierende Einstellung der Natur gegenüber artikulierte ein 64-jähriger Umweltaktivist so (McDonald, 2003, 143): „Dann, in den neunziger Jahren, ich war in Costa Rica, schaute die Flora an und sah einen Vogel, so schön, dass mir der Herzschlag stoppte. Und mir wurde schmerzlich bewusst, dass wir diese Schönheiten zerstören, und dass wir sie schützen müssen, und seither bin ich viel mehr für die Umwelt engagiert." Spiritualität motiviert zu leidenschaftlichem ökologischem Engagement, wie es auch Haluza-Delay (2000) in seinem Plädoyer „Grünes Feuer und religiöser Geist" schildert.

Intensivste spirituelle Erfahrungen in der Natur machten auch die von Taylor (2001) befragten Aktivisten, die der Tiefen-Ökologie-Bewegung angehören. Julia Hill, die sich an einen Baum kettete, um ihn davor zu bewahren, gefällt zu werden, berichtet: „Das erste Mal, wie ich den Laubwald in Grizzly Creek betrat – da fiel ich in die Knie und begann zu schreien, weil der Geist des Waldes mich gepackt hatte. Dieses Wissen, diese Spiritualität, diese Kraft, dafür gibt es keine Worte, aber mir standen die Haare zu Berge. Diese Kraft, sie macht einem Gänsehaut." (Taylor, 2001a, 230).

Dass das Leben schlechthin, nicht nur das menschliche, heilig sei, steht im Kern des Spiritualitätskonzepts von Bolletino (2001), die sich dafür auf Albert Schweitzer ebenso berufen kann wie auf Albert Einstein. Verbundensein mit der Natur ist das Herzstück der naturalistischen Spiritualität, wie sie Clark (2002) favorisiert. Sie sei strikt monistisch, d.h. sie vermeidet den Dualismus von Materie und Geist, aber auch den von Leib und Seele, sondern akzentuiert die unteilbare Einheit von allem, wofür er eine beeindruckende Passage zitiert: „Ich lag auf dem Rücken unter den Sternen und den unsichtbaren Galaxien, und ich ließ ihre Größe in mich gehen. Ich spürte die Unermesslichkeit der Distanzen, und ich ging die Wege rauf und ging die Wege runter, und ich war mit allem eins, und das berührte mich zärtlich wie ein Gregorianischer Choral."

2.2.4 Spiritualität als Beziehung zu anderen

„Spiritualität" wird zwar oft als individuelle, private Erfahrung (etwa des Heiligen) konzeptualisiert. Aber in der Sicht vieler Personen ist sie auch eminent auf die Mitmenschen bezogen und damit ein soziales Geschehen, so für eine Patientin, die von einem Infarkt genas: „Ich bin noch immer in einem Prozess ... aber mir kommt vor, ein neues Leben zu leben, vor allem in der Beziehung zu Personen. Ich habe einen viel tieferen Sinn, ein Bewusstsein von Gottes Gegenwart in allen Dingen, in allen Personen und allem, was in der Schöpfung geschieht." (Walton, 1999, 49). Ein Gesprächspartner von Walton, von einem akuten Infarkt genesend, empfand seither „überwältigende Wärme, wenn ich anderen etwas Gutes tun kann", was er als seine „Spiritualität" bezeichnete. Eine Gesprächspartnerin von Niederman (1999) bekannte: „Wenn ich meine spirituelle Arbeit verrichte, finde ich, dann kann ich mehr die Freude anderer Menschen erreichen, aber auch ihre Verletzungen nachempfinden. Einfach in einer liebenden Art aus sich herausgehen, dass ich mehr lieben kann und freundlich sein, mit mir selbst und in allen meinen Beziehungen." Etliche Gesprächspartner, vor allem kranke, würdigen auch die Beziehungen anderer zu ihnen als spirituell, so eine Krebspatientin: „Ich war nie so richtig religiös ... aber so viele sagen mir jetzt, dass sie für mich beten ... So viele meiner Freunde, die sagen ganz offen, dass sie für mich beten. Und das vermittelt mir das Gefühl, dass sie wirklich und genug an mich denken." (Thomas & Retsas, 1999, 196).

Engagierte Spiritualität. Spiritualität als soziale Beziehung steht im Mittelpunkt der von Stanczak und Miller (2002) dargelegten „engagierten Spiritualität", wofür die Autoren 67 Personen eingehend interviewten, die sozial hoch engagiert waren und sich zugleich als „sehr spirituell" verstanden: „Was meine Gesundheit aufrecht erhält, ist, dass ich dem Herrn diene und das Beste für meine Nächsten tue. Dies ist der Weg, auf dem ich meine Spiritualität mit meiner alltäglichen Arbeit ausbalanciere. Einfach sozial verantwortlich sein. Wenn du spirituell sein willst, dann hast du die Früchte von Verantwortung zu tragen." (Stanczak & Miller, 2002, 52).

2.2.5 Spiritualität als Selbsttranszendenz

Sich mit anderen und anderem verbunden zu fühlen, setzt voraus, von sich selbst absehen, sich selbst transzendieren zu können. Wer stets auf sich selbst fixiert ist, sei es hypochondrisch auf seine Gesundheit, sei es eifersüchtig auf seine Partnerin, kann sich schwerlich für spirituelle Wirklichkeiten öffnen. Diese Fähigkeit wird von zahlreichen Psychologen, insbesondere V.E. Frankl (1984) als Selbsttranszendenz bezeichnet (Helminiak, 1987; Coward & Kahn, 2004). Entsprechende Erfahrungen schildern auch die Teilnehmer der qualitativen Studien: „Ich meine, die wichtigste Sache ist, sich ganz einer höheren Kraft anheimzugeben, sich ganz zu öffnen. Letztlich habe ich durch diese Erfahrungen ein Gefühl von Frieden bekommen, und das Verständnis für die Vollkommenheit der Realität." (Niederman, 1999).

Selbsttranszendenz ermöglicht mehr Verbundenheit mit einem höheren, geistigen Wesen, aber auch den Mitmenschen: „Ich denke, mein spirituelles Wachstum hat die Grenzen zwischen mir und den anderen geöffnet ... So wie ich meine Form der Spiritualität verstehe, akzeptiere ich andere viel leichter und bin offener. Ich denke, der einzige Weg, um mit anderen wirklich in Beziehung einzutreten, besteht darin, die Grenzen niederzureißen und nie wieder einen Zaun aufzurichten." (Niederman, 1999). Mitunter wird die Existenz im bloßen Ego für geradezu jämmerlich gehalten, so von einem Yogaschüler: „Du überschreitest die Grenzen deines kleinen Geistes, und du realisierst, wie elend das gewöhnliche Leben des Egos ist. Du trittst in tiefere und höhere Formen der Realität ein, wenn du vom Ego absiehst." (Mohan & Roy, 2004, 7).

2.2.6 Spiritualität als Beziehung zum Selbst

Selbsttranszendenz, Kernkomponente von Spiritualität, schließt aber nicht aus, dass Spiritualität als Selbstverwirklichung aufgefasst wird: „Ich sehe Spiritualität als eine innere Komponente und als inneren Frieden. Es ist etwas, dem ich mich zuwende, wenn meine chips unten sind. Es ist etwas, an dem ich arbeite. Ich bemühe mich ständig, mich spirituell auf eine höhere Stufe zu bewegen. Dabei rede ich nicht von Erfolg im traditionellen Sinn. Wovon ich rede, ist: Kann ich an mir arbeiten und mich selber noch genauer wahrnehmen." (Hamilton & Jackson, 1998).

Wachstum des eigenen Selbst. Im eigenen Selbst gewachsen zu sein, ermöglicht für etliche Gesprächspartner eine bereicherte Wahrnehmung der Außenwelt: „Wenn ich von ruhigerer Gemütsart bin und mehr Vertrauen in mich selbst habe, dann werde ich auch besser in der Lage sein, die Liebe zu spüren, die rings um mich herum ist." (Chiu, 2000, 37).

Wachstum des eigenen Selbst registrierten etliche Gesprächspartner gerade in solchen Situationen, die dieses Selbst akut bedrohten, so im Falle einer Krebsdiagnose: „Nachdem ich erkrankt war, entdeckte ich plötzlich, dass das Ziel, das ich verfolgte, das Wachsen des Selbst ist. Dies alles ist mir nun viel klarer geworden." (Chiu, 2000, 40). Dieses Wachsen des Selbst wird mitunter ausdrücklich als heilsam erfahren: „Wenn man das Problem von einer anderen Seite betrachtet: Du selber hilfst dir ... Und Du wirst beeindruckt sein durch unsere eigene Fähigkeit, mehr geistig zu werden. Das ist ein wirklich gutes Gefühl. Ich glaube, das ist der beste Weg, sich selbst zu heilen." (Chiu, 2000).

2.2.7 Spiritualität als Praxis, speziell Gebet und Meditation

Als konkrete Praktiken werden in den qualitativen Studien vor allem Gebet und Meditation erwähnt und zumeist als wirkungsvoll gewürdigt: „Ich begann zu beten und zu meditieren. Es ist gut zu beten, und es ist auch gut, einfach nur da zu sitzen, ruhig zu sein und auf Antworten zu hören. Ich mag die Unterstützung durch das Beten." (Walton & Sullivan, 2004, 138).

Vor allem in lebensbedrohlichen Situationen greifen Menschen zum Gebet, so eine Karzinompatientin: „Ich habe gebetet: ‚Bitte gib mir den Frieden des Geistes und nimm von mir, was auch immer mich ängstigt' ... Ich fühlte, da ist jemand bei mir. Ich fühlte mich nie mehr allein." (Potts, 1996, 10). In der qualitativen Studie von Miller & Nozawa (2002), die eingehende Interviews mit meditierenden Lehrern führten, werden beeindruckende Effekte von Meditation geschildert: „Der Akt der Meditation bestand in einer inneren Transformation einer äußeren Erscheinung, oder in anderen Worten: Meine physische Veränderung im Verhalten korrespondiert mit einem Wandel im Bewusstsein und in den Zielsetzungen. Am folgenden Tag sagte mein Mann: ‚Du bist nicht die gleiche wie du üblicherweise bist.'" (Miller & Nozawa, 2002, 183).

2.2.8 Spiritualität als paranormale Erfahrungen und Fähigkeiten

Gelegentlich werden auch paranormale Erfahrungen als spirituell bezeichnet, so in unseren Interviews von einer 43-jährigen Frau, die eine Bekannte hatte, welche an Lungenkrebs erkrankt war: „Es war Freitag, und ich bin mit dem Fahrrad unterwegs gewesen, als ich auf der anderen Straßenseite eine Frau, die blühend aussieht, sehe, und mein erster Gedanke war: die Claudie ... die kranke Frau. Und dann kam der Verstand und sagte mir, dass das nicht die Claudie sein kann, die liegt in Oberösterreich ... Am Nachmittag kam ein Anruf einer Bekannten, dass die Claudie am Vormittag um zehn Uhr gegangen ist. Dann habe ich gewusst, es war genau der Zeitpunkt ... und ein Zeichen: Mir geht es gut, mach dir keine Sorgen! – Da bekomme ich heute noch eine Gänsehaut." Dieses Erlebnis könnte man als „Synchronizität" oder „Vision" bezeichnen. Als paranormal werden auch Erfahrungen mit geistigen Wesen taxiert, beispielhaft mit Engeln, was in unseren Interviews ebenfalls oft angesprochen wurde, so von einer 30-Jährigen, die ohne religiöses Bekenntnis ist: „Also, mein Engel ist hinter mir, den spür ich hinter mir, meistens, und ich spüre ihn größer als ich bin. Und er ist unaufdringlich. Er ist einfach da."

Berichte über paranormale Erfahrungen, oft als spirituell qualifiziert, sind psychische Realität. Kontrovers aber ist, ob Menschen wirklich solche machen müssen, um spirituell zu sein. Scharfetter (1999) hält dies für nicht erforderlich. Anders Kohls (2004) in seiner Studie über außergewöhnliche Erfahrungen wie die, dass sich das Bewusstsein vom Körper trennt oder Visionen überwältigen: Solche würden spirituelles Bewusstsein intensivieren und das Gefühl für die untrennbare Verbundenheit mit allem vertiefen (Cardeña, Lynn & Krippner, 2004; Griffin, 1997). Dem wäre aber mit zahlreichen Autoren (Vaughan, 1991; West, 2000) entgegenzuhalten, dass Spiritualität auch im ganz normalen Alltag zu leben ist.

Nah-Toderfahrungen. Als paranormal – und zugleich als „spirituell" – werden auch Nah-Toderfahrungen taxiert, so von einem 62-Jährigen: „Ich war ungefähr 15, 16 Jahre alt ... Ich war in Braunau im Schwimmbad ... Zwei sind ins Wasser und haben mich so lange unters Wasser gehalten, bis ich nicht mehr da gewesen bin. Und ich hab dann komischerweise ... du wehrst dich verzweifelt, wenn es ums Ertrinken geht, wie du kannst, und dann schluckst du nur noch mehr. Und dann: ‚Es ist alles gleich', und es geht dahin. Es war eine Situation, die war wunderschön, wie soll ich sagen, wie wenn ich im Himmel wäre ... es war ein Traum, es war ein Gesang, es war für mich eine wunderschöne Situation. Und dann, das hat aber jemand gesehen, einer von meinen Bekannten, von meinen Freunden, die haben mich wieder herausgezogen, und ich bin eigentlich sehr schnell wieder zum Bewusstsein gekommen." Der Gesprächspartner würdigte dies als intensivste spirituelle Erfahrung seines Lebens, die ihm helfe, mit einer unheilbaren Krankheit umzugehen.

2.2.9 Resümee der qualitativen Studien

Spiritualität erweist sich als vielschichtiges, facettenreiches Phänomen. Als Kernkomponente der qualitativen Studien stellte sich der Begriff der „Verbundenheit" (connectedness) heraus. Die quantitative Studie von Clark (2004) brachte diesbezüglich zutage, dass jene Personen, die sich explizit als spirituell deklarierten,

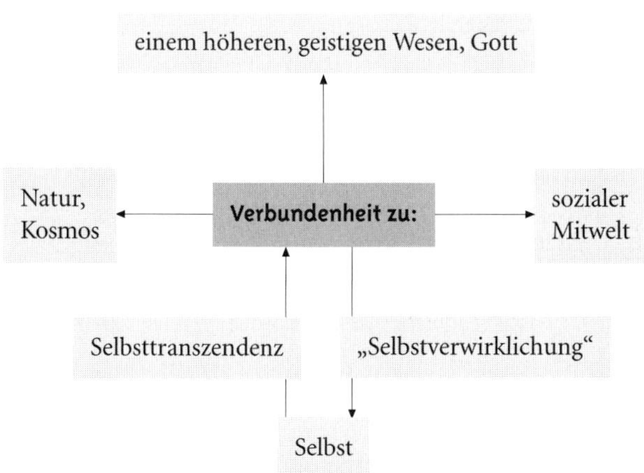

Abbildung 2.2. Spiritualität besteht gemäß diesem Modell darin, dass der Mensch sich selbst transzendieren und Verbundenheit entfalten kann, und dies sowohl zu einem höheren, geistigen Wesen als auch hin zur Natur und zur sozialen Mitwelt. In dem Maße, in dem das Ich sich in diese Verbundenheit hinein transzendiert, geschieht auch die Realisierung eines Selbst, das mehr ist als das Ich

auf einer Skala zu spiritueller Verbundenheit (Piedmont, 1999) die höchsten Ausprägungen aufwiesen. Diese Verbundenheit hat, wie Abbildung 2.2. zeigt, zwei Richtungen, eine vertikale (auf ein höheres Wesen oder geistiges, transzendentales Prinzip bezogen) und eine horizontale, hinaus in die Natur, den Kosmos, sowie hin zur sozialen Mitwelt.

2.3 Versuche, Spiritualität zu messen

„Spiritualität ist ein enorm reiches und vielschichtiges Konstrukt, das sich einer simplen Definition ebenso entzieht der leichten Messbarkeit." (Emmons, 2000, 9)

Zu quantifizieren, wie spirituell Menschen sind (Übersichten: Hill & Hood, 1999; MacDonald, Friedman & Kuentzel, 1999; Yeginger, 2000), mag man für einen „fatalen Fehler" halten (Lawrence, 2002, 126). Spiritualität, als persönliche Erfahrung des Heiligen oder Geistigen, oder als Verbundensein mit dem Leben, ja dem Universum, worüber man nur in der ersten Person sprechen könne, entziehe sich der Objektivierung.

Dennoch kann man Menschen fragen: Schätzen sie sich als spirituell ein oder nicht? Üben sie spirituelle Praktiken aus? Welche? Und wie wirkt sich das auf Variablen wie Gesundheit und Wohlbefinden aus? Ob es gelingt, psychometrisch präzise und konzeptuell überzeugende Messinstrumente für Spiritualität zu entwickeln – daran entscheide sich, ob sie ein gewichtiges Thema psychologischer Forschung werde und wissenschaftliche Anerkennung finde (Smith, 2002; Underwood & Teresi, 2002).

Instrumente zur Messung von Spiritualität

Im Folgenden werden verschiedene Skalen, die bereits zur Quantifizierung von Spiritualität entwickelt und eingesetzt wurden, aufgeführt und beschrieben.

(1) Als Erstes wird die Skala „Spirituelles Wohlbefinden" von Paloutzian und Ellison (1982) skizziert, weil sie eine Vorreiterrolle spielte und bisher am häufigsten verwendet wurde.
(2) Einen „Index spiritueller Erfahrungen" entwickelten Kass et al. (1991).
(3) Eine der ersten Skalen, die Spiritualität als „universale" und in den verschiedensten Religionen mögliche Erfahrung zu messen versucht, ist die „Mystizismusskala" von Hood (1975).
(4) Im deutschen Sprachraum entwickelt und wiederholt eingesetzt wurde die Skala „Transpersonales Vertrauen" von Belschner (2000), die ausdrücklich „spirituelle" Erfahrungen zu messen beansprucht.
(5) Ein weiteres Instrument, das nicht-theistische Spiritualität zu erfassen sucht, ist die Skala „Humanistisch-phänomenologische Spiritualität" ▶

von Elkins et al. (1988), die gemeinsam mit spirituellen Führern aus den verschiedensten religiösen Traditionen entwickelt wurde.
(6) Eine viel versprechende und in verschiedenen Kulturen überprüfte Skala ist die zur „spirituellen Transzendenz“ von Piedmont (1999).
(7) Als innovativ versteht sich die neue Skala „Spirituelles Wohlbefinden“ von Gomez und Fisher (2003),
(8) sowie die Skala „intrinsische Spiritualität“ von Hodge (2003).
(9) Da gemäß qualitativen Zugängen Spiritualität wesentlich in Selbsttranszendenz besteht, wird auch die Skala Selbsttranszendenz von Kirk, Eaves und Martin (1999) vorgestellt.
(10) Abgeschlossen wird die – nicht vollständige – Liste mit dem Index „spirituelles Wohlbefinden“ von Daaleman und Frey (2004).

Die Kriterien, um die konzeptuelle Angemessenheit der Skalen zu beurteilen, übernahmen wir aus dem vorausgegangenen Kapitel. Ein Ergebnis vorweg: Wenn verschiedene Skalen Spiritualität messen, wird keinesfalls das Gleiche gemessen. *Die* Spiritualitätsskala gibt es (noch) nicht, was angesichts der Mannigfaltigkeit dieses Phänomens nicht verwunderlich und möglicherweise gar nicht erstrebenswert ist.

2.3.1 Die Skala „Spirituelles Wohlbefinden“ von Paloutzian und Ellison

Die „Spiritual Well-Being Scale“ (SWBS) wurde von Paloutzian und Ellison (1982) erarbeitet und bis 1990 bereits dreihundertmal eingesetzt (Ellison, 1994; Genia, 2001). Der Ausgangspunkt der Forscher ist: „Der Mensch lebt nicht vom Brot allein“ (Lk 4,4). In den letzten Jahrzehnten sei es den Amerikanern materiell immer besser ergangen, seelisch aber nicht. Glück werde weniger von objektiven Umständen und materiellen Faktoren gesteigert, sondern durch soziale Einbettung – und Spiritualität (Argyle, 1999). „The American paradox: Spiritual hunger in a land of plenty“, betitelte Myers (2000) ein aufrüttelndes Buch. Spiritualität beinhaltet für Paloutzian und Ellison (1982) zwei Dimensionen:

- eine vertikale, die auf die Beziehung zu Gott hinzielt („religiöses Wohlbefinden“),
- eine horizontale, in der die Lebensziele und die generelle Lebenszufriedenheit angesiedelt sind („existenzielles Wohlbefinden“).

Spiritualität bestehe in der Verbindung von Gottesbeziehung und einer positiven, zuversichtlichen Einstellung zum Leben. Zu beiden Dimensionen formulierten die Autoren je zehn Items. „Ich glaube, mein Leben hat ein wirkliches Ziel“, bezieht sich auf existenzielles Wohlbefinden; „die Beziehung zu Gott trägt zu meinem Wohlbefinden bei" auf religiöses. In der mitteleuropäischen Stichprobe (190 Studierende in Fribourg und Salzburg) erhielten die Items der Teilskala „Existenzielles Wohlbefinden" signifikant mehr Zustimmung (durchschnittlicher Mittelwert: 4.95 bei Punktwertspanne 1 [absolut falsch] bis 6 [absolut richtig]) als diejenigen zum religiösen Wohlbefinden (M = 3.70). Knapp 50 Prozent sind existenziell sehr zufrieden, ohne aber ein ebenso ausgeprägtes Wohlbefinden aus ihrer Gottesbeziehung zu schöpfen.

Andere Ergebnisse werden aus den USA berichtet: In zwei großen Stichproben, denen Ledbetter et al. (1991) die Skala vorlegten, fiel der Mittelwert beim religiösen Wohlbefinden höher aus (5.5) als beim existenziellen Wohlbefinden (5.1); bei den mitteleuropäischen Studenten liegt der Mittelwert des „religiösen Wohlbefindens" mit 3.7 deutlich tiefer; bezüglich des existenziellen Wohlbefindens bestehen aber keine Differenzen.

Beurteilung. „Spirituelles Wohlbefinden" ist ein ökonomisches Instrument. Die zwanzig Items können zügig beantwortet werden. Als Argumente für seine Validität werden – zusätzlich zu den zufrieden stellenden psychometrischen Befunden (α in der Regel über .80) – zahlreiche Korrelationen mit anderen Variablen ins Feld geführt.

Korrelationen mit anderen Variablen. Paloutzian und Ellison (1982) wiesen nach, dass sich Personen mit mehr spirituellem Wohlbefinden seltener einsam und verlassen fühlen. Patienten, bei denen Krebs diagnostiziert worden war, durchlitten geringere existenzielle Ängste, wenn ihr spirituelles Wohlbefinden höher war (Kaczorowski, 1989). Coleman und Holzemer (1999) untersuchten den Zusammenhang zwischen Spiritualität und psychischem Wohlbefinden bei Afroamerikanern, die an Aids litten: „Existenzielles Wohlbefinden" korrelierte signifikant negativ mit Depression ($r = -.53$), gemessen nach Beck (2001), das „religiöse Wohlbefinden" mit $r = -.21$ deutlich schwächer; es hängt aber stärker mit Hoffnung zusammen ($r = .47$). Zahlreiche Studien zeigten, dass existenzielles Wohlbefinden mit psychosozialen Variablen stärker korreliert als religiöses Wohlbefinden (Landis, 1996; Tuck et al., 2001).

Kritik. Trotz ihrer häufigen Verwendung wurde die Skala bemängelt. Angesichts des Reichtums an spirituellen Formen sei es zu simpel, spirituelles Wohlbefinden nur als religiöses und existenzielles Wohlbefinden zu dimensionalisieren. Dieser Einwand ist angesichts der mannigfaltigen Formen von Spiritualität, wie sie qualitative Forschung zutage bringt, verständlich – so fehlen Verbundenheit und Selbsttranszendenz.

Kritisiert wird ferner, die Skala messe ausschließlich theistische Spiritualität, speziell als Gebet und als Gefühl, von Gott geliebt und im Alltag von ihm umsorgt zu sein. Personen, die sich als spirituell verstehen, aber nicht an einen persönlichen Gott glauben, wird sie nicht gerecht (Daaleman & Frey, 2004; Hodge, 2003; MacDonald et al., 1999).

2.3.2 Der „Index spiritueller Erfahrungen" von Kass

Jared Kass und Mitarbeiter versuchten konkrete „spirituelle" Erfahrungen zu identifizieren, die den Glauben an Gott wecken und ihn stärken (Kass et al., 1991). Ihr Messinstrument „Index of Core Spiritual Experiences" („INSPIRIT" abgekürzt) besteht aus sieben Items, die auch im Internet beantwortet werden können und in Sekundenbruchteilen ausgewertet sind (www.spirituality health.com/newsh/items/selftest/item_234.html; Stand: 11.9.2006). Konkret erfragt wird, wie spirituell sich Menschen einschätzen, wie oft sie die Gegenwart Gottes spüren, wie nahe sie sich ihm fühlen, wie oft sie beten oder meditieren. Zusätzlich werden, im umfangreichen Item 7, intensive spirituelle Erfahrungen dahingehend beurteilt, ob sie die Überzeugung von Gottes Existenz stärken. Dies bewirkt gemäß der Befragung von 190 Studierenden in Fribourg und Salzburg insbesondere die Erfahrung von innerem Frieden, Liebe und Freude, aber auch das Gefühl, mit der Erde und dem Leben verbunden zu sein. Durchgängig handelt es sich um Emotionen. Treffen mit spirituellen Lehrern und Meistern sind dem gegenüber zweitrangig. Religiös-spirituelle Entwicklung dürfte demnach vor allem durch Gefühle und nur sekundär von (kognitiven) Lehren vorangetrieben werden (Beile, 1998). Aber auch Engel und/oder beschützende Geister kräftigen den Gottesglauben. Die paranormale Erfahrung, mit Verstorbenen zu kommunizieren, ist dem gegenüber seltener, wurde aber von jedem fünften als den Gottesglauben stärkend gewürdigt. 27 Prozent beteuerten, mit Verstorbenen in Kontakt getreten zu sein, prozentgenau gleich viele wie gemäß einer repräsentativen Umfrage unter 1.460 Amerikanern (Greeley, 1975).

Kass et al. (1991) setzten ihren Index auch mit dem Wohlbefinden in Beziehung und fanden, dass spirituelle Erfahrungen dieses erhöhen und zugleich körperliche Beschwerden deutlich verringern. Daraus entwickelten sie eine aufschlussreiche Typologie, die in der folgenden Übersicht dargestellt ist.

Spiritualität	Wohlbefinden: niedrig	Wohlbefinden: hoch
hoch	Spiritualität führt nicht zu positiver, glücklicher Gestimmtheit	Spiritualität als zentrale Quelle beglückender Emotionen
niedrig	Spiritualiät sollte als möglicher Weg zur Steigerung des Wohlbefindens erwogen werden	Wohlbefinden rührt aus anderen Quellen als aus der Spiritualität

Abbildung 2.3. Das Messinstrument INSPIRIT setzt körperliches Wohlbefinden in Beziehung zu Spiritualität

Beurteilung. Der INSPIRIT ist ein ökonomisches Instrument, das zügig bearbeitet werden kann. Die psychometrischen Werte (Cronbach α) sind hoch (α um .90) Besonders zu würdigen ist, dass der Index bei den Erfahrungen ansetzt, die für Spiritualität wesentlich sind, auch und gerade die, mit allem Leben verbunden zu sein. Zu Recht sprechen MacDonald et al. (1995, 187) von einem „ganz ausgezeichneten Instrument".

Korrelationen. Der INSPIRIT korreliert in zahlreichen Studien hochsignifikant mit Religiositätsmaßen, so zu r = .69 mit intrinsischer Religiosität, die um ihrer selbst willen vollzogen wird (MacDonald et al., 1995, 187). Auch in unserer mitteleuropäischen Stichprobe korreliert der INSPIRIT mit der Dimension „religiöses Wohlbefinden" aus der Skala „Spirituelles Wohlbefinden" nach Paloutzian und Ellison (1982) hoch (r = .87), jedoch nur schwach mit existenziellem Wohlbefinden (r = .14). Genau dies zog Kritik auf sich. Misst dieser Spiritualitätsindex nicht das Gleiche wie traditionelle Religiositätsskalen, exemplarisch die Skala „intrinsische religiöse Motivation" von Hoge (1972)? Wurde nicht alter Wein (Religiosität) in neue Schläuche (Spiritualität) gefüllt? (Koenig, McCullough & Larson, 2001; MacDonald et al., 1995). Diese Frage trifft auch auf die Skala „Spiritualitäts- und Lebensgeschichte" von Hays et al. (2002) zu, desgleichen auf das in den USA häufig eingesetzte „Spiritual Assessment Inventory" (SAI) von Hall und Edwards (2002), das als „theistisch" bezeichnet wird. Aber wie geht eine Person, die sich zwar als spirituell versteht, aber die Existenz Gottes bestreitet, mit folgendem Item um: „Jeden Tag spüre ich, dass Gott mit mir ist"? Sie kann nicht anders als bei „wenig" oder „nicht einverstanden" ankreuzen und fällt in die Gruppe der wenig Spirituellen. – Es gibt jedoch breitere Ansätze.

2.3.3 Die Mystizismus-Skala von Hood

Mystik ist ein universales Phänomen, das aus den unterschiedlichsten religiösen Traditionen bezeugt wird (Fontana, 2003; Murphy, 1992). Und Mystik ist „Herz" und Ziel von Spiritualität. Die Literatur dazu lässt sich kaum mehr überschauen: Aus esoterischer Sicht: Teasdale (2004); dezidiert psychologisch: Spilka et al. (2003) sowie Wulff (2004). Mystik ist eine Intensiverfahrung, die psychologisch ebenso gut studiert werden kann wie jegliche menschliche Erfahrung (Hood, 1975). Dies demonstrierte nicht nur der große (Religions-)Psychologe William James (1979, erstmals 1902), sondern auch der Benediktiner Alois Mager (1945), der aus den Schriften des Johannes vom Kreuz und der Heiligen Teresa von Avila eine „Psychologie der Mystik" herleitete. Diese musste er gegen Theologen verteidigen, die sie zu einer bloßen „Erlebnistheologie" herabwürdigten.

Die bisher am häufigsten eingesetzte Mystizismus-Skala entwickelte Hood (1975), indem er zunächst 108 Items auf sechs Dimensionen von Mystik bezog, die er weitgehend von James (1979, 358–398) übernahm:

- innere subjektive Qualität („Ich hatte eine Erfahrung, in der alle Dinge bewusst zu sein schienen"),
- zeitliche und räumliche Qualität („Ich hatte eine Erfahrung, in der mir weder Raum noch Zeit bewusst war"),
- noetische Qualität („Ich hatte eine Erfahrung, in der mir eine neue Sicht der Realität offenbart wurde"),
- Unaussprechlichkeit („Ich hatte eine Erfahrung, die man nicht mit Worten ausdrücken kann"),
- positive Auswirkungen („Ich erfuhr tiefe Freude"),
- religiöse Qualität („Ich hatte eine Erfahrung, von der ich weiß, dass sie heilig war").

Itemanalysen führten zu einer Reduktion auf 32 Items, die faktoranalysiert wurden. Hood (1975) zog zwei Faktoren, einen ersten, den er „allgemeine Mystik" nannte, und einen zweiten: „Religiöse Deutung der Mystik". Die daraus gebildeten Skalen sind hinreichend reliabel ($\alpha > .70$). Je intrinsischer Personen ihre Religiosität leben, umso häufigere und intensivere mystische Erlebnisse ($r = .82$) berichten sie. Solche werden auch in dem Maße begünstigt, in dem sich Menschen für neue Erfahrungen zu öffnen vermögen.

Mystiker sind keine Neurotiker, wies Caird (1987) nach (zu weiteren Anwendungen: MacDonald et al., 1995). Er untersuchte, ob mystische Erfahrungen pathologische Regressionen zurück an die Mutterbrust, wenn nicht in den Uterus sind – wie von der klassischen Psychoanalyse und von der Group for the advancement of psychiatry (1976) behauptet. 115 Studenten schätzten nicht nur die 32 Items von Hood (1975) ein, sondern auch das Persönlichkeitsinventar von Eysenck, das die Ausprägungen von Neurotizismus, Psychotizismus, Extra- und Introversion sowie Lüge/Schwindel misst. Mit keinem dieser Persönlichkeitsmerkmale wies die Mystizismus-Skala signifikante Korrelationen auf. Das in der Psychologie oft gezeichnete Bild des Mystikers als introvertiert oder psychotisch erweist sich als Klischee.

Beurteilung. Das Instrument von Hood (1975) gilt als vorzüglich. Da in den Items religions- und konfessionsspezifische Begriffe fehlen (auch „Gott"), lässt sich die Skala außerhalb christlicher Traditionen einsetzen, so von Hood et al. (2001) im Iran. Obschon sich die dortige religiöse Landschaft markant von der religiösen Diversifizität in den USA und Europa unterscheidet (Islam als Staatsreligion), führte die Faktorenanalyse zu einer identischen Struktur. Insgesamt handelt es sich um eine der angemessensten Mystizismusskalen, die aber das mystische Erleben selber, per definitionem unaussprechlich, nicht direkt wiedergeben kann – und auch nicht will.

2.3.4 Die Skala „Transpersonales Vertrauen“ von Belschner

Dieses Messinstrument des Oldenburger Gesundheitspsychologen Wilfried Belschner (1998; 2000) kann auch bei konfessionell und religiös nicht Gebundenen eingesetzt werden. Es intendiert, spirituelle Erfahrungen und weniger kognitive Glaubensüberzeugungen zu messen. Die Items enthalten wiederholt die Formulierung „höhere Wirklichkeit“: „Ich fühle mich mit einer höheren Wirklichkeit/mit einem höheren Wesen/Gott verbunden. Darauf kann ich auch in schweren Zeiten vertrauen.“ Dieses Wesen übersteige das individuelle menschliche Bewusstsein und verbinde es zugleich miteinander. Aus diesem Grunde spricht Belschner (2000) von „transpersonalem Vertrauen“, das auch durch Gefühle der Verbundenheit mit dem gesamten Kosmos getragen wird: „Ich habe schon die Erfahrung gemacht, dass ich mich mit der Welt und dem Kosmos eins fühle.“

Transpersonales Vertrauen, obschon den eigenen Anspruch nach institutioneller Religiosität überschreitend, ist gleichwohl auf diese bezogen. Dies zeigten Albani et al. (2002) in der bisher größten Studie, die mit dieser Skala durchgeführt wurde. 1753 Bürger in den alten und neuen Bundesländern bearbeiteten die Items, denen im Westen zwischen 33 und 64 Prozent zugestimmt wurde, im Osten lediglich zwischen 18 und 49 Prozent. Wer von der Existenz Gottes „vollständig“ überzeugt ist, begreift sich auch eher als „Teil eines großen Ganzen“ und als „eins mit der Welt und dem Kosmos“.

Beurteilung. Die Skala ist kurz und lässt sich zügig bearbeiten. Die berichteten Reliabilitäten sind hoch: $\alpha > .90$ (Albani et al., 2002). Wie bei geschlossenen Verfahren unvermeidlich, bleibt offen, was die Befragten zu einer „höheren Wirklichkeit“ imaginieren. Auch erfragen einige Items jeweils zwei Sachverhalte. „Ich bezeichne mich als religiös, auch wenn ich keiner Glaubensgemeinschaft angehöre“ kann eine Person in Verlegenheit bringen, wenn sie noch einer Religionsgemeinschaft angehört.

Für die Konstruktvalidität spricht, dass sich der Faktor „Transpersonales Vertrauen“ als sehr konsistent und eigenständig von gesundheits- und persönlichkeitspsychologisch bewährten Skalen abhebt. Sie erfasst somit eine genuine und spezifische Dimension des Menschseins: Transpersonalität, ein Ingredienz von Spiritualität.

2.3.5 Die Skala „Humanistisch-phänomenologische Spiritualität“ von Elkins

Kirchen und Tempel haben kein Monopol auf Spiritualität, unterstreichen Elkins et al. (1988) unter Berufung auf Maslow (1970). Spiritualität müsse breiter erhoben werden als innerhalb der Grenzen der Religiosität: als multidimensionaler Prozess, der sich in den verschiedensten Religionen und Kulturen ereignen könne und zum Wesen bzw. Potenzial aller Menschen gehöre (Elkins et al., 1988). Die

Autoren verstehen diesen Standpunkt nicht als antireligiös. Vielmehr bescheinigen sie den Religionen, dass sie in ihren besten Zeiten die wertvollsten Reservoire von Spiritualität bilden, aber Gefahr laufen, zu verdunsten und auszutrocknen. Diesen Prozess beschreibt auch Hamer (2004). Er vergleicht die ursprüngliche spirituelle Erfahrung mit den Genen, die daraus gewordenen religiösen Strukturen, die Beharrungsresistenz entwickeln und zugleich expandieren wollen, mit den „Memen". Diese sind verobjektivierte Grundbestandteile von Kultur bzw. institutionalisierter Religion, sie werden in ein Lehrsystem gebracht und wollen an die nächste Generation weitervermittelt werden.

Die neun Dimensionen von Spiritualität entwickelten Elkins et al. (1988) nicht nur qua Literaturstudium, sondern in eingehenden Gesprächen mit spirituellen Führern aus den verschiedensten Religionen. Im Folgenden sind die Dimensionen aufgelistet, konkretisiert mit je einem Item:

(1) Transzendenz: „Es gibt eine transzendente Dimension des Lebens."
(2) Sinn- und Zweckhaftigkeit: „Das Bedürfnis nach Sinn- und Zweckhaftigkeit ist eine der stärksten menschlichen Triebkräfte."
(3) Lebensmission: „Das Leben ist dann am wertvollsten, wenn es im Dienste einer wichtigen Aufgabe geführt wird".
(4) Heiligkeit des Lebens: „Dass die einfachen Völker die Natur als heilig verehrten, ist für mich Weisheit."
(5) Materielle Werte: „Obschon Geld und Besitz für mich wichtig sind, finde ich die tiefste Befriedigung durch spirituelle Faktoren."
(6) Altruismus: „Ich bin schnell und tief betroffen, wenn ich menschliches Elend und Leid sehe."
(7) Idealismus: „In allem, was ich tue, habe ich einen tiefen und positiven Glauben an die Menschheit."
(8) Bewusstsein für die Tragik: „Offensichtlich sind Schmerz und Leid notwendig, damit wir unser Leben prüfen und neu orientieren."
(9) „Früchte" der Spiritualität: „Der Bezug zur transzendenten, spirituellen Dimension half mir, persönlichen Stress zu verringern."

Beurteilung. Die Skala konzeptualisiert Spiritualität umfassender als alle bisherigen, dies um den Preis, ursprünglich 157 Items zu enthalten, in einer Kurzfassung 85, sodass sie kaum als ökonomisch gelten kann. Sie lässt sich auch von Personen bearbeiten, die sich keiner Religion zugehörig fühlen. Auch beziehen sie sich nicht nur auf die Einstellung gegenüber dem Geistigen, dem (Lebens-)Sinn etc., sondern auch auf die Mitmenschen, Materielles und das im Leben unvermeidliche Leid. Um etliche Fragen angemessen beurteilen zu können, ist erforderlich, Fachbegriffe wie „transzendent" oder „spirituell" zu kennen. Was konkret darunter verstanden wird, bleibt unklar. Insgesamt handelt es sich um eine der differenziertesten Skalen zum multidimensionalen Phänomen der Spiritualität. Darüber hinaus erreicht sie gute psychometrische Werte: α zwischen .81 und .98 (Elkins et al., 1988).

2.3.6 Die Skala „Spirituelle Transzendenz“ von Piedmont

Auch Piedmont (1999) entwickelte eine Skala zur Spiritualität, die in unterschiedlichen religiösen Traditionen eingesetzt werden könne, in westlichen und östlichen, theistischen und nicht-theistischen. Deswegen fehlt in den 24 Items „Gott“ ebenso wie „Kirche“ und „Religion“. Spirituelle Transzendenz sei von Religiosität klar zu trennen. Letztere beziehe sich auf eine institutionell geregelte Begegnung mit dem Göttlichen. Spiritualität hingegen akzentuiere die persönliche Suche nach einem umfassenderen Heiligen und nach einer breiteren Perspektive, von der aus der Mensch die fundamentale Einheit alles Lebendigen wahrnehmen könne und einen Sinn der Verbundenheit mit allem Leben entwickle, den selbst der Tod nicht zerstören könne. „Spirituelle Transzendenz“ wird in drei Dimensionen ausdifferenziert:

(1) Universalität: Der Glaube an die Einheit und Sinnhaftigkeit allen Lebens; ein Gefühl dafür, dass alles Leben miteinander verbunden ist, und ein Sinn für die geteilte Verantwortung aller Geschöpfe füreinander: „Ich fühle, dass uns alle auf einer höheren Ebene ein gemeinsames Band verbindet.“ – „Alles Leben ist miteinander verbunden.“

(2) Verbundenheit: Ein Sinn für persönliche Verantwortung, die sowohl vertikal ist (generationenübergreifende Zugehörigkeit), aber auch horizontal (Verbundenheit zu anderen in meiner Umgebung): „Porträts einiger meiner Verwandten beeinflussen mein jetziges Leben, obschon sie bereits verstorben sind.“ – „Mich beschäftigen auch jene Menschen, die erst nach mir kommen werden.“

(3) Gebetserhörung: Wirklich erfahrene Freude und Zufriedenheit, die aus dem Gebet erwächst. Gebet ermöglicht persönliche Stärke: „Ich meditiere und bete, wodurch ich einen höheren spirituellen Bewusstseinszustand erreichen kann.“ – „Ich hatte zumindest eine Gipfel- bzw. Intensiverfahrung.“

Spiritualität wird nicht nur als Gebet und Meditation und die von ihnen bewirkten Effekte operationalisiert, sondern auch – wie in den qualitativen Studien immer wieder gezeigt – als tief empfundenes Gefühl des Verbundensein mit allen Menschen (Hungelman, 1996; Smith et al., 1993), insbesondere den bereits Verstorbenen, ohne die wir nicht wären. Dies erinnert an die von Erik Erikson (1973) beschriebene Solidarität mit der Menschheit als ganzer, wie sie sich erst auf einer hohen Stufe der Persönlichkeits- bzw. Identitätsentwicklung einstelle und einen integren, weisen Menschen auszeichne. Poetisch beschrieben hat diese Erfahrung Erwin Schrödinger (aus Wilber 2002, 17): „Jahrtausendelang haben Männer gestrebt, gelitten und gezeugt, haben Weiber unter Schmerzen geboren. Vor hundert Jahren vielleicht saß ein anderer an dieser Stelle, blickte gleich dir, Andacht und Wehmut im Herzen, auf zu den verglühenden Firnen. Er war vom Mann gezeugt, vom Weib geboren gleich dir. Er fühlte Schmerz und kurze Freude wie du. War es ein anderer? Warst du es nicht selber?“

Spiritualität als Persönlichkeitsmerkmal. Piedmont (1999) untersuchte, ob Spiritualität ein unabhängiger Faktor der Persönlichkeit ist, indem er seine Skala mit dem bekannten Fünf-Faktoren-Modell der Persönlichkeit nach Costa und McCrae (1992) in Beziehung setzte. Diese fünf Faktoren, die – weil in beträchtlichem Ausmaß vererbt (Loehlin et al., 1998) – über die Lebensspanne hinweg ausgesprochen stabil bleiben und als „Big Fives" bezeichnet werden, heißen: Neurotizismus, Extraversion, Offenheit, angenehmes Wesen (speziell Altruismus, Vertrauen, prosoziale Haltungen) sowie Bewusstheit (speziell Impulskontrolle und zielgerichtetes Verhalten). Piedmont (1999) fand nur geringfügige Korrelationen und zog den Schluss, Spiritualität sei ein eigenständiges Persönlichkeitsmerkmal. Piedmont (2001) wiederholte dieses Ergebnis in einer Stichprobe von 322 Studenten, die den Persönlichkeitsfragebogen von Costa und McCrae (1992) sowie mehrere Spiritualitätsskalen, darunter auch die zur spirituellen Transzendenz, bearbeiteten. Eine Overall-Faktorenanalyse ergab, dass die drei Subskalen „Universalität", „Gebetserhörung" und „Verbundenheit" auf einem eigenen Faktor zu liegen kamen. Infolgedessen sei Spiritualität als eigenständiges und robustes Persönlichkeitsmerkmal anzusehen. Es bleibt abzuwarten, ob aus den in der Persönlichkeitspsychologie fest beheimateten „Big Five" dereinst oder nicht schon bald die „Big Six" werden.

Interkulturelle Überprüfung. In einer weiteren Studie überprüften Piedmont und Leach (2002), ob die Skala „Spirituelle Transzendenz" – wie von ihr selbst beansprucht – auch in einer anderen Kultur überzeugende Resultate liefert. Sie legten die Items 369 Studenten in Indien vor, je zu einem Drittel Christen, Hindus und Muslime. Die Ergebnisse entsprachen weitgehend denjenigen in den Vereinigten Staaten. In allen drei Gruppen ist die Reliabilität der Skala ausreichend: $\alpha > .70$. Die Hindus und Christen wiesen geringfügig höhere Mittelwerte auf als die Muslime, die besonders den Items der Teilskala „Universalität" verhaltener zustimmten.

Beurteilung. Das Messinstrument ist valide und kann kulturübergreifend eingesetzt werden. Es operationalisiert spirituelle Erfahrung als Verbundenheit. Die Autoren würdigen Spiritualität als universales Phänomen, das die Religionen übergreift und zugleich verbindet. Kritisch eingewandt wurde jedoch, die Subskala „Gebetserhörung" sei eher eine Dimension von Religiosität, korreliere sie doch sehr hoch mit der Häufigkeit von Gottesdienstbesuch und Gebet sowie mit der religiösen Selbsteinschätzung (Clark, 2004).

2.3.7 Eine neue Skala „Spirituelles Wohlbefinden" von Gomez und Fisher

Ein multidimensionales Konzept von Spiritualität vertreten Gomez und Fisher (2003), die ihr Messinstrument „Spiritual Well-Being Questionnaire" nannten. Dieses Wohlbefinden beziehe sich auf vier Bereiche: persönlich (Sinn, Werte, Lebensziele), gemeinschaftlich (Qualität der zwischenmenschlichen Beziehungen), Umgebung (Natur, Kosmos) und Transzendenz.

Tabelle 2.1. Gemäß dem „Spiritual Well-Being Questionnaire" von Gomez und Fisher bezieht sich Spiritualität letztlich auf alles; sie ist verwoben mit allen Aspekten des Lebens

Persönlich	Gemeinschaftlich	Umgebung	Transzendenz
(1) Selbstbewusstsein (2) Sinn (3) Friede (4) Identität (5) Freude	(1) Freundlich sein zu anderen (2) Andere lieben (3) Vertrauen zu anderen (4) Andere respektieren (5) Anderen vergeben	(1) Natur geheimnisvoll (2) Verbundensein mit Natur (3) Ehrfurcht vor Natur (4) Harmonie (5) Einssein mit Natur	(1) Beziehung zu Gott (2) Gott verehren (3) Friede mit Gott (4) Einssein mit Gott (5) Gebetsleben

Zu allen vier Bereichen formulierten sie je 16 Items, sodass sich ein Fragebogen mit 64 Statements ergab, der in einer Studie von 248 Jugendlichen ausgefüllt wurde. Eine Faktorenanalyse brachte die vier vorausgesagten Faktoren zutage. In das definitive und wesentlich kürzere Messinstrument wurden die fünf am höchsten ladenden Items übernommen.

Spiritualität als Persönlichkeitsmerkmal. In weiteren Studien wiesen die Psychologen nach, dass die vier Dimensionen positiv korrelieren, am stärksten „persönlich" und „gemeinschaftlich" (r = .87). Wie schon Piedmont (1999), prüften auch Gomez und Fisher (2003), ob Spiritualität ein eigenständiges Persönlichkeitsmerkmal ist, indem sie einer umfangreichen Stichprobe zusätzlich zu ihrem „Spiritual Well-Being Questionnaire" den „Erwachsenen-Eysenck-Persönlichkeitsfragebogen" vorlegten (Eysenck & Eysenck, 1991). Eine Faktorenanalyse zeigte, dass die vier Teilskalen zum spirituellen Wohlbefinden eigenständig sind. Menschen können sich spirituell wohl fühlen, unabhängig, ob sie extravertiert sind oder nicht, unabhängig, ob sie zu Neurotizismus neigen oder nicht. Jedoch fühlen sich Menschen mit psychotischen Tendenzen spirituell geringfügig weniger wohl. Spiritualität sei ein eigenständiges Persönlichkeitsmerkmal.

Beurteilung. Obschon der erfasste Gegenstandsbereich – Spiritualität als Beziehung zum Selbst, zur Mitwelt, Umgebung und Transzendenz – allumfassend ist, ist die Skala ökonomisch. Problematisch ist, dass Gomez und Fisher (2003) die Validierungsstudie mit Jugendlichen durchführten, die durchschnittlich 13 Jahre alt waren. Dies schließt nicht aus, Validierungen bei (älteren) Erwachsenen zu wiederholen, dies umso mehr, als Spiritualität oft in der Lebensmitte intensiver wird (Kap. 3.4).

2.3.8 Die Skala „Spirituelle Selbsttranszendenz“ von Kirk

Wer stets auf sich selbst fixiert ist, tut sich schwer, sich für spirituelle Wirklichkeiten zu öffnen, sich selbst zu transzendieren und sich mit anderen und Anderem zu verbinden. Qualitative Studien (Kap. 2.2.6) wiesen Selbsttranszendenz als „Herz von Spiritualität“ aus (Hamer, 2004, 18). Die australischen Psychologen Kirk, Eaves und Martin (1999) entwickelten dazu eine Skala, deren Items sie dem Charakter-Persönlichkeitsfragebogen von Cloninger, Svrakic und Przybeck (1993) entnahmen. Einige davon lauten: „Ich fühle oft eine starke spirituelle oder emotionale Verbundenheit mit allen Menschen, die um mich sind.“ – „Ich fühle oft, dass ich Teil einer geistigen Kraft bin, von der alles Leben abhängt.“ – „Manchmal fühle ich mich so verbunden mit der Natur, dass alles ein Teil eines lebendigen Organismus zu sein scheint.“

Am spannendsten an der Untersuchung von Kirk, Eaves und Martin (1999), in die 2.738 Fragebögen eingingen, ist der Vergleich von monozygotischen (eineiigen) und bizygotischen (zweieiigen) Zwillingen. Monozygotische Zwillinge gleichen sich nicht nur körperlich, sie ähneln sich auch hinsichtlich der Fähigkeit zur Selbsttranszendenz, die stärker genetisch determiniert ist als die Religiosität (ausführlicher wird dies in Kap. 3.4.1 dargestellt).

Beurteilung. Mit 15 Items liegt ein handliches Instrument vor, das zudem hinreichend reliabel ist. Spiritualität wird fokussiert auf die Erfahrung, mit allem Leben, insbesondere aber mit einer höheren geistigen Macht verbunden zu sein. Wie auch von qualitativen Studien gezeigt, ist damit ein Kern von Spiritualität erfasst, so dass es auch im deutschen Sprachraum wünschenswert wäre, dieses Instrument vermehrt zu erproben und einzusetzen. Erstmals hat dies Lackinger (2006) in einer Studie über den positiven Zusammenhang zwischen Spiritualität, Vergebungsbereitschaft und Optimismus geleistet.

2.3.9 Die Skala „Intrinsische Spiritualität“ von Hodge

An den gängigen Spiritualitätsskalen bemängelte auch Hodge (2003), dass sie auf gottgläubige Menschen zugeschnitten sind. Er entwickelte eine Skala, die die Lebensrelevanz von – explizit – „Spiritualität“ erfragt und aus sechs Items wie dem folgenden besteht. Eine konfirmatorische Faktorenanalyse wies die Items als zusammenhängend aus; sie bilden demnach eine Dimension: „intrinsische Spiritualität“, die die Person und ihr Leben als Ganzes betrifft. Entsprechend hoch ist die innere Konsistenz: $\alpha = .96$.

Von meinen Fragen, die ich über das Leben habe, beantwortet mir meine Spiritualität										
keine Fragen										absolut alle Fragen
0	1	2	3	4	5	6	7	8	9	10

Abbildung 2.4. Ein Beispiel für die Items, mit denen Hodge nach der Lebensrelevanz von Spiritualität fragt

Beurteilung. Die Skala, zwar ökonomisch und sehr reliabel, lässt vor allem eines unklar: Was verstehen die Befragten unter „Spiritualität"? Die Beziehung zu Gott? Oder Autogenes Training? Dies verweist auf die prinzipiellen Mängel von geschlossenen Befragungen, die bei einem so vielschichtigen Phänomen wie Spiritualität reduktionistisch sind (Moberg, 2002).

2.3.10 Ein neuer „Index zum spirituellen Wohlbefinden" von Daaleman und Frey

Wie unterschiedlich das ist, was bei der Erhebung von Spiritualität gemessen wird, zeigt abschließend eine Studie von Daaleman und Frey (2004). Erklärtes Ziel ist die Entwicklung eines validen und reliablen Messinstruments für Spiritualität, das zumal für Patienten geeignet sei. Nach qualitativen Vorarbeiten, in denen hospitalisierte Personen nach ihrem Verständnis von „Spiritualität" gefragt wurden (Daaleman, Kuckelmann & Frey, 2001), formulierten sie Items, die von 512 Erwachsenen beurteilt wurden. Nach den Faktoren- und Itemanalysen blieben 12 Items übrig. Die sechs ersten – u.a. „Ich weiß nicht, wie ich beginnen soll, meine Probleme zu lösen" – wurden zur Teilskala „Selbstwirksamkeit" zusammengestellt ($\alpha = .86$), die weiteren sechs – u.a. „Ich bin weit davon entfernt, den Sinn des Lebens zu verstehen" – zur Teilskala „Lebensschema" ($\alpha = .89$).

Beurteilung. Für die Konstruktvalidität dieses schnell zu bearbeitenden Instruments sprechen die berichteten Korrelationen: $r = .62$ mit dem spirituellen Wohlbefinden nach Paloutzian und Ellison (1982), wobei der Zusammenhang mit religiösem Wohlbefinden niedriger ausfiel ($r = .35$). Zu $r = .64$ korreliert sie mit allgemeinem Wohlbefinden, $r = -.42$ mit Depression. In zwei weiteren Validierungsstudien (Frey, Daaleman & Peyton, 2005) ergaben sich zusätzlich positive Korrelationen mit Hoffnung ($r = .40$), Wohlbefinden ($r = .62$) und Lebensqualität ($r = .18$) sowie negative mit Todesangst ($r = -.39$) und schlechter Gesundheit ($r = -.35$). Dieses Messinstrument ist das „säkularste", was Frey, Daaleman und Peyton (2005, 570) selber auch so sehen. Unter ausdrücklicher Bezugnahme auf Bandura (1997) wird Spiritualität in der Erfahrung von Selbstwirksamkeit bestimmt, sodann mit einem allgemeinen Lebensschema identifiziert.

2.3.11 Spiritualität, quantitativ konzeptualisiert: Zwischenbilanz

Wenn beansprucht wird, Spiritualität zu messen, wird Unterschiedliches erhoben. Verständlich, dass Niederman (1999, 2) als „Schwäche" der (empirischen) Spiritualitätsforschung kritisierte, es kursierten dermaßen unterschiedliche Konzeptualisierungen, dass niemand mehr wisse, was Spiritualität eigentlich sei. Herauskristallisiert haben sich beim Versuch, Spiritualität zu messen bzw. zu erfassen, folgende Konzepte:

- Theistische Spiritualität, speziell als Gottesbeziehung und Gotteserfahrung. Hierzu zählen die Subskala „religiöses Wohlbefinden" (Paloutzian & Ellison, 1982), der INSPIRIT nach Kass et al. (1991), das Inventar zur Messung von Spiritualität nach Hall und Edwards (2002), die Spiritualitäts- und Lebensgeschichte-Skala von Hays et al. (2002).
- Spiritualität als Bezogensein auf ein höheres Wesen bzw. eine höhere Macht. So die Skala Transpersonales Vertrauen von Belschner (1998) und Messinstrumente im Umfeld der Anonymen Alkoholiker, die sich einer stärkeren Macht als sie selber anheim geben (Schaler, 1996), sowie die JAREL-Skala zum spirituellen Wohlbefinden von Hungelman et al. (1996).
- Spiritualität als mystische Erfahrung (Hood, 1975).
- Spiritualität als Erfahrung des Verbundenseins mit allem Leben, ja dem gesamten Kosmos (Piedmont, 1999; Gomez & Fisher, 2003).
- Spiritualität als sinnverbürgende Beziehung zum Selbst, zu anderen, zur Natur und zur Transzendenz (Elkins, 1988; Gomez & Fisher, 2003).
- Spiritualität als Praxis, speziell als Meditation und Gebet, was u.a. von der Subskala Gebetserhörung in der spirituellen Transzendenz-Skala von Piedmont (1999), aber auch von Goldsmith (1997) erfragt wird.
- Spiritualität als innere Stärke und Selbstwirksamkeit (Daaleman & Frey, 2004).
- Spiritualität als insofern offenes Konstrukt, als sie inhaltlich nicht präzisiert wird, so die Skala „intrinsische Spiritualität" von Hodge (2003).

Von diesem (verwirrenden) Befund her ist „Spiritualität" nicht nur als komplexes, sondern vor allem als multidimensionales Phänomen zu sehen (Elkins et al., 1988; George et al., 2000, 105). Postuliert werden unterschiedlich viele Dimensionen. Moberg (1984, 352) mutmaßte sogar, in Spiritualität könnten „möglicherweise hunderte von Komponenten" enthalten sein. Ein so facettenreiches Konstrukt ist empirisch nicht mehr zu bewältigen.

Tabelle 2.2. Spiritualität erweist sich in der Zusammenschau der Konzepte als multidimensionales Phänomen, wobei die Anzahl der Dimensionen von Skala zu Skala differiert

Skala	Items	Dimensionen	α
Spirituelles Wohlbefinden (Paloutzian & Ellison, 1982)	20	(1) Existenzielles Wohlbefinden (2) Religiöses Wohlbefinden	.96 .81
Index spiritueller Erfahrungen (Kass et al., 1991	18	eine	.91
Mystizismus (Hood, 1975)	32	(1) Generelle Mystik (2) Religiöse Interpretation der Mystik	>.70
Transpersonales Vertrauen (Belschner, 1998)	11	eine	.93
Humanistisch-phänomenologische Spiritualität (Elkins et al., 1988)	157	(1) Transzendenz (2) Sinn- und Zweckhaftigkeit (3) Lebensmission (4) Heiligkeit des Lebens (5) Materielle Werte (6) Altruismus (7) Idealismus (8) Bewusstsein für Tragik (9) „Früchte" der Spiritualität	.97
Spirituelle Transzendenz (Piedmont, 1999)	24	(1) Universalität (2) Verbundenheit (3) Gebetserhörung	.85 .65 .85
Spirituelles Wohlbefinden (Gomez & Fisher 2003)	20	(1) Persönlicher Bereich (2) Gemeinschaftlicher Bereich (3) Umgebung: Natur und Kosmos (4) Transzendenz	.89 .79 .76 .86

Skala	Items	Dimensionen	α
Spirituelle Selbsttranszendenz (Kirk et al., 1999)	15	eine	.96
Intrinsische Spiritualität (Hodge, 2003)	6	eine	
Neuer Index spirituelles Wohlbefinden (Daaleman & Frey, 2004)	12	(1) Selbstwirksamkeit (2) Lebensschema	.86 .89

Viele Skalen – wenige Faktoren?
Wenn unterschiedliche Instrumente vorliegen, die beanspruchen, ein latentes Konstrukt bzw. multidimensionales Phänomen zu messen, liegt es in einem weiteren Schritt nahe, mehrere davon in einem Fragebogen zu bündeln. So lässt sich ermitteln, wie die Skalen zusammenhängen, aber auch, ob Faktorenanalysen fundamentalere Strukturen des Konstrukts zutage bringen.

Fünf Dimensionen nach MacDonald. Diesen weiterführenden Schritt tat MacDonald (2000). Er legte Studierenden der Universität Windsor sieben Skalen zu Spiritualität und Religiosität vor und fand „fünf robuste Dimensionen von Spiritualität“:

(1) Kognitive Orientierung gegenüber Spiritualität: Bewusstsein ihrer Lebensrelevanz, Lebenssinn.
(2) Die erfahrungsmäßige, phänomenologische Dimension: Mystische und transpersonale Erfahrungen, Transzendenz.
(3) Existenzielles Wohlbefinden: Lebenssinn, Gefühl, Schwierigkeiten im Leben meistern, an ihnen wachsen zu können.
(4) Glaube an übernatürliche Dinge: Parapsychologisches (Telepathie, Präkognition), Spiritistisches (Geister).
(5) Religiosität intrinsisch: Glaube an Gott, dessen Lebensrelevanz, religiös-kirchliche Praxis.

Dieses fünfdimensionale Konstrukt von Spiritualität ist breit und umfasst nahezu alles, auch den Glauben an paranormale Phänomene (Cardeña, Lynn & Krippner, 2004). Allerdings ist zu fragen, ob Personen nicht auch ein spirituelles Leben führen können, wenn sie nicht an parapsychologische Phänomene glauben (Scharfetter, 1999; Kap. 2.2.8).

Fünf Faktoren nach Johnson, Kristeller und Sheets. Einen vergleichbaren Versuch der empirischen Konzeptualisierung von Spiritualität unternahmen Johnson, Kristeller und Sheets (2004), indem sie 515 College-Studenten 29 Messinstrumente zu Spiritualität und Religiosität bearbeiten ließen. Sie unterzogen die Daten einer Faktorenanalyse, die eine fünffaktorielle Lösung nahe legte:

(1) Spirituelles Wohlbefinden: Gefühl, dass das Leben sinnvoll ist, verbunden mit einer höheren Macht oder Gott. Gefühle der Dankbarkeit, des Friedens, der Zuversicht und Harmonie.
(2) Religiöse Bindung: Identifikation mit der eigenen Religionsgemeinschaft, private und öffentliche religiöse Praxis.
(3) Suche nach Sinn: Beschäftigung mit dem Sinn und Zweck des Lebens.
(4) Religiöser Stress: Gefühl, von Gott verlassen zu sein oder von ihm bestraft zu werden; Zweifel an ihm, oder Ärger über ihn.
(5) Zweifelnde Suche (quest): Bereitschaft, religiöse und existenzielle Zweifel auszuhalten; Offenheit, die spirituellen und religiösen Überzeugungen zu ändern.

Die Interkorrelationen der fünf Faktoren sind signifikant, aber nicht übermäßig. Am stärksten (r=.46) korrelieren spirituelles Wohlbefinden und religiöse Bindung; zweifelnde Suche sowie religiöser Stress hängen mit spirituellem Wohlbefinden erwartungsgemäß negativ zusammen (r=–.32). Auch dieses Konzept wirft kritische Fragen auf. Ist „öffentliche religiöse Praxis" in der Tat und per se spirituell?

2.4 Spiritualität und Religiosität: gegensätzlich – deckungsgleich – überlappend?

„Ich wollte nur zeigen, dass spirituelle Werte eine natürliche Bedeutung haben, und dass sie nicht ausschließlich Besitztümer organisierter Kirchen sind, sondern vielmehr in der allgemeinen Verantwortung der gesamten Menschheit liegen."
(Abraham Maslow, 1970, 33)

In den bisher erörterten Konzeptualisierungen von Spiritualität wird ihr Verhältnis zur Religiosität unterschiedlich bestimmt. Im Folgenden ist diese Relation differenzierter zu betrachten, bestand doch eine „Hauptaktivität" der amerikanischen Religionspsychologie der letzten Jahre darin, die Beziehung der beiden Konzepte zu klären (Utsch, 2004). In einem Chatroom zu Transpersonaler Psychologie ist zu lesen: „Ich glaube nicht, dass organisierte Religiosität die spirituelle Entwicklung nachhaltig fördert, sondern eher eine Spielweise für Egotrips bietet. Zwar wird in verschiedenen Traditionen der Wert der spirituellen Gemeinschaft betont (christliche Messe, buddhistischer Sangha). Aber die Erfahrung der höchsten Realität bleibt (von außen betrachtet) eine individuelle Einsicht, die nicht adäquat mitgeteilt werden kann. Rainer 37" (www.transpersonal.com/frage/ant9710.htm; Stand: 11.9.2006).

In psychologischen Publikationen werden „Spiritualität" und „Religiosität" oft schroff kontrastiert (Barret & Barzan, 1996; Grof, 2003; Zinnbauer, Pargament & Scott, 1999). Andererseits waren es gerade die Religionen, die über Jahrhunderte hinweg spirituelle Praktiken wie Meditation ebenso tradierten wie den Glauben an ein Höheres und Geistiges. Viele Menschen, als spirituelle Führer bewundert – Gandhi, Martin Luther King, Edith Stein –, waren zutiefst religiös. Sind

Tabelle 2.3. Gegenüberstellung von Spiritualität und Religiosität

Religion / Religiosität	Spiritualität
institutionell	individuell
dogmenorientiert	erfahrungsorientiert
exklusiver Wahrheitsanspruch	viele religiöse Traditionen integrierend
traditionalistisch	innovativ
festgelegt	suchend, offen
reglementierend	befreiend
kurz: schlecht	kurz: gut

Spiritualität und Religiosität wirklich Gegensätze? Ihr Verhältnis zu bestimmen, ist eine entscheidende Weichenstellung (Marler & Hadaway, 2002; Pargament, 1999).

In diesem Unterkapitel versuchen wir dies, indem zunächst Erkenntnisse zusammengetragen werden, ob Menschen sich als religiös, spirituell, beides oder weder-noch begreifen (Kap. 2.4.1). Anschließend wird ein präzisierender Blick auf jene Personen geworfen, die sich ausschließlich als „spirituell" deklarieren (Kap. 2.4.2). In Kapitel 2.4.3 werden wir „Spiritualität" und „Religiosität" als sich überlappende Konstrukte definieren, was erforderlich macht, Gemeinsamkeiten ebenso zu benennen wie Differenzen. Abgeschlossen wird Kapitel 2 mit dem Versuch einer Arbeitsdefinition von „Spiritualität".

2.4.1 Verstehen sich Menschen als spirituell oder religiös?

Dieser Frage gingen amerikanische Psychologen in bisher mindestens fünf großen Umfragen nach (Marler & Hadaway, 2002). In einer ersten Studie, 1995 in Pennsylvania und Ohio mit 348 Personen durchgeführt, konnten sich diese für eine der folgenden Selbstdefinitionen entscheiden (Zinnbauer et al., 1997):

- Ich bin spirituell und religiös (74 %).
- Ich bin spirituell, aber nicht religiös (19 %).
- Ich bin religiös, aber nicht spirituell (4 %).
- Ich bin weder spirituell noch religiös (3 %).

Zu diesem eindeutigen Ergebnis gelangte auch eine Befragung von mehr als zweitausend Protestanten in Arizona, Georgia und Ohio. 65 Prozent charakterisierten sich als religiös und spirituell, knapp jede/r fünfte ausschließlich spirituell, neun Prozent als religiös, die restlichen acht weder-noch (Marler & Hadaway, 1993; vgl. Musick et al., 2000; Shahabi et al., 2002).

Im Bewusstsein der meisten Amerikaner schließen sich „Religiosität" und „Spiritualität" nicht aus. Musick et al. (2000) zeigten, dass Personen sich umso „spiritueller" einschätzen, je häufiger sie die Kirche besuchen. Auch Shahabi et al. (2002) fanden hohe Zusammenhänge zwischen subjektiv eingeschätzter Religiosität und Spiritualität ($r = .63$). Die Befragung von 190 Studenten an den Universitäten Fribourg und Salzburg führte zu anderen Ergebnissen:

- Ich bin spirituell und religiös (26%).
- Ich bin spirituell, aber nicht religiös (36%).
- Ich bin religiös, aber nicht spirituell (16%).
- Ich bin weder spirituell noch religiös (22%).

Eklatant weniger deklarieren sich als „religiös und spirituell", aber mehr als „weder – noch". Dies spricht dafür, dass die Säkularisierung in Mitteleuropa weiter fortgeschritten ist als in den USA (Utsch, 2005).

2.4.2 Wer sind die „nur" Spirituellen?

Gemäß den amerikanischen Stichproben besuchen Personen, die sich ausschließlich als spirituell erleben, die Kirche weniger oft (Fuller, 2001). Sie beten seltener und sind christlichen Glaubensinhalten gegenüber reservierter, speziell gegenüber einem personalen Gott (Roof, 2000, 203). Dafür suchen sie häufiger Gruppen auf, die sich mit spirituellem Wachstum, Reinkarnation, Körperenergie etc. beschäftigen. Zinnbauer et al. (1997) fanden, dass sich Angehörige von New-Age-Gruppen als am spirituellsten einstuften, aber am wenigsten religiös, während sich Katholiken gleichermaßen als religiös und spirituell sehen. Die „nur" Spirituellen berichten häufiger von mystischen und paranormalen Erlebnissen (Laubach, 2004); sie meditieren häufiger, lesen aber seltener in der Bibel (Clark, 2004; Shahabi, 2002). Zinnbauer et al. (1997) charakterisierten sie als „hoch aktiv Suchende", die von den traditionellen Formen der Religiosität enttäuscht, ja ihnen gegenüber geradezu „feindlich" gesonnen seien (Roof, 2000, 206) oder sie nicht nachhaltig verinnerlicht hätten (Hodge, 2001). Mitunter arrangieren sie ausgesprochen synkretistische spirituelle Systeme, die aber keineswegs als widersprüchlich empfunden werden: „Die Bücher auf dem Gang, neben meiner Meditationsecke, sind das Neue Testament, ein altes katholisches Messbuch, das Taoteking, moderne taoistische Meditationsbücher und neuerdings von John Kabat-Zinn ‚Wohin Du auch gehst, dort bist Du'. Das Letztere hält mich in Kontakt mit der Buddha-Statue auf einem niedrigen Tisch mit einer blauen Kerze, und daneben eine russische Ikone mit Maria; und das alles wird überblickt von einem Porträt von Gerard Manley Hopkins." (Forman, 2004, 124).

Jüngere sind häufiger „nur" spirituell. 23 Prozent bezeichnen sich als „nur spirituell" im Vergleich zu 14 Prozent bei den über 60-Jährigen (Marler & Hadaway, 2002, 293). Von den „Baby Busters" (jüngste Gruppe) stuften sich in der Studie von

Roof (1993) aber auch deutlich mehr Amerikaner als weder religiös noch spirituell ein, immerhin jede/r siebte. Die Trends liegen auf der Hand: Zunehmend mehr Amerikaner (und auch Europäer) werden sich als spirituell – und weniger als religiös-kirchlich – begreifen; zunehmend mehr aber auch weder-noch. Die „nur" Spirituellen verfügen über höhere Bildungsabschlüsse (Shahabi et al., 2002), leben häufiger als Single oder im Konkubinat bzw. in weniger stabilen sozialen Netzen (Roof, 2000); auch sind sie in städtischer Umgebung häufiger anzutreffen.

Zwar sind in den USA die „nur" Spirituellen (noch) in der Minderheit; Roof (2000, 204) beziffert sie auf 20 Prozent. In der mitteleuropäischen Stichprobe hingegen, die zugegebenermaßen nicht repräsentativ ist (nur Studierende), bilden sie die höchste Quote. Dies deckt sich aber mit den Ergebnissen der letzten europäischen Wertestudie, gemäß der sich immer mehr Europäer als spirituell und weniger als religiös-kirchlich begreifen (Lambert, 2004). Wie in den USA, besuchen auch in Mitteleuropa die Spirituellen häufiger spirituelle Veranstaltungen, speziell Yoga, weit seltener die Kirche.

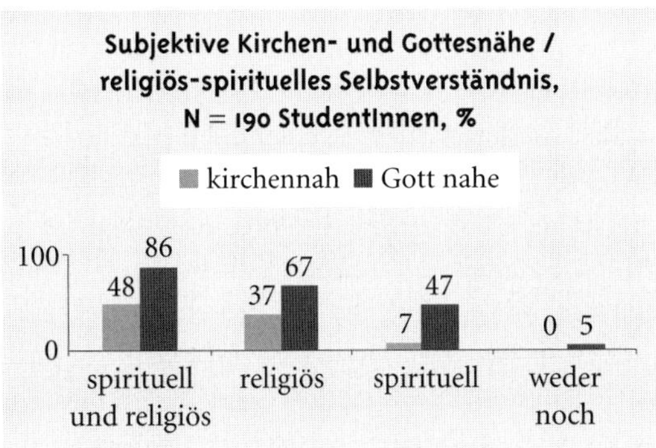

Abbildung 2.5. Ähnlich wie in den USA variiert auch in Mitteleuropa die subjektiv eingeschätzte Gottes- bzw. Kirchennähe massiv in Abhängigkeit von der religiös-spirituellen Selbsteinschätzung

Ein vergleichbares Bild der „nur" Spirituellen zeichnete eine qualitative Pilotstudie von Hay und Hunt (2000), die sich mit 31 Briten, die nicht mehr die Kirche besuchten, über deren Spiritualität unterhielten. Vor allem die jüngeren Gesprächspartner würdigten Spiritualität aufgrund ihrer Offenheit und Freiheit, wohingegen religiöse Dogmen rigide einengen. Mehrheitlich verstanden sie sich als auf der Suche nach „irgendetwas", sie artikulierten Zweifel, beanspruchten aber, ihre eigenen Theologien zu entwickeln, in die auch New-Age-Elemente einfließen. Vielfach betonen sie die Verbundenheit von allem, so Stephanie: „Ich habe ungeheure Abgründe von leerer Einsamkeit erfahren ... aber wie ich mit dem universalen Bewusstsein in Berührung gekommen bin, bin ich mit allen anderen, die da sind, verbunden." (Hay & Hunt, 2000, 27).

Eine qualitative Studie führten auch Cook et al. (2000) durch, indem sie mit aufwändigen Verfahren erhoben, welche subjektiven Theorien Collegestudenten über die typisch religiöse bzw. typisch spirituelle Persönlichkeit entwickelt hatten. Erstere sei glaubensstreng, legalistischer, stärker an äußerlicher Religiosität interessiert; Letztere hingegen strebe stärker nach innerem Frieden, authentischen Erfahrungen, Gelassenheit und Verbundenheit: „Spiritualität ist etwas, das Du tief in Dir hast, und nicht etwas Oberflächliches, wie es die Religion sein kann." (Cook et al., 2000, 132).

2.4.3 Spiritualität und Religiosität überlappen sich

Zahlreiche Psychologen sehen in Religiosität und Spiritualität zwei sich überschneidende Bereiche (Hill & Pargament, 2003; Moberg, 2002; Pargament & Mahoney, 2002):

- Religiosität ohne spirituelle Erlebnisqualitäten,
- Religiosität als Spiritualität; intrinsisches Bezogensein auf Gott, das Heilige,
- Spiritualität ohne Bezug zu Religion im traditionellen Sinn, bspw. „Gott".

Religiosität ohne Spiritualität. Es ist möglich, sich religiös zu verhalten, ohne spirituell – ursprünglich: begeistert – zu sein (Underwood & Teresi, 2002), etwa wenn jemand ein Gebet rein formelhaft herunterleiert oder an einem Begräbnis teilnimmt, weil dies sozial erwünscht ist. Diese Form von Religiosität, mit nachhaltiger Wirkung von Allport beschrieben, ist „extrinsisch" (Überblick: Huber, 1996). Sie wird nicht um ihrer selbst willen vollzogen, sondern um andere Zwecke zu erreichen.

Spiritualität ohne Religiosität. Umgekehrt ist es möglich, spirituell, aber nicht spezifisch religiös zu sein. Was aber ist „religiös"? Zunächst ist zwischen „Religion" und „Religiosität" zu differenzieren. Während Religion die religiösen Institutionen bezeichnet, die Kirche(n), Gebote, Symbole, Riten, bezieht sich Religiosität auf das unmittelbare, subjektive Erleben von Religion und ihren Vollzug (Grom, 1992; Hundt, 2000). Was aber Religiosität ist, sei strittig (Spilka et al., 2003). Die Spannweite der Definitionen reicht von der Identifikation mit den traditionellen Religionen bis hin zu breiten, ja uferlosen Bestimmungen, gemäß denen letztlich alles religiös ist, selbst Shopping oder Disco. Aber Religiosität ist spezifischer zu fassen, im Anschluss an James (1979) als Beziehung des Menschen, die er zu jener Wirklichkeit eingeht, die für ihn göttlich oder heilig ist.

Nunmehr kann Spiritualität ohne Bezug zu Religiosität exemplifiziert werden. Eine solche läge dann vor, wenn jemand Natur intensivst erlebt, ohne dieses Gipfelerlebnis auf dezidiert Religiöses – Schöpfungsglaube, Transzendenz – zu beziehen. Ebenso, wenn jemand meditative Praktiken ausübt, weil sie beglücken und stressresistenter machen, nicht aber, um im Lotussitz der Erleuchtung näher zu kommen. Oder wenn jemand sagt: „Meine Spiritualität ist das Mountain-Bike" (Miller & Thoresen, 1999, 7).

Schnittmenge. Eine Schnittmenge von Spiritualität und Religiosität ergibt sich, wenn sich Spiritualität auf dezidiert Religiöses oder Heiliges bezieht bzw. wenn Religiosität spirituelle Erlebnisqualitäten aufweist: Gefühle von Gottesnähe, Verbundenheit, Friede. Intrinsische Religiosität, um ihrer selbst willen oder für Gott vollzogen, ist spirituelle Erfahrung (Bianchi, 1982; Thoresen, Harris & Oman, 2001). Mitten im Alltag das Heilige zu suchen und zu bewahren – darin sehen zahlreiche Psychologen ein zentrales Anliegen von Spiritualität (Gollnick, 2005; Pargament & Mahoney, 2002; Reese, 2003). Für die Konvergenz von Religiosität und Spiritualität spricht, dass das Heilige als jenes Zentrum erfahren wurde und wird, um das sich die Religionen aufbau(t)en (Eliade, 1998). Ohnehin existiert keine traditionelle Religion, die nicht auch spirituelle Praktiken hervorgebracht und ausgeübt hat. Auch empirische Fakten sprechen dafür, aus Spiritualität und (intrinsischer) Religiosität keine falschen Feinde zu machen: Die teils sehr hohen Korrelationen, mitunter Koeffizienten von $r > .80$ (Seidlitz et al., 2002; Fisher, Francis & Johnson, 2002).

Vergleichbare Effekte. Spiritualität und Religiosität haben zudem gemeinsam, dass sie sich auf die Praktizierenden unterschiedlich auswirken. Zwar besagt das gängige Klischee, Spiritualität nähre das Wachstum der Person, wecke ihre geistigen Potenziale und beflügle sie hin zu Gipfelerlebnissen; Religion hingegen enge ein. Aber auch hier ist zu differenzieren. Fromm (1989) unterschied Religionen danach, ob sie „biophil", d.h. dem Leben förderlich sind und Freiheit zulassen und vermehren, oder ob sie, nekrophil versehrt, Menschen entmündigen, schlimmstenfalls vernichten wie die mittelalterliche Kirche der Großinquisitoren und Scheiterhaufen. Als biophil würdigte Fromm die Jesusbewegung und den Buddhismus, speziell die Zen-Richtung, die „besonders antiautoritär" sei.

Ähnliches gilt jedoch auch für Spiritualität: Keineswegs alle ihre Varianten tun den Menschen gut. Im unüberschaubaren Markt kursieren Angebote, die Menschen täuschen, ausnützen und „Missbrauch" treiben (Wehr, 2000). Um höhere Bewusstseinsstufen zu erreichen, etwa in Kursen der Scientology-Church, zahlten viele Arglose ein Vermögen. Viele Verheißungen, die Erleuchtung zu erlangen, endeten in finsteren Depressionen (Kap. 4.4).

Differenzierte Sichtweise. Spiritualität ist nicht in der Art gegen Religiosität auszuspielen, wie dies Elkins (1998, bes. 4) vornimmt, indem er die Religion als stärkstes Hindernis individueller Spiritualität kritisiert. So ist bei „Religiosität" zu prüfen, ob sie intrinsisch, um ihrer selbst willen ausgeübt wird oder extrinsisch, mit wenig oder keinem inneren Engagement, und ohne geistige, spirituelle Erlebnisqualitäten. Aber auch bei Spiritualität gilt zu klären, ob ihre Elemente den großen religiösen Traditionen entstammen und auf das Heilige oder die Transzendenz bezogen sind oder ob ihre Elemente ausschließlich profan sind.

Somit wird keine Deckungsgleichheit von „Religiosität" und „Spiritualität" behauptet, wie sie u.a. in psychologischen Publikationen begegnet, so bei Emmons (1999), der wiederholt formuliert: „religiös und spirituell". Auch in diesem Buch werden sich jedoch solche Formulierungen nicht vermeiden lassen, etwa wenn die Effekte intrinsischer Religiosität erörtert werden, die, um ihrer selbst willen vollzogen, erfahrungsgesättigt und spirituell ist.

Ist Religiosität oder Spiritualität umfassender? Wenn Spiritualität und Religiosität als sich überlappende Bereiche aufgefasst werden, ergibt sich die Frage: Ist einer der Begriffe umfassender? Die Meinungen sind geteilt. Für Religiosität als Oberbegriff plädiert Pargament (1999): Religiosität sei die fundamental menschliche Suche nach Sinn und dessen Bewahrung und Weitergabe. Spiritualität hingegen, für ihn Suche nach dem Heiligen, sei eine Teilmenge. Für Larson, Swyers und McCullough (1997) haben Religiosität und Spiritualität die Suche nach dem Heiligen gemeinsam; aber Religiosität könne zusätzlich die Funktion erfüllen, Menschen in einer Kommunität zu beheimaten, wohingegen Spiritualität privater sei.

Andere (und mehr) Autoren sehen in Spiritualität das umfassendere Konstrukt (Albani et al., 2002; Hodge, 2000). Auch der schwedische Psychologe und Theologe Stifoss-Hanssen (1999) sieht Spiritualität als Erfahrung dessen, was existenziell bedeutsam oder transzendent ist; sie umfasse die Religiosität. Ebenso vertritt MacKinlay (2001) ein breites Konzept von Spiritualität: Diese sei die Fähigkeit, einen letzten Sinn zu finden, und eigne jedem Menschen, auch wenn er/sie keiner Religion angehört. Gerade dieses Argument, dem viele Spiritualitätsforscher zustimmen (Gollnick, 2005; King, 2002), spricht dafür, Spiritualität breiter zu fassen und auch solchen Menschen zuzugestehen, die nicht einer religiösen Kommunität angehören oder von solchen sogar diskriminiert werden, beispielsweise weil sie homosexuell eingestellt sind, was in Studien zur Spiritualität von AIDS-Kranken belegt ist (Hall, 1998; Horne & Lease, 2002).

Versuch einer Definition von „Spiritualität“

Es wäre vermessen, mit *der* Definition von „Spiritualität“ aufwarten zu wollen. Globaldefinitionen stellen nicht zufrieden (Niederman, 1999) und werden der Vielfalt subjektiver Theorien zu diesem Phänomen, wie von qualitativen Studien rekonstruiert, nicht gerecht. Infolgedessen ist es unumgänglich, im Sinne von Arbeitsdefinitionen „Spiritualität“ stets zu präzisieren, beispielsweise in der Form: Spiritualität als Beziehung zu Gott oder einer höheren Macht; Spiritualität als Erfahrung der Verbundenheit mit allem Leben; Spiritualität als Selbstverwirklichung und Wachsen der Persönlichkeit; Spiritualität als intensive Sozialbeziehung etc.

Dieses Buch plädiert für ein Verständnis von Spiritualität, in dem diese wesentlich Verbundenheit und Beziehung ist, und zwar zu einem den Menschen übersteigenden, umgreifenden Letztgültigen, Geistigen, Heiligen, das für viele nach wie vor das Göttliche ist; aber auch die Beziehung zu den Mitmenschen und zur Natur. Diese Öffnung setzt voraus, dass der Mensch vom eigenen Ego absehen bzw. dieses transzendieren kann.

3 Entwicklung von Spiritualität

„Eine spirituelle Entwicklung, eine Entfaltung des Bewusstseins in der Materie in ständig fortschreitender Selbstgestaltung, bis die Form den innewohnenden Geist zum Ausdruck bringen kann, ist das Grundmotiv, der innere Beweggrund des irdischen Daseins." (Aurobindo, 1972, 14)

Schon Jahrtausende vor der Gründung der wissenschaftlichen Entwicklungspsychologie war den Menschen bewusst, dass sich Spiritualität entwickeln kann (De Wit, 1999). Die Religionspsychologie konzeptualisiert diese Entwicklung bevorzugt als das Erklimmen von Stufen, sei es des religiösen Urteils (Oser & Gmünder, 1996), des Glaubens (Fowler, 1991) oder des spirituellen Bewusstseins (Wilber, 2001). Dies hat eine ehrwürdige Tradition (Gollnick, 2005, 33–37): Stufen des spirituellen Wachstums beschrieben bereits die Kirchenväter der ersten nachchristlichen Jahrhunderte, einige beeinflusst von einem biblischen Bild: Jakobs Traum von der Himmelsleiter, auf der Engel auf- und nieder schweben (Gen 28,12–15).

Was Sie in diesem Kapitel erwartet

Kapitel 3.1 schildert „entwicklungspsychologische" Modelle der Spiritualität, die vor der wissenschaftlichen Psychologie entwickelt wurden, speziell von Kirchenvätern und Meditationsmeistern. Auch wenn diese in unterschiedlichen Kulturen und Epochen wirkten, stimmen ihre Einsichten überein. Dass eine Entwicklungspsychologie der Spiritualität auch auf den (intuitiven) Erkenntnissen früherer „Geister" fußt, ist das Anliegen von Ken Wilber (2001), der als „Einstein" der Transpersonalen Psychologie gilt (Gollnick, 2005) (Kap. 3.2). Er beschrieb Stufen des Bewusstseins, die im „Archaischen" beginnen und auf transpersonale Höhen führen. Sodann werden weitere (Stufen-)Modelle der spirituellen Entwicklung erörtert, die teils spekulativ sind (Kap. 3.3). Kapitel 3.4 referiert, welche empirischen Fakten zur spirituellen Entwicklung in den einzelnen Lebensphasen vorliegen.

3.1 „Vorpsychologische" Stufenmodelle zur Spiritualität

„Wir sollen heiter Raum um Raum durchschreiten, an keinem wie an einer Heimat hängen, der Weltgeist will nicht fesseln uns und engen, er will uns Stuf um Stufe heben, weiten." (Hermann Hesse)

Der Heilige Johannes Klimakos (575–650 n. Chr.) verfasste, nachdem er lange Jahre als Eremit gelebt hatte, ein Handbuch der spirituellen Vervollkommnung, das er „Klimax oder die Himmelsleiter" betitelte (Klimakos, 2000). Um zu Gott aufzusteigen, müsse der Mensch 30 Sprossen erklimmen, dabei seine Leidenschaften ablegen und sich vom Materiellen lösen. Diese Anzahl postulierte er nicht aufgrund empirischer Analysen, sondern weil Jesus 30 Jahre alt war, als er im Jordan die Taufe empfing und der Geist Gottes auf ihn herab schwebte.

Andere Autoren unterscheiden weniger Stufen, so Gregor von Nyssa (geb. ca. 340 n. Chr.), der drei Ebenen der spirituellen Entwicklung beschrieb: Licht (Beginn des geistigen Weges), Wolke (Finsternis) sowie Schau und Erkenntnis Gottes (Bilder der Vermählung).

Die fünf Stufen nach Chirban. Wenn solche Stufenmodelle hinsichtlich ihrer Grundstruktur bzw. Entwicklungslogik miteinander verglichen werden, zeigen sich Ähnlichkeiten. Solche Ähnlichkeiten hat Chirban (1988) herausgearbeitet. Zu erklären sei dies damit, dass diese „Heiligen ähnliche Erfahrungen oder Wachstumsstadien durchlaufen" (Chirban, 1988, 306). Chirban gliedert die spirituelle Entwicklung in fünf Stufen, die in vergleichbarer Weise auch bei unterschiedlichen Verfassern begegnen, die sich unmöglich haben beeinflussen können.

(1) Der natürliche Zustand der Person,
(2) Umkehr (Metanoia): Bewusster Entschluss, das Leben zu ändern bzw. – bei Christen – christusähnlicher zu werden,
(3) Apatheia: Läuterung oder Umwandlung, Selbsttranszendenz, sich vom Leidenschaftlichen, Weltlichen, Materiellen lösen,
(4) Licht, Erleuchtung,
(5) Theosis: Vereinigung mit Gott.

Stufen in östlichen Kulturen. Chirban (1988) analysierte die spirituell-mystischen Schriften christlicher Kirchenväter. Aber greifen die von ihm gefundenen Stufen auch bei der spirituellen Entwicklung in anderen Religionen, speziell den östlichen? Diese Frage stellt sich umso mehr, als im westlichen Denken lineare Vorstellungen vorherrschen, speziell von der Geschichte, aber auch von der individuellen Entwicklung, die als Stufenfolge gesehen wird. Östliche Weltbilder hingegen sind stärker zyklisch geprägt: Geschichte als Kreislauf von Werden und Vergehen. Der Psychologe Daniel Brown (1988), der nicht nur jahrelang indische Schriften studierte, sondern mehrere Meditationsformen praktizierte, fand in seinem Vergleich der verschiedenen Formen sechs identische Stadien:

(1) Vorbereitende ethische Schulung: Harmonie ins Leben bringen, Ablegen negativer Gewohnheiten und Verhaltensweisen, Läuterung.
(2) Vorbereitende Schulung von Körper und Geist: Lotosstellung, Beruhigung von Atem und Denken.
(3) Konzentration mit Stütze: Fokussierung der Aufmerksamkeit auf ein inneres (eidetisches) Bild oder Mandala; Abbau des Denkens.
(4) Konzentration ohne Stütze: Erfahrungen eines inneren Lichtflusses, „Anhalten des Geistes" (Brown, 1988, 306).

(5) Einsichtsmeditation: Leere, Transzendieren von Raum und Zeit.
(6) Außergewöhnlicher Geist und Erleuchtung.

Stufenfolge im Yoga. Eine nahezu identische Stufenfolge der spirituellen Entwicklung abstrahierte Fontana (2003) aus seinem Vergleich weiterer Yoga-Schulen: Hatha, Karma, Bhakti und Jnana. Bei allen vier Pfaden beginnt – wie in der westlichen Tradition auch – die spirituelle Entwicklung mit ethischer Läuterung. Sodann geschieht in der Meditation, die Körper- und Atemkontrolle voraussetzt, die Lösung vom Materiellen, worauf sich idealiter Erfahrungen von Licht und die Erleuchtung einstellen: Einheit von Brahma (Schöpfer, Weltprinzip) und Atman (Seele) (zur Psychologie der Erleuchtung: Watson et al., 1999; Welwood, 2001).

3.2 Stufen des spirituellen Bewusstseins nach Wilber

„Wer diese Rede nicht versteht, der bekümmere sein Herz nicht damit. Denn solange der Mensch dieser Wahrheit nicht gleicht, solange wird er diese Rede nicht verstehen. Denn es ist eine unverhüllte Wahrheit, die da gekommen ist aus dem Herzen Gottes unmittelbar." (Eckhart, 1963, 7)

3.2.1 Das Anliegen einer integralen Psychologie

Ein neueres Modell der spirituellen Entwicklung, mittlerweile oft zitiert (Fontana, 2003; Gollnick, 2005) und bereits in Therapien angewandt (Nixon, 2001), stammt von Ken Wilber (2001), einem Leader der Transpersonalen Psychologie, der vierten psychologischen Kraft nach Psychoanalyse, Behaviorismus und Humanistischer Psychologie.

Transpersonale Psychologie. Stufen des Bewusstseins sowie der Spiritualität beschrieb Wilber (2001) in seiner „Integralen Psychologie" und in weiteren Schriften (Wilber, 1996; 1999; 2002), die der „Transpersonalen Psychologie" zugeordnet werden (Braud & Anderson, 1999; Moss, 1999). Freilich ist diese psychologische Richtung, die Ende der 70er Jahre von Maslow (1973) und Tart (1978) bekannt gemacht wurde, nicht unumstritten. Positivistische Psychologen haben leicht das Etikett „esoterisch" zur Hand (dazu Tart, 1978) und bemängeln „die mangelnde empirische Absicherung der Ansprüche, die sie erhebt" (Helg, 2000, 151). Gleichwohl erfreut sich Transpersonale Psychologie einer stärker werdenden Anerkennung, nicht nur in der Religionspsychologie (Greenwood, 1995), sondern auch in der Therapie (Galuska, 2003) (Kap. 5.1.4) sowie der Gesundheitspsychologie (Belschner & Gottwald, 2000).

Psychologie vor der „Psychologie". Ein Vorzug einer integralen Psychologie besteht darin, auch Erkenntnisse aus früheren Epochen und aus anderen Kulturen als psychologisch bedeutsam einzubeziehen. Die Geburt der wissenschaftlichen Psychologie wird üblicherweise ins Jahr 1879 datiert, als Wilhelm Wundt in Leipzig sein psychologisches Laboratorium eröffnete. Aber es wäre vermessen, hunderten von vorausgegangenen Generationen psychologische Erkenntnisse abzusprechen. War Augustinus (354–430 n. Chr.), der eine der ersten Autobiographien schrieb (Augustinus, 1950), nicht zu tieferer Selbsterkenntnis fähig als manche/r Psychologe/in mit Doktorat?

Ewige Philosophie. Integriert hat Wilber (2001) vor allem die Weisheit der „philosophia perennis", der ewigen Philosophie (Huxley, 1987). Ihre zentrale Annahme ist, dass Wirklichkeit aus verschiedenen Ebenen besteht.

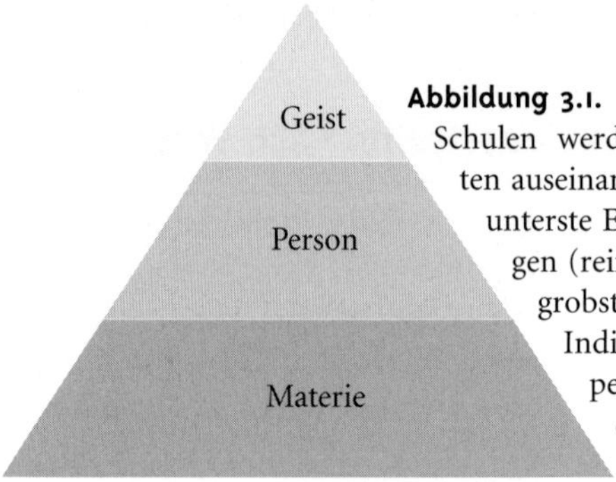

Abbildung 3.1. In den mannigfaltigen Traditionen und Schulen werden unterschiedlich viele Wirklichkeitsschichten auseinander gehalten. Allen gemeinsam ist, dass die unterste Ebene stets die Materie ist, die höchste hingegen (reiner) Geist. Die Entwicklung führt von der grobstofflichen Materie über die Seele und das Individuum hinauf zum reinen Geist, der transpersonal sei, also jenseits oder über den Individuen, die aber zugleich durch ihn verbunden werden

Willber (2002) hat außerdem gängige Theorien aus der Psychologie, der Evolutionsforschung und der Philosophie einbezogen. Aus der Psychologie zog er vor allem Autoren heran, die sich mit Entwicklung befassten, nicht nur Piaget und Baldwin, der als einer der ersten Psychologen Stufen religiöser Entwicklung beschrieb, sondern auch Loevinger (1976), die viel beachtete Stufen der Ich-Entwicklung präsentierte, sowie die Stufen der Identitätsentwicklung nach Erikson (1973).

Kritik. Solche psychologischen Theorien mit der Kabbalah (jüdische Mystik), den hinduistischen Veden etc. zu integrieren, mag von Anfang an als rein spekulativ zurückgewiesen werden. Andererseits ist angesichts der Vielschichtigkeit von Wirklichkeit zu fragen, ob ein solcher Versuch der Zusammenschau der komplexen und vielschichtigen Wirklichkeit nicht gerechter wird als nur ein Zugang, der notgedrungen bloß Segmente erhellen kann. Dennoch stellt sich die grundsätzliche Frage, ob Wilber (2001) nicht unzulässig Wissenschaft mit Metaphysik vermengte – und dies in einer postmetaphysischen Epoche (Weis, 2002). Auch ist die Kritik nahe liegend, dass die soziokulturellen Kontexte dieser Modelle ausgeblendet werden und damit einem kulturellen Relativismus das Wort geredet wird (Heron, 1998).

3.2.2 Stufen der Bewusstseinsentwicklung und der Spiritualität

Evolution ist ein Kernthema in Wilbers monumentalem Werk. Sie sei in vier Bereichen bzw. „Quadranten" erfolgt (Wilber, 2001) und ohnehin noch längst nicht abgeschlossen, stünden wir doch erst in ihrer „Halbzeit" (Wilber, 1996). Für eine Psychologie der Spiritualität bedeutsam sind Wilbers Stufen der individuellen Bewusstseinsentwicklung, welche biologische Entwicklungsprozesse und kulturelle Umfelder voraussetzen. Wilber (2002) nahm an, diese Stufen, die jeder

Tabelle 3.1. Das Stufenmodell der individuellen Bewusstseinsentwicklung nach Wilber

Stufen nach Wilber	Stufen nach Piaget	Wesenszüge	
(1) archaisch	sensomotorisch / präoperatorisch	Physisches, Sensorisches, Impulse	**präpersonal**
(2) magisch	präoperatorisch	Bedürfnisse, instrumenteller Hedonismus, Egozentrismus	
(3) mythisch	konkret operatorisch	Gruppenzugehörigkeit, Konformität	**personal**
(4) rational	formal-operatorisch	Identität, Individualität und Rationalität	
(5) Schaulogik	postformal	„visionäre Logik", Postkonventionalität, Autonomie	
(6) psychisch	postformal	erste transpersonale Stufe: Naturmystik, Übersinnliches, keine Trennung von Subjekt und Objekt	**transpersonal**
(7) subtil		Gottesmystik	
(8) kausal		formlose Göttlichkeit, absoluter Geist	

neu durchlaufen müsse, ähnelten den bisherigen Phasen der Menschheitsgeschichte. Auch er sympathisiert mit der traditionsreichen Annahme, die Entwicklung des Individuums sei die geraffte Wiederholung der Evolution. Wilber (1999) unterscheidet drei Ebenen mit insgesamt acht Stufen und charakterisiert die individuelle Bewusstseinsentwicklung wiederholt so: Vom Präpersonalen zum Personalen und schließlich Transpersonalen, vom Vorbewussten zum Selbstbewussten und Überbewussten, von der Natur zur Menschheit und endlich zur Gottheit.

Die von Wilber vorgelegten Entwicklungsstufen sind nicht ganz einheitlich. Über die Jahre hinweg nahm er Modifikationen vor (Thomas, 1994). Die folgende Übersicht orientiert sich an der erstmals 1982 in „A Sociable God" vorgelegten Beschreibung (Wilber, 1999) sowie an seinem Hauptwerk „Eros, Kosmos, Logos" (Wilber, 2002).

Die Verwechslung von „prä" und „trans"

Dies ist ein von Wilber wiederholt beschriebener Trugschluss, der oft bei der psychologischen Bewertung spiritueller Phänomene gezogen wird. Als sich Ende des 19. Jahrhunderts die wissenschaftliche Psychiatrie etablierte, analysierte sie auch herausragende religiöse Persönlichkeiten (Bucher, 2004). Nahezu ausnahmslos wurden diese als psychisch krank diagnostiziert: Paulus und Mohammed als Epileptiker, Teresa von Avila als Hysterikerin, Jesus als Psychotiker, weil er gesagt hatte: „Ich und der Vater sind eins" (Joh 14,10). Dieses Wort kann aber auch als mystische Erfahrung gedeutet werden, wie sie aus allen religiösen Traditionen berichtet wird: das Einssein mit dem Göttlichen als Ziel des spirituellen Weges (Wilber, 1996).

Es stellt sich die Frage, warum in der Psychologie immer wieder spirituelle Erfahrungen als krankhaft (so bei Freud, 1974) bzw. der gottgläubige Erwachsene als psychisches Kind diskriminiert wird? Wilber (1999) zufolge hat Freud „Transpersonales" für „Präpersonales" gehalten. Dadurch werden „alle höheren und transrationalen Zustände auf niedrigere und prärationale reduziert" (Wilber, 2002, 259). Diese Verwechslung kann nur nachvollziehen, wer von der Existenz transpersonaler Zustände überzeugt ist. Und das ist keineswegs die Regel. Vielmehr beklagt Wilber (2001, 73) „die Öde der modernen wissenschaftlichen ‚Lehre'", die die Reise zum Geist „gleich auf der ersten Stufe (beendet)". Nun gab und gibt es aber auch Psychologen, die hohen Respekt vor höheren spirituellen Zuständen haben. Wenn diese „trans" mit „prä" verwechseln, „wird alles Prärationale zu transrationaler Glorie erhoben", für Wilber (2002, 260) „Elevationismus". Der kindliche Narzissmus wird zum Schlummern in der unio mystica (mystische Einheit). Insbesondere die Romantiker, aber auch Jung (1963) und seine Schüler sowie die New-Age-Verkünder hätten „prä" und „trans" dergestalt verwechselt, dass das Noch-nicht-Rationale ins Überrationale erhoben worden sei.

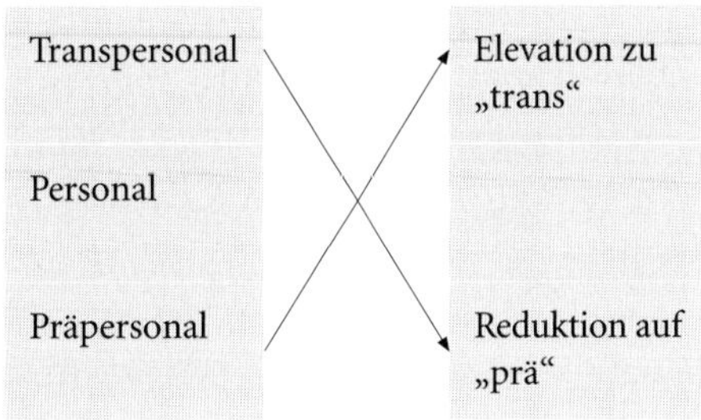

Abbildung 3.2. Die Verwechslung der Begriffe „Präpersonalität“ und „Transpersonalität“ kann nach Wilber zu falscher Interpretation von Verhalten bzw. spirituellen Zuständen führen

Präpersonale Stufen

Die archaische Stufe ist die erste, noch präpersonale Bewusstseinsstufe. Auf dieser hätten, vor ca. 200.000 Jahren, die ersten Hominiden gelebt, ohne zwischen innerer Erfahrung und äußerer Natur zu unterscheiden, ohne Sprache, ohne Zeit und ohne den Tod wirklich zu begreifen (Wilber, 2001a). Genau gleich würden heute Säuglinge vor sich hinschlummern, ganz und gar eingebettet in die Sphäre des Physischen, und (noch) ohne individuelles Bewusstsein (Wilber, 2002) (Dies wurde aber von der Säuglingsforschung massiv in Zweifel gezogen). Das Kind befinde sich im Garten Eden, in der Einheit. Doch dies sei ihm nicht bewusst. Es wäre verfehlt, mystische Einheitsempfindungen in sein Lächeln hineinzuprojizieren, wie dies die Romantiker mitunter taten, beispielhaft der Dichter Jean Paul (1910, 61), als er schrieb: „Eine ganze religiöse Metaphysik (schläft) träumend schon im Kinde“.

Die magische Stufe beginne, wenn das Kind aus seinem ursprünglichen Verschmelzungszustand heraustrete und sich von der Umgebung als physisch getrennt erfahre, noch nicht aber psychisch. Denn es erlebe die Umwelt als „animistisch“ belebt. Die Tischkante, an die es mit der Stirne prallt, ist „böse“, ebenfalls ein Gewitter. Gefühle von erster Kontrolle und Selbstwirksamkeit würden möglich, indem magisch auf die Natur eingewirkt wird. Piaget (1980) berichtet von Kindern, die überzeugt waren, die Wolken in Bewegung setzen zu können, indem sie selber liefen. Allerdings hat die neuere Animismusforschung gezeigt, dass Kinder umso weniger animistisch urteilen, je mehr domänenspezifisches Wissen sie sich aus Biologie, Physik etc. angeeignet haben.

Dieses magisch-animistische Erleben wurde oft zu einer innigen spirituellen Naturnähe hochstilisiert, wie sie von Erwachsenen in Workshops wieder gesucht wird. Im österreichischen Waldviertel wählen sich Teilnehmende ihren Lieblingsbaum aus, um mit ihm reden zu lernen (Lessing, 1993). Doch Magie kann auch furchtbar sein, mitunter tödlich enden, etwa wenn ein Vodoofluch für unabwendbar gehalten oder von einer Tabuverletzung geglaubt wird, dass sie den Tod bringe, der denn auch jäh eintreten kann (Benson, 1997). Auch bei Kindern ist das beobachtbar. Man nehme ihre angstgeweiteten Augen wahr, wenn – so in Österreich oft geschehend – die Eltern sie frühzeitig magischen Symbolgestalten aussetzen, speziell den Krampussen.

Personale Stufen

Die mythische Stufe wird gegen Ende der frühen Kindheit erreicht, wenn Kinder die konkretoperatorischen Denkstrukturen zu bilden beginnen. Sie lernen, arithmetische Operationen durchzuführen, sich in die Rolle anderer zu versetzen und Regeln zu befolgen. Menschheitsgeschichtlich entspreche dies den großen Hochkulturen, die nach Weltherrschaft strebten und vielschichtige Mythologien hervorbrachten, die vom Treiben menschengestaltiger Götter erzählen. Auch Schulkinder verfügen über anthropomorphe Gottesbilder, sei es als alter Mann mit Bart, Krieger, Priester, Astronaut, oder – nur bei Mädchen – Mutter oder Frau (Bucher, 1994). Auch entwickeln viele Kinder spontan Phantasiegeschichten, die mitunter alten Mythen verblüffend ähneln (Fowler, 1991).

Sind Mythen erfüllt von tiefer Spiritualität, wie dies C.G. Jung ebenso annahm wie der bekannte Mythenforscher Campbell (1993)? Wilber (2002) entromantisiert: Campbell habe in seinem Lobgesang auf die Mythen „prä" für „trans" gehalten. Was noch nicht die Stufe der reflexiven Rationalität erreicht habe, sei über diese hinausgehoben worden. Den Mythos romantisieren könne nur, wer nicht mehr in ihm lebt und nicht mehr zwanghaft seine Rituale ausüben muss. Die keltischen Krieger konnten nicht anders, als ihren getöteten Feinden den Kopf abzuschneiden, weil ihnen ihr Mythos sagte, der Heilgott Diancecht könne alle anderen Verwundungen heilen (Markale, 1989). Es ist die Frage, ob man von tiefer Spiritualität sprechen kann, wenn eine Sechsjährige zur Entstehung der ersten Menschen folgenden „Mythos" kreiert: „Dann hat er (Gott, Anm. d. Verf.) die Menschen gemacht, er hat die Hunde geschickt, die haben Knochen ausgegraben, dann ist er in die Metzgerei gegangen, dort hat er Fleisch geholt, dann hat er das Fleisch um die Knochen getan, dann sind die Menschen aufgestanden und davongelaufen." (Bucher, 1994, 79).

Rationale Stufe. „Echte Spiritualität" setzt nach Wilber (2002, 294) die personale bzw. rationale Phase voraus, die erst gegen Ende der Kindheit erreicht wird, wenn der/die Jugendliche formaloperatorische Denkstrukturen entwickelt. Fortan ist sich das Denken seiner selbst bewusst; es kann Mythen als Mythen reflektieren und sich von ihnen distanzieren, ja befreien. Geistesgeschichtlich sei diese Stufe erstmals – freilich nur von Eliten – um 500 v. Chr. erreicht worden (Konfuzius, Vorsokratiker). Ihre „ausgereifte Form" habe sie erst an der Schwelle der Neuzeit erhalten (Wilber, 2002, 227). Die meisten Zeitgenossen stünden auf dieser Ebene.

Die Stufe der Schaulogik ist die erste Ebene über der Rationalität und der Beginn der eigentlichen spirituellen Entwicklung. Obschon Wilber (2001, 151) einräumt, Spiritualität sei auch auf tieferen Stufen möglich – wenn sie als „Entwicklungslinie für sich" definiert wird –, favorisiert er eine Sicht, wonach diese erst im transpersonalen Bereich beginnt. Echte Spiritualität setze die Fähigkeit zu universellem Pluralismus voraus, erfordere eine globale Perspektive sowie Wohlwollen und Mitgefühl über alle Grenzen hinweg (Wilber, 2002). Kategorien wie Universalität sind in der Entwicklungspsychologie zwar beheimatet, speziell als Endpunkt der moralischen Entwicklung (Kohlberg, 1995); aber für Wilber (2002), Sinnott (1994), Helminiak (1987) u.a. sind sie erst der Anfang. Die Schaulogik, die „Schwelle des Transpersonalen“ (Wilber, 2002, 328), erfordere eine Wendung nach innen, speziell in der Meditation. Von dieser könnte man zwar annehmen, dass sie das Ego ausweite, ja geradezu narzisstisch aufblähe. Faktisch aber trete ein, dass der/die Meditierende von sich absieht und offener wird, für alles, für den gesamten Kosmos (Wilber, 2002). Aus der Meditationsforschung (Kap. 4.1.4) ist bekannt, dass die Konzentration auf das Innen das Bewusstsein steigert und zugleich das Ich sich selbst vergessen lässt. Der Psychologe Atchley (1997, 127) spricht von einem „nicht persönlichen Bewusstsein“. Und Wilber verdeutlicht dies an einer einprägsamen Stelle aus Arthur Schopenhauers Hauptwerk „Welt als Wille und Vorstellung“. Wenn es gelinge, sich in der Kontemplation einem Betrachteten förmlich hinzugeben, etwa einer Landschaft, einem Gemälde, dann könne er/sie vom Angeschauten gar nicht mehr getrennt werden und sei er/sie „nicht mehr Individuum . . . , sondern er ist reines, willenloses, schmerzloses, zeitloses Subjekt der Erkenntnis“. Diese Erfahrung ist für Wilber (2002, 345–359) Naturmystik.

Transpersonale Stufen

Für die gängige (Entwicklungs-)Psychologie zum Problem werden transpersonale Stufen deswegen, weil sie mit den üblichen Forschungsmethoden nicht zugänglich sind. Wilber (1988) beschrieb in seinem frühen Buch „Die drei Augen der Erkenntnis“ drei Epistemologien (Erkenntniswege), von denen in der Psychologie nur zwei etabliert sind. Erstens die Empirie, die sich auf Sinnesdaten bezieht; zweitens Phänomenologie und Hermeneutik, die sich um Verstehen bemühen. Als dritten Erkenntnisweg würdigt er die Kontemplation, wie sie zumal in der Meditation geschieht. Ihr „Materialobjekt“ ist die spirituelle Erfahrung selber, die sich nur unzulänglich mitteilen lässt (Fahlberg & Fahlberg, 1991), aber für den Menschen stärkste Wirklichkeit sein kann.

Tabelle 3.2. Die drei Erkenntniswege nach Wilber sowie die ihnen entsprechenden Phänomene, Methoden und Deutungen

Phänomen	Erkenntnisweg	Methodenbeispiele	Deutung
Sache, Materie	Empirismus	Experiment, Korrelation	numerisch
Verstand	Phänomenologie, Hermeneutik	Psychologische Phänomenologie, Ethnographie	linguistisch
Geist	Kontemplation	Meditation	direktes Erfahrungswissen

Postformales Denken. Entwicklungspsychologen führen seit Jahrzehnten eine rege Debatte, ob die kognitive Entwicklung mit den formaloperatorischen Stufen nach Piaget in struktureller Hinsicht abgeschlossen ist (Irwin, 2002). Registriert der psychologische Hausverstand nicht Unterschiede zwischen einem 16-Jährigen, der Piagets Pendelexperimente zwar formaloperatorisch bewältigt, aber stur auf seinen Meinungen beharrt, und einer 70-Jährigen, die behutsam abwägt, weil alles von den verschiedensten Seiten betrachtet werden müsse?

Als mögliche postformale Denkweise wird zum einen das dialektische Denken diskutiert. Sodann das komplementäre Denken, gemäß dem ein Sachverhalt von mindestens zwei unterschiedlichen Warten aus anzugehen ist (Reich, 2002). Hinzu kommt die immense psychologische Weisheitsforschung, die für eine Psychologie der Spiritualität bedeutsam ist (Atchley, 1993; Staudinger & Baltes, 1996). Als Komponenten geistiger bzw. spiritueller Reife erörtern die Autoren des Sammelbandes „The psychology of spiritual maturity" (Young-Eisendrath & Miller, 2000) Integration, u.a. des Schattens und der Emotionen – Weisheit und Transzendenz.

Die psychische Stufe. Auf dieser erfahre der Mensch unmittelbar ein wahrhaft universales Selbst, „das allen Lebewesen gemeinsam und in allen Lebewesen dasselbe ist" (Wilber, 2002, 360). Erfahren wird die für Spiritualität charakteristische Verbundenheit mit allem, nicht nur in der Betrachtung der Natur, sondern auch in der „großen Kunst" (Wilber, 1996a, 90): „Große Kunst ergreift dich, auch gegen deinen Willen, und dann setzt sie deinen Willen außer Kraft. Du wirst in eine ruhige Klärung hineingeführt, frei von Begehren, frei von Macht, frei vom Ich."

Spätestens hier dürfte Skepsis auftreten. Wie kann man sein Ich verlieren? Schlimmstenfalls könnten pathologische Diagnosen erwogen werden: Persönlichkeitsverlust, Dissoziation! Wilber (2002) ist sich des Problems der empirischen Zugänglichkeit solcher Erfahrungen bewusst und postuliert eine These, die für die psychologische Analyse spiritueller Bewusstseinszustände folgenschwer ist: Dazu sei nur in der Lage, „wer die dafür erforderlichen kognitiven Werkzeuge selbst entwickelt hat". Diese These ist verständlich; sie birgt aber auch ein Problem in sich; vor allem aber ist sie für eine Psychologie der Spiritualität bzw. Mystik konsequenzenreich. Verständlich insofern, weil spirituelle Fremderfahrungen umso leichter empathisch nachvollzogen werden können, je eher sie eigenen Erfahrungen ähneln. Wer Transpersonalität wirklich verstehen wolle, müsse sie „tief erfahren" haben (Boucouvalas, 2000, 211). Problemträchtig an Wilbers These ist, dass sie für Diskreditierung missbraucht werden kann: Psychologen, die ein Konstrukt wie das der „Schaulogik" befremdet, sind möglicherweise einfach spirituell zu wenig weit entwickelt! Und die unumgängliche Konsequenz ist die, dass letztlich nur jene Psychologen den spirituellen und/oder mystischen Phänomenen wirklich gerecht werden, die selbst zu tiefgehender Kontemplation fähig sind (Wilber, 1988).

Die subtile Stufe führe qualitativ über die psychische Ebene hinaus, zu einer „neuen Transzendenz mit neuer Tiefe, einem neuen Umfangen, einem höheren

Bewusstsein, einer weiter gewordenen Identität" (Wilber, 2002, 360). Damit nimmt er klassische Kriterien strukturgenetischer Theorien in Anspruch, speziell qualitative Verschiedenheit der Stufen und ein Mehr an Integration (Kohlberg, 1995). Im Unterschied zur vorausgegangenen Stufe, auf der die spirituelle Einheit mit der Natur erfahren werde, sei der Geist unvergänglich: Er „leuchtet in der Leere, nicht entstehend, nicht vergehend" (Wilber, 2002, 361). Dass Geist Licht ist und leuchtet, ist eine mystische Erfahrung, die aus allen Kulturen berichtet wird. Damit wird auch unterstellt, dass Bewusstsein und Geist ohne Materie und außerhalb hirnphysiologischer Strukturen existieren können. Diese Annahme ist metaphysisch und wird von Gehirnforschern bestritten (bspw. Persinger, 2002), nicht jedoch von jenen Forschern, die mit einem nicht lokalen Geist rechnen, der Phänomene wie geistiges Heilen erkläre (Kap. 4.1.4).

Wilber erhellt diese Stufe mit Bildern der spanischen Mystikerin Teresa von Avila (1979). In „Die innere Burg" beschrieb sie sieben Wohnungen der Seele, die Wilber (2002) als Entwicklungsstufen deutete. Auf der zweitletzten Stufe werde „die Seele eins mit Gott", was „in der allerinnersten Mitte der Seele" geschehe, „also an dem Ort, wo Gott selber weilt" (Teresa von Avila, 1979, 195). Diese Mystik ist „Gottesmystik".

Die kausale Stufe. Wilber beschrieb anhand der mystischen Schriften von Meister Eckhart (1963) und Sri Aurobindo (1972) eine noch höhere Bewusstseinsstufe. Während sich auf der subtilen Ebene die Seele mit Gott vereinigt habe, werde sie auf der kausalen Stufe „in die uranfängliche Identität der Gottheit aufgehoben, des reinen formlosen Bewusstseins, des reinen Selbst als reiner GEIST (Atman = Brahma)" (Wilber, 2002, 370). Dies geschehe nicht mehr in Raum und Zeit, die – so Eckhart (1963, 325) – den Menschen „am meisten an der Erkenntnis Gottes hindern", sondern vielmehr nur dann, wenn „der Mensch in ein Vergessen und Nichtwissen" kommt und wenn sich die Seele gänzlich vergisst und sich selbst verliert. Dann ist sie zugleich nicht mehr und zugleich in ihrer vollsten Fülle.

Sind transpersonale Stufen überprüfbar?

Solche Bewusstseinszustände, nur paradox beschreibbar, sind schwer zu verstehen und von außen nicht überprüfbar. Sie können abwertende Kommentare („spekulativer Ballast" [Weis, 2002, 113]), ja pathologische Diagnosen auf sich ziehen. Wilber (2002) könnte erwidern, Kritiker, die mystische Zustände als Regression deuten, würden „prä" und „trans" verwechseln. Die angemessenste Methode, solche Zustände zu überprüfen, bestehe darin, selber zu meditieren: „Wenn du wissen willst, ob eine Buddha-Natur existiert, dann musst du dies tun" (Meditation, Anm. d.Verf.). Das sei die „experimentelle und erfahrungsbezogene Überprüfung" (Wilber, 1999, 129).

Empirische Überprüfungen. Darüber hinaus könnte Wilber auf empirische Studien verweisen, die zu seinen Stufen durchgeführt wurden. Aber wenn der angemessenste Erkenntnisweg in die Transpersonalität die Kontemplation ist, die nur verkürzt und unzulänglich wiedergegeben werden kann, greifen empirische Studien, speziell quantitative, eo ipso zu kurz. Gleichwohl liefern sie einige bedenkenswerte Erkenntnisse.

Hamel et al. (2002) entwickelten eine Skala, die zu messen beansprucht, ob Menschen auf transpersonalen Stufen stehen. Sie legten ihren Befragten 30 Items vor, die jeweils drei Antwortmöglichkeiten enthalten: eine präpersonale, personale und transpersonale. Bei „Ich fühle oft das Bedürfnis" lauteten diese: „geliebt zu werden" (präpersonal), „zu lieben und geliebt zu werden" (personal), „zu lieben, ohne zu erwarten, geliebt zu werden" (transpersonal). Von den 200 Befragten ordneten die Forscher 75 Prozent der personalen Ebene zu, 15 Prozent der transpersonalen. Allerdings ist kritisch zu fragen, ob das Bedürfnis, zu lieben, ohne geliebt zu werden, ein valides Indiz für Transpersonalität ist, von der fehlenden Zuordnung zu den einzelnen Stufen (psychisch, subtil etc.) ganz zu schweigen.

Thomas et al. (1993) interviewten 20 ältere, spirituell reife Personen, zehn in Indien, zehn in England. Ein 83 Jahre alter Quäker, der seit seinem 19. Lebensjahr Mystisches erfuhr und auch kummervolle Krisen durchmachte, berichtete: „Es ist eine unbeschreibliche Erfahrung, weil sie so tief ist, und anfällig für Missverständnisse, sogar für mich selbst, wenn ich versuche, sie in ein Konzept zu bringen. Es ist eine sehr tiefe, innere Erfahrung der Einheit von Leben und Geist, und Gott, es ist ein lebendiger Gott, der hinter allem wirkt, was mir die ganze Zeit über geschieht. Es ist ein Prozess der Liebe, der Güte, der Gnade. Selbst wenn dieser Prozess ins Leiden zu führen scheint, selbst da ist Freude. Da ist ein tiefes Gefühl von Einheit und Ganzheit, auch angesichts von Schmerz und Leid." (Thomas et al. 1993, 73). Für Thomas et al. verbürgt dieser Bericht die subtile Stufe (Gottesmystik). Die Gesprächspartner verteilen sich zwischen der rationalen und subtilen Stufe; keine/r habe die kausale erreicht. Problematisch an diesen Zuordnungen ist jedoch, dass die Kriterien, nach denen sie erfolgten, nicht offen gelegt wurden. Dennoch, ob in England, ob in Indien: Die berichteten mystischen Erfahrungen weisen Ähnlichkeiten auf.

Bedeutung von Krisen. Thomas et al. interessierten sich auch dafür, ob der spirituellen Entwicklung jene Krise vorausgegangen war, die Washburn (1988) zufolge durchlaufen werden müsse, um zu spiritueller Integration zu gelangen. In der Lebensmitte werde die Entfremdung von sich selbst unerträglich, der Selbstzweifel massiv, der Denkprozess verwirrt. Psychologisch handle es sich um die Begegnung mit dem präpersonalen Unbewussten, wie sie, in meisterhaften Bildern, der Mystiker Johannes vom Kreuz (1995) beschrieb: „Die dunkle Nacht der Seele" (dazu Coe, 2000; Fitz, 1996). Dies eröffne aber die Möglichkeit, dass sich das Ego auf den Grund des Seins einlassen und von diesem erfüllt werden könne. Ohne diese Regression im Dienste der Transzendenz sei der Schritt auf die transpersonale Stufe nicht möglich (Washburn, 1990).

Aber: Thomas et al. (1993) fanden, dass sich nicht die Hälfte der spirituellen Meister an die von Washburn (1988) beschriebene Krise erinnerte. Sie zogen den

Schluss, es gäbe keinen uniformen Pfad der spirituellen Entwicklung, sondern vielmehr mannigfaltige Wege. Die heuristische Brauchbarkeit von Wilbers transpersonalen Stufen zogen sie jedoch nicht in Zweifel.

Kritik an Wilber

Beanstandet wurde an Wilbers Stufenmodell zum einen „die mangelnde empirische Absicherung" (Helg, 2000, 151), sodann eine „hierarchische Ontologie", die dazu führen könne, tiefere Stufen abzuwerten – und damit auch die „Körperlichkeit, unsere sexuellen und emotionellen Bedürfnisse". Fragwürdig sei auch, spirituelle Entwicklung als linearen Fortschritt bzw. als „Stufenfolge", ja als „Leiter" zu sehen (Gollnick, 2005, 198). Zum einen würden so die auch in der Kindheit möglichen spirituellen Phänomene übersehen (Kap. 3.4.1). Vor allem aber gäbe es Metaphern, die jene spirituelle Entwicklung, die auch Krisen in sich schließt oder durch die dunkle Nacht der Seele führt, angemessener erfassen, beispielsweise die Spirale. Gemäß dieser besteht spirituelle Entwicklung in aufwärtsführenden Kreisen zwischen Dunkelheit und Erleuchtung. Nichtsdestoweniger hat Wilber ein faszinierendes, integratives Werk geschaffen, das enzyklopädische Breite aufweist und inspiriert. Besonders zu würdigen ist sein spirituell-ökologisches Engagement (Wilber, 2000).

3.3 Weitere (Stufen-)Modelle der spirituellen Entwicklung

„Eine Theorie zu entwickeln, die in der Lage wäre, die Entwicklung der menschlichen Person in allen ihren Aspekten und Komponenten zu erklären, ist wahrhaftig etwas Utopisches." (Imoda, 1998, 97)

Für spirituelle Entwicklung relevant sind auch die Entwicklungstheorien des Glaubens nach Fowler (1991) (Kap. 3.3.1) sowie des religiösen Urteils nach Oser und Gmünder (1996) (Kap. 3.3.2). Auch Kegan (1986) beschrieb eine Stufe des Selbst, die als spirituell gewürdigt wurde. Stufen der (reifen) Spiritualität sind das Anliegen von Helminiak (1987), Peck (1987) und Liebert (2000) (Kap. 3.3.3).

3.3.1 Fowlers Stufen des Glaubens und der Spiritualität

„Glauben (faith), viel mehr als Glaubensinhalt (belief) oder Religion, ist die grundlegendste Kategorie bei der Suche des Menschen nach einer Beziehung zur Transzendenz. Glaube, so wird deutlich, gehört zum Menschen, er ist ein universales Merkmal des menschlichen Lebens, überall erkennbar ähnlich, trotz der bemerkenswerten Vielfalt der Formen und Inhalte der religiösen Praxis und der

Glaubensinhalte." (Fowler, 1991, 35). Auch wenn Fowler Spiritualität nicht direkt erwähnt, umschreibt er wesentliche Aspekte dieses Phänomens. Er spricht von „Suche" und „Beziehung zur Transzendenz", die universal und mit „Religion" nicht identisch ist – was auch von Spiritualität behauptet wird (Kap. 1.1). Lebensglaube, als ein integrierender Prozess, der Menschen Kohärenz und Sinn verleiht und sie befähigt, die Endlichkeit des Lebens anzunehmen und seine Krisen zu bewältigen, ist ein spirituelles Phänomen.

Der Glaubensweg beginnt nach Fowler mit dem ersten Glauben, wenn der Säugling im besten Falle ein Urvertrauen bekommt. Er führt über den „intuitiv-projektiven" Glauben (Stufe 1) zum „mythisch-wortwörtlichen" (Stufe 2). Newberg und Newberg (2005) haben dargelegt, welche Reifungsschübe in der Gehirnentwicklung damit einhergehen. In der intuitiv-projektiven Phase verstärke sich der Metabolismus und würden zahlreiche neuronale Netzwerke verknüpft, was das Kind als Überschäumen der Phantasie erlebe. In der mythisch-wortwörtlichen Phase würden überflüssige Verknüpfungen wieder abgebaut und die notwendigen gefestigt; dies manifestiere sich in einer verstärkteren Hinwendung zum Reellen. Typischerweise im Jugendalter wird der „synthetisch-konventionelle" Glauben (Stufe 3) erreicht. Keineswegs alle formieren „individuierend-reflektierenden" Glauben (Stufe 4), oft nach einer Bekehrung, aber in jedem Fall als bewusste Entscheidung. Der „verbindende" Glaube (Stufe 5) befähigt dazu, das Gemeinsame der Religionen zu erkennen und zu würdigen. Miss T., eine 78-jährige, hoch spirituelle Frau, sagte: „Die Quäker nennen es das innere Licht. Ich glaube nicht, dass es irgendeine Rolle spielt, wie man es nennt. ... Nennen Sie es Realität ... Kosmischer Strom und Liebe. ... Und es ist auch bei jenen, die sich Agnostiker oder Atheisten nennen." (Fowler, 1991, 213).

Auch von Spiritualität ist gefordert, ökumenisch und religionsübergreifend zu sein (Ingersoll, 1998). Nur wenigen wird der „universalisierende" Glauben zu eigen, etwa herausragenden spirituellen Führern wie Gandhi, Mutter Theresa, Dietrich Bonhoeffer, Edith Stein. Deren Glaubensentwicklung ließ sich mit Hilfe dieser Stufen anschaulich und plausibel rekonstruieren (Bucher, 2004).

Spirituelle Wege und Glaubensstufen. Im Aufsatz „Glaubensentwicklung und Spiritualität" unternahm Fowler (1988) den spekulativen Versuch, die drei höchsten Glaubensstufen mit drei traditionsreichen spirituellen Wegen zu vergleichen: Läuterung, Erleuchtung, Einheit.

(1) Läuterung: Der Entschluss, das Selbst zu läutern und die egoistischen Strebungen zu überwinden, erfordere „individuierend-reflektierenden" Glauben.
(2) Erleuchtung: Der Übergang zum „verbindenden Glauben" bzw. der Weg zur Erleuchtung sei krisenhaft. Der Mensch müsse die Illusion aufgeben, alles nach seinem Willen zu gestalten, und vom eigenen Selbst absehen lernen, wodurch er von einer vertiefteren Gottespräsenz ausgefüllt werde.
(3) Einheit: Krisenhaft sei auch der Übergang zur höchsten Glaubensstufe bzw. der Weg zur Einheit. Der Mensch müsse durch „die dunkle Nacht der Seele", wie meisterhaft vom Mystiker Johannes vom Kreuz (1995) beschrieben: „Dunkel-

heit fällt in den inneren Tempel ... Da ist stickige Nacht ohne Wind, ohne einen Hauch, und in der Mitte eine zitternde Seele, völlig allein." (Fowler, 1988, 35). Der Mensch verliere sein egoistisches Selbst, was beispielsweise Gandhi erfahren habe, der schrieb: „Es kommt eine Zeit, in der ein Mensch unwiderstehlich wird und sein Handeln eine alles durchdringende Wirkung hat. Dies kommt dann, wenn er sich selbst auf Null zurücknimmt." (Fowler, 1988, 39).

Die Entwicklung auf den höheren Stufen nach Fowler ist dezidiert „spirituelles" Wachstum. Eine ökumenische, ja universale Spiritualität, die nicht an den Grenzen von Religionen endet, setzt höhere Glaubensstufen voraus. Die höchste Fowlerstufe enthält zentrale Elemente der Mystik, speziell das Absehen-können von sich selbst, um fortan ganz von Geist bzw. Spiritualität erfüllt zu sein.

3.3.2 Spiritualität und Stufen des religiösen Urteils nach Oser und Gmünder

Kinder glauben von Gott, er könne direkt in die Welt eingreifen, etwa Getreide wachsen lassen oder Halunken bestrafen. Aber schon bald durchschauen sie dies als kindisch und entwickeln neue Strukturen der Gottesbeziehung. Diese steht im Kern der Entwicklungstheorie des religiösen Urteils, die Fritz Oser und Mitarbeiter erarbeitet haben (Oser & Gmünder, 1996). Sofern Spiritualität theistisch konzipiert wird – als Gottesbeziehung (Moberg, 2001; Richards & Bergin, 1997) –, ist ihre Theorie für eine Entwicklungspsychologie der Spiritualität von hoher Bedeutung.

Fünf Stufen des religiösen Urteils werden von Oser und Gmünder unterschieden. Gemäß Stufe 1 ist das Letztgültige „absolutes Subjekt", das direkt in die Welt eingreift. Auf dieser Stufe wird spirituelle Tätigkeit (Beten, Meditieren etc.) als notwendig erachtet, um zu verhindern, dass das Letztgültige ungünstig interveniert. Die Gottesbeziehung der Stufe 2 ist dadurch charakterisiert, dass der Mensch – auch mit spiritueller Praxis – auf das Göttliche einwirken kann, um es gnädig zu stimmen oder mit seiner Hilfe Ziele zu erreichen. Noch bis vor kurzem wurden in katholischen Gegenden spirituelle Praktiken ausgeübt (Rosenkranz), um die Qualen der Armen Seelen im Fegefeuer zu verkürzen (Klöcker, 1991). Auf dieser Stufe ist spirituelle Praxis primär extrinsisch motiviert, sie kann aber im Vollzug zu intrinsischem Erleben werden.

Oft sind es Erfahrungen der Theodizee (Warum lässt Gott die Guten leiden?), die diese Stufe zerbrechen. Fortan begreift sich der Mensch für sein Leben und die Welt als selbstverantwortlich. Gott habe seinen eigenen, deistisch fernen Bereich, wenn nicht überhaupt seine Existenz bestritten wird. Auf dieser Stufe bezieht sich Spiritualität primär auf das immanente Selbst. Sie wird weniger deshalb vollzogen, um einem Transzendenten näher zu kommen, sondern um zu einer vertiefteren Erkenntnis von sich selbst und der Welt zu gelangen, oder Ruhe und Entspannung zu finden.

Während auf Stufe 3 Religiosität und Spiritualität entkoppelt sind, werden sie auf der vierten Stufe neu integriert. Das Göttliche wird fortan als Ermöglichungsgrund menschlicher Freiheit erfahren und auch im Profanen wahrgenommen, in der Natur, im konkreten Alltag. In allen Dingen Gott und seinen Geist zu erkennen, war und ist das Anliegen traditionsreicher spiritueller Schulen, etwa der von Ignatius von Loyola (1999), die bis heute im Jesuitenorden gepflegt wird. Selbstverwirklichung bedeutet, zugleich Gott zu realisieren und die Mitmenschen sich entfalten zu lassen.

Religiöse Urteilsstufen und mystische Stufen. Oser (2002) verglich die psychologischen Stufen des religiösen Urteils mit mystischen Stufenmodellen, so dem von Margarete Porrette (1987), einer Begine, die um 1310 als Ketzerin verbrannt wurde, sowie demjenigen von Meister Eckhart (1963), dessen irdische Spur sich um 1327 in den päpstlichen Kerkern von Avignon verliert. In einer seiner Predigten schildert Eckhart (1963, 154) unterschiedliche Formen der Gottesbeziehung, zunächst eine, die er mit Kaufleuten verglich, „die so markten wollten mit unserem Herrn". Für Gott Werke verrichten, um von ihm Lohn zu erhalten – das ist Stufe 2. Eckhart lehnt sie entschieden ab: „Dies sind sehr törichte Leute". Angemessen sei vielmehr, „wahrhaft frei und ledig aller Kaufmannschaft" zu werden, leer und „ledig", worauf sich Gott in die zunichte gewordene Seele hineinbildet und sie voll und ganz ausfüllt, woraus „unermessliche Süßigkeit und Fülle . . . herausquillt" (Eckhart, 1963, 154).

Zusammenfassend konstatiert Oser (2002), dass die mystischen Stufen und die des religiösen Urteils Analogien aufweisen und sich gegenseitig ergänzen. Psychologische Stufenmodelle zeigen, wie Menschen an die Schwelle der Mystik gelangen. Mystische Modelle hingegen können hilfreich sein, den Endpunkt der religiös-spirituellen Entwicklung inhaltlich zu füllen.

3.3.3 Stufen der Spiritualität nach Helminiak, Peck, Kegan und Liebert

Spiritualität als Selbsttranszendenz. Ein an vorliegende Stufenmodelle der Entwicklung im Erwachsenenalter zurückgebundenes Modell stellte Helminiak (1987) vor. Spirituelle Entwicklung definierte er als „authentische und intrinsische Selbsttranszendenz". Sowohl Gottgläubige als auch Atheisten können lernen, von sich abzusehen und über sich hinauszuwachsen (Helminiak, 1987, 35). Spirituelle Entwicklung sei ein Phänomen des Erwachsenenalters und folge drei Stufen.

Vom Chaos zum Kosmos. M. Scott Peck (1987), Bestsellerautor und Psychotherapeut, schildert, wie einige seiner Klienten, die vor der Therapie religiös waren, die Behandlung als Agnostiker, ja Atheisten verließen. Umgekehrt registrierte er, dass zahlreiche Skeptiker während der Therapie zu überzeugten spirituellen Persönlichkeiten heranreiften. Er erklärte sich dies mit Stufen des geistigen Lebens, wie er

Tabelle 3.3. Die einzelnen Stufen der Spiritualität von Fowler, Loevinger und Helminiak im Vergleich

Fowler (1991) Glaube	**Loevinger** (1976) Ich	**Helminiak** (1987) Spiritualität
Individuierend-reflektierender Glaube	Individualistische Stufe	„Bewusstsein“: (conscientious) erste spirituelle Stufe
Verbindender Glaube	Autonomes Ich	„Mitleidsvoll“: (compassionate) zweite spirituelle Stufe
Universaler Glaube	Integriertes Ich	„Kosmisch“: (cosmic) dritte spirituelle Stufe

sie auch durchlaufen habe. Stufe 1 sei „chaotisch und antisozial“. Kleinkinder – mitunter auch Erwachsene – strebten nach Eigennutz. Von Spiritualität könne nicht die Rede sein. Stufe 2 sei „institutionell und fundamentalistisch“. Die Menschen klammern sich an Regeln und Gesetze, ordnen sich blind einem allmächtigen Himmelsvater oder religiösen Gurus unter, lehnen Andersgläubige ab. „Skeptisch“ und „individuell“ sei die dritte Stufe, auf der oft „Ungläubige“ stünden, die spiritueller seien als überzeugt Religiöse der Stufe 2. Viele seien auf der Suche nach neuen Gewissheiten; viele ordneten sich etwas unter, das größer sei als sie selbst, speziell dem, was sie als Wahrheit suchten. Peck (1987) lässt die weitere Entwicklung in einer „mystischen“ Stufe gipfeln. Der Mensch übersteige sich selbst in Richtung kosmischen Bewusstseins (Bucke, 1975). Er erkenne die Verbundenheit aller Menschen und allen Lebens mit Gott und sträube sich gegen Trennung, sei es zwischen Gläubigen und Nichtgläubigen oder zwischen Selbst und Gott.

Interindividualität. Robert Kegan beschrieb die Entwicklung des Selbst, die auf eine spirituelle Höhe führt. Der Weg dorthin sei weit und krisenhaft. Das Selbst des Neugeborenen sei „einverleibend“, sodann werde es „impulsiv“ (wenn das Kind ganz seine Emotionen ist), bevor es, in der mittleren Kindheit, „souverän“ wird, indem es seine Impulse beherrschen lernt. Auf das „zwischenmenschliche Gleichgewicht“ (Jugendalter) folge das „institutionelle“ Selbst, für welches die Identifikation mit Institutionen (beispielsweise Arbeitswelt) und die eigene Autorität kennzeichnend seien (Kegan, 1986, 141). Um zu wirklicher Reife zu gelangen, müsse das Ideal von Autonomie und Unabhängigkeit – für Kegan, Ray und McFadden (2001) und andere typisch westliche Entwicklungsziele –, in Frage gestellt und überwunden werden. Dann erreiche das Selbst ein „überindividuelles Gleichgewicht“ (Kegan, 1986, 145–152) und werde es Teil einer übergreifenden, vielfältig miteinander verbundenen Ganzheit, was an Transpersonalität assoziiert.

Spirituelle Reife. Über das autonome Individuum hinausführend – so konzeptualisiert auch Liebert (1996; 2000) die spirituelle Entwicklung. Sie bezieht sich auf die eben geschilderten Modelle und betont, jede Entwicklungsstufe habe ihre eigene Berechtigung und müsse durchlaufen werden, desgleichen die Krisen bei den Stufenübergängen, die „Selbsttranszendenz" erfordern würden und den „Tod" des vorausgegangenen Selbst brächten (Liebert, 1996, 359). Um zu spiritueller Reife zu gelangen, müsse die konformistische Stufe nach Loevinger (1976) überschritten werden und eine Verinnerlichung erfolgen, wodurch aus dem äußerlichen Gott der Eltern oder der Kirche „mein Gott" werde (Liebert, 1996, 353). Ohne regelmäßige spirituelle Praxis, speziell Gebet oder Meditation, sei dies nicht möglich. Das Ziel der spirituellen Entwicklung bestehe darin, ein wirklich integriertes Selbst, das zu hoher Toleranz gegenüber anderen fähig und zugleich autonom ist, noch einmal zu transzendieren bzw. zu „dekonstruieren". Als „Dekonstruktion des Ich", momentan im Postmoderne-Diskurs thematisiert, konzeptualisiert auch Kohls (2004, 465) spirituelle Entwicklung.

3.4 Empirische Studien zur spirituellen Entwicklung

„Spiritualität ist progressives Erwachen zur inneren Wirklichkeit unseres Daseins, zum Geist, zum Selbst und zur Seele, die etwas anderes sind als unser Denkwesen, unser vitales Wesen und unser Körper. Sie offenbart sich als eine innere Sehnsucht, die größere Wirklichkeit über uns, die gleichzeitig im Universum und in uns ist, zu kennen ..., eins mit ihr zu werden." (Aurobindo, 1972, 68)

Die bisher geschilderten Entwicklungsmodelle der Spiritualität erwiesen sich in vielem als spekulativ, speziell die höheren Stufen, diejenigen von Wilber (2002) noch mehr als die von Fowler (1991) und Oser und Gmünder (1996). Was an „harten" empirischen Fakten zur spirituellen Entwicklung in den verschiedenen Lebensphasen vorliegt, erörtert dieses Unterkapitel. Seine Gliederung folgt dem Lebenslauf. Aufgenommen werden sowohl qualitative Studien, speziell biographische, als auch quantitative (Überblick: Dowling & Scarlett, 2005; Gollnick, 2005; Oser, Scarlett & Bucher, 2006).

3.4.1 Spiritualität in der Kindheit

Das Kapitel beginnt mit der grundsätzlichen Frage, ob Kindern spirituelle Erfahrungen zugänglich sind. Entschieden bejaht dies die Bewegung für Kinderspiritualität, die beeindruckende Zeugnisse gesammelt hat, u.a., dass Hildegard von Bingen als Dreijährige ein so kräftiges Licht sah, dass ihre Seele erzitterte (Hart,

2005). Diese motivierte auch zu massiver Kritik an den in Kapitel 3.2 und 3.3 erörterten Stufenmodellen, gemäß denen Kinder „präspirituell" sind. Mehrfach wurde der Einfluss von Kindheitserfahrungen auf die spätere Spiritualität untersucht. Neuere Forschungsergebnisse legen den Schluss nahe, dass Spiritualität – im Sinne von Selbsttranszendenz und Verbundenheit – stärker genetisch determiniert ist als die Bindung an eine Religionsgemeinschaft.

Können Kinder spirituell sein?

Die Antworten von Philosophen, Theologen, und Psychologen differieren massiv. Alles andere als spirituell waren Kinder für Aristoteles, der ihnen Vernunft absprach. Ebenso wenig für Augustinus (1950), der in ihnen verdorbene Wesen sah, von der Erbsünde befleckt.

Das romantische Kindbild hingegen sieht im Kind ein höchst spirituelles Wesen, das eben aus Gottes Fülle komme und über den Erwachsenen stehe, die in die Niederungen des materiellen und fleischlichen Lebens abgesunken seien. Von diesem Bild inspiriert, etablierte sich in den letzten Jahren eine engagierte Bewegung für die Spiritualität von Kindern (Coles, 1991; Hart, 2003; Hay & Nye, 1998; Morgenthaler, 1999). Sie gibt ein eigenes „International Journal of Children's Spirituality" heraus. Spiritualität müsse Kindern nicht vermittelt werden, vielmehr seien sie von sich aus zu spirituellen Erfahrungen fähig und könnten Erwachsenen sogar Lehrmeister sein. Auch der Psychologe Elkins (1998) teilt diese Sicht: „In der Kindheit eignet der Seele eine natürliche Schönheit und sprüht sie über das ganze Leben. Im Erwachsenenalter hingegen legt sich Smog auf die verdunkelte Seele."

Eine Frage der Definition. Wenn mit Helminiak (1987) Spiritualität als „authentische Selbsttranszendenz" aufgefasst wird, die ein erwachsenes Selbst mit universaler Perspektive voraussetzt, lassen sich Kinder schwerlich als spirituell würdigen. Ebenso, wenn Spiritualität als die Gesamtsumme der höchsten Ebenen der Entwicklungslinien definiert wird. Wilber (2001) gibt aber selber zu bedenken, Spiritualität könne auch als „Entwicklungslinie für sich selbst" konzeptualisiert werden, die spätestens mit der Geburt beginnt. Dann sind – auf ihre eigene Weise – auch Kinder spirituelle Wesen.

Spirituelle Erfahrungen in der Kindheit

Der frühere Direktor des Forschungsinstituts für religiöse Erfahrungen an der Universität Manchester, Edward Robinson (1977), analysierte die Erinnerungen von 500 Männern und Frauen, unter anderem folgende: „Aus jener Zeit, als ich ein Kind war, erinnere ich mich an ein Gefühl von intensivster Wirklichkeit ... Ich sah und wusste wirklich, dass alle Dinge tiefe Erscheinungen waren. In diesen Augenblicken der Erkenntnis sah ich keine zitternden Farben, ich fühlte nichts Übermächtiges; vielmehr sah ich die alltägliche Welt sehr klar und in unendlichen Details, und ich wusste, es ist alles miteinander verbunden, und alles besteht aus einer ersten Substanz oder Lebenskraft." (Robinson, 1977, 28)

So abstrakt reden Kinder nicht! Die Erinnerung ist in einer Begrifflichkeit gestaltet, die Kindern noch nicht zur Verfügung steht. Aus diesem Grunde hält Wilber (2001) solche Berichte für ungeeignet, um sich den spirituellen Erfahrungen von Kindern zu nähern. Dem gegenüber plädiert Robinson (1977) dafür, solchen Erinnerungen einen authentischen Kern zuzugestehen. Dies umso mehr, als außergewöhnliche Erfahrungen zutreffender erinnert würden als alltägliche. Piechowski (2001) verweist darauf, dass die Gedächtnisleistungen jüngerer Kinder tendenziell unterschätzt würden.

Wie erhebt man Spiritualität bei Kindern? Valider ist freilich, Daten bei Kindern selber zu erheben – aber auch schwieriger. Man kann Kinder ebenso wenig explizit zu Spiritualität befragen wie zu Intelligenz. Erforscher der Kinderspiritualität wenden mehrheitlichst qualitative Verfahren an. Nye (1999) unterhielt sich mit Kindern innerhalb eines Monats dreimal, und zwar erst, nachdem sie ihnen vertraut war; offen und freimütig erzählten sie ihr dann, was sie interessiert und ob sie Gott oder Engel erfahren haben, beten etc.

Relevant für die Erfassung kindlicher Spiritualität sind auch Kinderzeichnungen (Coles, 1992; Hay, Nye & Murphy, 1996) sowie die Beobachtung, etwa des Verhaltens von Kindern in sakralen Räumen. Auch bewährte sich, Kinder zu Imaginationen zu ermuntern, die sie anschließend nach Maßgabe ihres Wortschatzes schilderten. Dass Kinder zu besonders lebendigen Imaginationen fähig sind, belegen Levine (1999) und Halstaed (2005).

Kindliche Spiritualität konkret. „Relationales Bewusstsein" ist der Kern des Spiritualitätsverständnisses von Hay und Nye (1998). Es könne auch von Kindern erfahren werden und habe evolutionär-biologische Wurzeln, und zwar in der Erfahrung, als Säugling/Kleinkind gehegt und gepflegt worden zu sein (Hay & Socha, 2005). Dieses Beziehungsbewusstsein richte sich bei den einen auf die Natur – so bei der zehnjährigen Luise, die eine tiefe Bewunderung über das Wunder der Wolken und des Himmels ausdrückte (Hay & Nye, 1998). Naess (1984), ein Pionier der Tiefenökologie-Bewegung, verweist auf den kindlichen Animismus. Kinder seien mit der Natur noch ganz und gar verbunden; sie erlebten Tiere wie ihresgleichen, als Wesen mit Freuden, Sorgen, Interessen, Bedürfnissen, Liebe und Hass. Selbst Blumen und Pflanzen sind für sie lebendig. Bei anderen Kindern hingegen ist der Bezugspunkt des relationalen Bewusstseins, Gott, so beim sechsjährigen John: „Gott ist in allen von uns. Er ist alles, was um uns ist. Er ist dieses Mikrophon. Er ist dieses Buch. Er ist alles. In unserem Herzen ... Himmel." (Hay & Nye, 1998, 104).

Ebenso die Erinnerungsberichte, die Robinson (1977) zusammengestellt und dokumentiert hat. Oft werden intensive Erfahrungen der Verbundenheit mit der Natur bezeugt: „Der einzige Aspekt, in dem meine Erfahrungen in der Kindheit intensiver waren als im späteren Leben, ist der Kontakt mit der Natur. Es schien, dass ich eine direktere Beziehung zu den Blumen, Bäumen und Tieren hatte. Und ich erinnere mich an mehrere Gelegenheiten, in denen mich große Freude überwältigte, so als ich sah, wie sich die ersten Irisblüten öffneten ... Da war keine

Trennung zwischen den Blumen und meinem Selbst." (Robinson, 1977, 49; weitere Beispiele: Hoffmann, 1992). Eine 71-Jährige erinnerte sich an folgende Intensiverfahrung, die sie als Vierjährige überwältigt habe: „Ich befand mich allein am Strand. Die See berührte den Himmel. Mit den Wellen atmend, trat ich in ihren Rhythmus ein. Plötzlich war ein Strom von Energie da: Die Sonne, der Wind, die See gingen durch mich hindurch. ... Ein Tor öffnete sich, und ich wurde zur Sonne, zum Wind, zur See. Da war kein Ich mehr ... Klang, Geschmack, Getast ... alles verschmolz in einem leuchtenden Licht. Eine pulsierende Energie durchströmte mich, und ich war ein Teil dieser Energie. ... Meine Eltern fanden mich wie versteinert am Strand und dachten, ich hätte einen Hitzschlag erlitten. Sie brachten mich ins Bett, in die Dunkelheit, für mehrere Tage ..." (Hoffmann, 1992, 38).

Nahtod-Erfahrungen, die Spiritualität fördern, werden auch aus der Kindheit berichtet (Atwater, 1999). Hoffmann (1992) interviewte eine 35-jährige Frau, die an ihrem vierten Geburtstag vom Pferd stürzte, eine Schädelbasisfraktur erlitt und mehrere Tage im Koma lag. Sie habe gehört, was die Ärzte an ihrem Krankenbett sagten und sei aus ihrem Körper ausgetreten, „hinein in einen gewaltigen, sich ausdehnenden Ozean aus Licht". Dies habe sie motiviert, in der Adoleszenz mit Meditation zu beginnen und sich mit spirituellen Fragen zu beschäftigen. Nimmt man die eindrücklichen autobiographischen Schilderungen von spirituellen Transzendenzerfahrungen in frühen Lebensjahren hinzu, die Maslow gesammelt und Hoffmann (1998) ausgewertet hat, dann fällt es schwer, zu bestreiten, dass schon jüngere Kinder intensive spirituelle Erfahrungen machen können, freilich keineswegs alle. Gemäß einer größeren Studie von Nelson und Hart (2003) gaben die 454 befragten Jugendlichen zu 90 Prozent an, von einer tiefen spirituellen Erfahrung überwältigt worden zu sein, davon um die 30 Prozent bereits in der frühen Kindheit.

Woher haben Kinder ihre Spiritualität? Diskutiert wird zum einen, Spiritualität sei ein jedem Kinde innewohnendes Potential (Hoffmann, 1992). Als Beleg werden jene Kinder genannt, die spirituelle Intensiverfahrungen machten, aber keine religiöse Erziehung erhalten hatten. Eine solche könne dafür sogar hinderlich sein (Robinson, 1977, bes. 85). Auch gibt es Indizien, dass Spiritualität stärker genetisch determiniert ist als Religiosität.

Piechowski (2001) bringt eine weitere Erklärung, die zwar eine lange religionsgeschichtliche Tradition für sich beanspruchen kann, aber Psychologen abstrus erscheinen mag: Spirituell hochbegabte Kinder brächten ihre Kompetenzen aus früheren Erdenleben mit (Mills & Lynn, 2004). Der Reinkarnationsforscher Stevenson (2000) hat Berichte von Kindern gesammelt, die behaupteten, schon einmal gelebt zu haben. Besonders bekannt ist das indische Mädchen Swamlata, das im Alter von drei Jahren von einem früheren Leben in einem entfernten Dorf zu erzählen begann. Die geschilderten Fakten stimmten frappant mit den Ergebnissen anschließender Nachforschungen überein (weitere Beispiele: Griffin, 1997). Auch wenn die Quellenlage solcher Geschichten oft prekär ist

– für Personen, die an sie glauben, sind solche Deutungen Realität. Es fällt nicht in den Zuständigkeitsbereich von Psychologie, über die Wahrheit von Reinkarnation zu urteilen, an die in den letzten Jahrtausenden Milliarden Menschen glaubten. Sie hat die Auswirkungen dieses Glaubens zu untersuchen, die massiv sein können, so bei einem jungen Mann, der eine verheiratete Frau massiv bedrängte, weil sie in einem früheren Leben seine Mätresse gewesen sei (www.comparativereligion.com/reincarnation1.html; Stand: 11.9.2006).

Kritik an Stufenmodellen

Spiritualität von (jüngeren) Kindern ist hochgradig individuell (Hay & Nye, 1998). Damit geht Kritik an jenen Entwicklungsmodellen von Spiritualität/Religiosität einher, die von konkreten Kindern abstrahieren. Piaget habe Kindheit nur begrenzt in den Blick genommen, weil die individuellen Kinder in den als universal behaupteten kognitiven Strukturen förmlich verschwänden (Robinson, 1977; vgl. Hoffmann, 1992).

Kritisiert werden auch die strukturgenetischen Ansätze von Oser und Gmünder (1996) (Kap. 3.3.2) und Fowler (1991) (Kap. 3.3.1). „Tote Stufen“ würden den lebendigen Erfahrungen von Kindern nicht gerecht (Hay, Nye & Murphy, 1996). Die Spiritualität von Kindern, mitunter intensivst erlebt, werde in eine „Form von Unreife und Unangemessenheit“ gezwängt. Der grundlegende Fehler sei der, dass sich diese Stufenmodelle auf das Wissen über Religiosität/Spiritualität beschränken würden. Damit entgehe ihnen zum einen die kindliche Emotionalität (Staunen, Verzückung) – in der Sicht von Scheindlin (2003) die Quelle von Spiritualität, die durch die in den USA vorherrschende „coolness“ bedroht sei. Zum anderen übersähen sie das religiös-spirituelle (Handlungs-)Wissen, in das „sinnliche Erkenntnis“ einfließe. Gerade bei Kindern ist Spiritualität eng mit ästhetischen Erfahrungen verknüpft. Die Gehirnforscher d'Aquili und Newberg (2002) erklären dies mit gemeinsamen neurophysiologischen Korrelaten, speziell im oberen Schläfenlappen, der im ästhetischen und spirituellen Erleben aktiviert wird.

Kindern spirituelle Erfahrungen abzusprechen, wie dies Wilber (2001) tat, indem er ihr Bewusstsein als „archaisch“ qualifiziert, ist nicht gerechtfertigt. Ebenso problematisch wäre, Erfahrungen von Kindern generell spirituell zu überhöhen. Dann läge die Prä-/Trans-Verwechslung in der Form des Elevationismus vor. Erfahrungen mit Gott oder magischen Wesen können auch massive Ängste auslösen, die sie rational noch nicht zu bewältigen vermögen. Angezeigt ist, Spiritualität von Kindern so vorurteilslos wie möglich wahrzunehmen und sie nicht vorschnell in theoretische Konzepte oder Stufenschemen zu zwängen.

Der Einfluss der Kindheit auf die spätere Spiritualität

Mehrfach wurde untersucht, wie sich Kindheit auf die spätere Spiritualität auswirkt, sowohl qualitativ als auch quantitativ (Boyatzis, Dollahite & Marks, 2005). Biographische Studien können spirituelle Entwicklung besonders lebensnah und anschaulich rekonstruieren. Allerdings sind sie fehlerbehaftet. Die bisherige Lebensgeschichte ist stets eine Rekonstruktion, die von der aktuellen Lebenslage abhängt. Dabei sind psychologische Mechanismen in Rechnung zu stellen, allen voran die Theorie der kognitiven Dissonanz. Wir neigen dazu, passende Kognitionen zu bevorzugen und störende zurückzudrängen oder umzudeuten, um nicht ins Ungleichgewicht zu geraten. Wer sich zu einer neuen Spiritualität bekehrt und dafür viel investiert, wird sein früheres Leben skeptischer beurteilen, wenn nicht verwerfen. Ein Beispiel dafür ist Paulus. Ursprünglich ein glühender Verfechter des jüdischen Gesetzes, lehnte er es nach seiner Bekehrung ab.

Dennoch erachte ich qualitativ-biographische Studien als unverzichtbar, um spirituelle Entwicklung zu untersuchen. „Meine früheste Kindheitserinnerung ist, dass ich auf einer Schaukel saß, die an einem Baum hinter dem Haus aufgehängt war, und das Sonnenlicht schien durch die Bäume, und du weißt, ein Seil der Schaukel knarrte, und ich wusste, ich war von Gott gesegnet." So erzählte eine Gesprächspartnerin von Burke (1999), die 40 amerikanische Frauen befragte. Sie interessierte sich nicht nur für deren aktuelle religiös-spirituelle Einstellung, sondern dafür, wie sich diese im Lebenslauf veränderte. Die Hälfte verstand sich traditionell „religiös", gut ein Drittel „spirituell", und zwar in dem Sinne, dass sie aus der Beziehung zu einer höheren Macht Kraft schöpften und dies für wichtiger hielten als die Kirche. Aber nur eine der Spirituellen erinnerte sich, als Kind keine religiöse Bindung gekannt zu haben. Von jenen Frauen hingegen, die sich weder als spirituell noch als religiös einschätzen, sagte dies die Hälfte. Ohne spirituelle „Samen" in der Kindheit sei es nach Burke wenig wahrscheinlich, dass Spiritualität in späteren Jahren zu einem Kraftfeld des ganzen Lebens wird.

Frühkindliche Bindungspartner prägen. Dass Spiritualität durch frühkindliche Erfahrungen in der Herkunftsfamilie nachhaltig geprägt werden kann, zeigte Jacobs (2000). Sie befragte in Lateinamerika Nachkommen von Spaniern, die im Zuge der Vertreibung Christen geworden waren, aber heimlich ihre jüdische Frömmigkeit weiter gepflegt hatten. Sie unterschied drei Gruppen:

- Personen, die um ihre jüdischen Wurzeln wussten, aber Christen blieben,
- Männer und Frauen, die Christliches und Jüdisches vermengten,
- Gesprächspartner, die, nachdem sie von ihrer ursprünglich jüdischen Herkunft erfuhren, zum Judentum übertraten bzw. – so sie selber – „zurückkehrten".

Warum diese unterschiedliche Positionierung? Jacobs (2000) stellte fest: Die Befragten optierten mehrheitlich für jene Spiritualität, die die wichtigsten Bezugspersonen in der frühen Kindheit praktiziert hatten. Diese können mit Bandura (2003) als „spirituelle Modelle" betrachtet werden, wobei der Einfluss der Mütter stärker ist als der der Väter. Ein Mann erinnerte sich, wie seine Großmutter, mit der er innig verbunden war, am Freitagabend die Sabbatkerzen aufstellte – er konvertierte zum Judentum. Pflegten die wichtigsten Pflegepersonen katholische Rituale, befanden sich die Befragten in der ersten Gruppe; in der zweiten dann, wenn diese sowohl jüdische als auch katholische Frömmigkeit praktizierten.

Jacobs (2000) erklärte sich diese nachhaltige Prägung mit Bowlbys (2001) Bindungstheorie. Heranwachsende übernehmen Werte (auch spirituelle) vor allem von Personen, die ihnen als Bindungspartner zur Verfügung standen. Ihre starke Wirkung auf die Spiritualität zeigte sich an den Reaktionen der Befragten, als sie deren Tod zu bewältigen hatten. Etliche berichteten, es sei für sie selbstverständlich gewesen, die Spiritualität der „lieben Verstorbenen" weiterzuführen, um sie vor der Vernichtung zu bewahren. Ein Jude erzählte, wie er sich erst nach dem Begräbnis seiner Großmutter fest entschloss, die jüdische Frömmigkeit fortzusetzen, obschon er an dieser vieles problematisch fand.

Sicherheit durch New Age? Bindungstheoretisch erklärte Zusammenhänge zwischen Frühkindheit und späterer spiritueller Einstellung fanden Granqvist und Hagekull (2001). Sie entwickelten eine Skala, um die Einstellung gegenüber New-Age-Glaubensannahmen zu erfassen, beispielsweise der, dass wir in ein neues Zeitalter eintreten und der Kosmos ein lebendiges Ganzes sei. Dafür seien Personen umso empfänglicher, je unsicherer ihre Bindung an Mutter und Vater war. Granqvist und Hagekull (2001) fanden die erwarteten Zusammenhänge: New-Age-Orientierung korreliert positiv mit unsicherer Bindung zur Mutter und zum Vater, sichere Bindung hingegen korreliert negativ. Zu erklären sei dies mit der Kompensationsthese: Wer als Kind unsicher gebunden war, suche eher eine Weltanschauung, die ihn/sie einbindet, bestenfalls in alles.

Religiöse Sozialisation. Dass Eltern die spätere Religiosität/Spiritualität ihrer Kinder prägen, belegte Gangl (2004) in einer Studie mit 156 Erwachsenen. Sie erfragte den frühkindlichen Bindungsstil, die religiöse Orientierung (intrinsisch – extrinsisch), „transpersonales Vertrauen" (Belschner, 2000) sowie die religiöse Sozialisation im Elternhaus, gemessen mit einer Skala von Bucher (2001). Ihre These besagte, der frühkindliche Bindungsstil präge die spätere Religiosität und Spiritualität dahingehend, dass bei den in der Kindheit sicher Gebundenen intrinsische Religiosität und transpersonales Vertrauen ausgeprägter seien, die religiöse Angst geringer.

Doch der frühkindliche Bindungsstil prognostizierte die religiös-spirituellen Einstellungen nur gering. Anders hingegen die im Elternhaus erlebte religiöse Sozialisation: Diese korreliert mit religiöser Praxis ($r = .60$), aber deutlich schwächer mit transpersonalem Vertrauen ($r = .28$), das als Maß für Spiritualität gilt. Dies legt die These nahe, dass Religiosität sozialistatorisch stärker beeinflussbar ist als Spiritualität. Das klassische Sozialisationsmodell – Eltern prägen ihre Kinder – greift jedoch zu kurz. Vielmehr können gerade Kinder die Spiritualität ihrer Eltern beeinflussen, in der Regel vertiefen und intensivieren (Boyatzis, 2004).

Spiritualität angeboren – Religion erlernt?

An monozygotischen Zwillingen lässt sich am angemessensten überprüfen, wie sehr bestimmte Merkmale genetisch oder durch die Umwelt bedingt sind. Die bekannteste Zwillingsstudie wurde an der Universität Minnesota durchgeführt, indem Zwillinge, die getrennt und mitunter in völlig verschiedenen Milieus aufwuchsen, im Hinblick auf zahlreiche Variablen – auch religiöse – miteinander verglichen wurden. Waller et al. (1990) legten 53 monozygotischen und 31 bizygotischen Zwillingspaaren, die getrennt aufgewachsen waren, fünf religiöse Messinstrumente vor. Der genetische Faktor stellte sich als beträchtlich heraus, erklärt er doch die Hälfte der Varianz.

Dass Spiritualität stärker genetisch bedingt ist als manchen Religionspädagogen recht ist, behaupten auch die in Kapitel 2.3.9 bereits erwähnten australischen Forscher Kirk, Eaves und Martin (1999). Sie werteten Fragebögen mit ihrer Skala „Spirituelle Selbsttranszendenz" aus, die von 1279 kompletten Zwillingspaaren und von 558 einzelnen Zwillingen ausgefüllt worden waren. An den Ergebnissen überraschte, dass der genetische Faktor das Ausmaß an Spiritualität – im Sinne von Selbsttranszendenz – bei den Männern zu 37 Prozent erklärt, bei den Frauen zu 41 Prozent; beim Kirchgang hingegen ließ sich kein signifikanter Effekt feststellen. Anders hingegen der Effekt der gemeinsamen Umgebung: er ist im Hinblick auf Spiritualität niedriger (acht Prozent erklärte Varianz) als beim Kirchgang (58 Prozent). Ob Menschen regelmäßig zur Kirche gehen, hängt von der Erziehung ab (vgl. D'Onofrio et al., 1999). Ob sie Gefühle des Einsseins mit dem Kosmos entwickeln und sich von einer spirituellen Kraft begleitet wissen, ist stärker genetisch bedingt. Auch bei der Offenheit für paranormale Erfahrungen (Hellsehen, Präkognition) wurde eine starke genetische Komponente nachgewiesen (Kennedy, 2004). Spiritualität komme eher von innen und sei „angeboren" (Hamer, 2004, 52). Religiöse Praxis hingegen werde stärker imitiert und gelernt. Die Möglichkeiten spiritueller Erziehung sind demzufolge realistisch gesehen nur begrenzt.

3.4.2 Spirituelle Entwicklung in der Adoleszenz

Gemäß dem gängigen Bild gilt die Adoleszenz als eine Lebensphase mit wenig Spiritualität. Dutzende Studien zeigten, dass die Bindung an religiöse Gemeinschaften lockerer wird, Zweifel und Kritik massiver. Dem steht ein Phänomen entgegen, das seit den Anfängen der Religions- und Jugendpsychologie Aufmerksamkeit auf sich gezogen hat: die „spirituelle Konversion". Wie schon Kinder, so berichten auch Jugendliche teils intensive spirituelle Erfahrungen, die überwiegend positive Effekte auf die Bewältigung ihrer Entwicklungsaufgaben zeitigen (Bridges & Moore, 2002; Roehlkepartain et al., 2005; Wilson, 2004).

Konstanz von Religiosität und Spiritualität

Die 15-jährige Franziska äußerte sich stellvertretend für viele Jugendliche: „Ich glaube an ein höheres Wesen. ... Ich glaube, dass dieses Wesen – ich nenne es Gott – versucht, die Welt so gut es geht zu erhalten. Wo finde ich dieses Wesen? Sicher nicht in unserer katholischen Kirche, wo einem genau vorgeschrieben wird, wie man sich zu benehmen hat, wo man seine Gefühle nicht ausdrücken kann.“ Die Bindung an eine Kirche, sofern in der Kindheit aufgebaut, wird geringer. Die Akzeptanz christlicher Glaubensinhalte schwindet. In einer Befragung von 7.000 katholischen Schülern in der Bundesrepublik pflichteten die Zehnjährigen zu 58 Prozent der Aussage bei, die Kirche kenne den wahren Glauben; bei den 18-Jährigen noch fünf Prozent (Bucher, 2001). Deutlich geringer war der Alterstrend bei der Selbsteinschätzung als „gläubig“: Sie fiel von 70 Prozent (10 Jahre) auf 50 Prozent, d.h. jede/r zweite Jugendliche versteht sich als gläubig, auch wenn viele kirchenfern sind.

Dieser Trend wurde auch in den USA nachgewiesen, deren Bürger religiöser sind. Smith et al. (2002) referieren repräsentative Daten: Je älter die Jugendlichen, desto seltener der regelmäßige Gottesdienstbesuch, desto seltener die Mitgliedschaft in einer religiösen Jugendgruppe, desto mehr Kritik an kirchlichen Doktrinen. Johnson, Kristeller und Sheets (2004) führten mit 1515 Studenten eine Längsschnittstudie über zwei Jahre durch. In dieser Zeit reduzierte sich die öffentlich praktizierte Religiosität, aber private spirituelle Praxis legte zu. Auch Benson (1997a) bestätigte in einer Befragung von 12.000 Adoleszenten den Trend, wonach Religiosität geringer wird, Spiritualität konstant bleibt, ja leicht steige. Von 217.277 Schülern bekundeten vier Fünftel Interesse an spirituellen Themen (Benson et al., 2004).

Markant sind die gendertypischen Unterschiede in der Lebensrelevanz, die der Spiritualität zugeschrieben wird. Nelson und Hart (2003) fanden in ihrem Sample von 453 Jugendlichen, dass die Frauen fast doppelt so häufig spirituelle Erfahrungen machten (Bridges & Moore, 2002; Smith et al., 2002). Wenn sich Heranwachsende von ihrer Herkunftsreligion entfernen, bedeutet dies keinesfalls zwingend das Ende individueller Spiritualität, im Gegenteil: 90 Prozent der von Wilson (2004) befragten britischen Jugendlichen (N = 149) halten dafür, man könne „spirituell“ sein, ohne einer Religion anzugehören. Dafür spricht auch das Phänomen der spirituellen Konversion.

„Spirituelle“ Konversion

Konversion ist ein klassisches Thema der Religionspsychologie (Mahoney & Pargament, 2004). Die Bekehrung kann aus heiterem Himmel erfolgen wie bei Paulus, oder sich länger hinziehen wie bei Swedenborg, aber sie verändert die Persönlichkeit in den allermeisten Fällen tief. Speziell das Jugendalter prädestiniere zur Konversion (James, 1979). Eine Bestätigung dafür fand Lamport (1990), der in den USA 257 Erwachsene fragte, wann sie sich bekehrt hätten: durchschnittlich im fünfzehnten Lebensjahr. Weiters fragte er 229 Jugendliche, welche Faktoren ihre spirituelle Entwicklung begünstigt hätten: Am häufigsten die Mutter, Dienste der Kirche, aber auch Zeiten der Stille und der Meditation, seltener der Vater oder religiöse Unterweisung.

„Spirituelle Konversion“ untersuchten Zinnbauer und Pargament (1998), die darunter die Hinwendung zu einer spirituellen Macht verstehen, die mit einem traditionellen Gottesbild nicht identisch sein müsse. In Voruntersuchungen bildeten sie drei gleich große Gruppen:

- Studenten, die in den beiden letzten Jahren eine „spirituelle Bekehrung" erlebt hatten,
- Studenten, die religiöser geworden seien,
- solche, die keine entsprechende Veränderung registrierten.

Die Studenten wurden gebeten, einen Fragebogen zur Befindlichkeit zweimal auszufüllen, einmal im Rückblick auf die Situation vor zwei Jahren, sodann für die Gegenwart. Auch bearbeiteten sie retrospektiv und aktuell weitere Messinstrumente zur Stressbelastung sowie den Index spiritueller Erfahrungen (INSPIRIT) (Kass et al., 1991). Sowohl die spirituell Konvertierten als auch die stärker Religiösen gaben signifikant mehr Selbstwert, Selbstvertrauen und Identität an als jene ohne Veränderung. Anders als erwartet unterschieden sich diesbezüglich die spirituell Konvertierten und die stärker Religiösen nicht. Die Spirituellen erinnerten sich jedoch an mehr Stress, der ihrer Bekehrung vorausgegangen war. Die Autoren interpretierten dies als Bestätigung ihres Konzepts von spiritueller Konversion: Eine aufgrund von Belastungen vorgenommene Identifikation mit einer höheren, spirituellen Kraft, die die Lebensbewältigung erleichtere.

Gültigkeit. Die Studien dürften den kritischen Hinweis nach sich ziehen, europäische Jugendliche seien säkularer und religiös-spirituell indifferenter. Andererseits gibt es auch hier spirituelle Bewegungen wie die Loretto-Gruppe. Jahr für Jahr suchen Tausende spirituelle Zentren wie Taizé auf (Belzen, 1997). Zu Tausenden strömen sie zu Weltjugendtagen, zu denen Papst Johannes Paul II. einzuladen begann. Freilich, die hohe Quote von religiös und spirituell indifferenten Jugendlichen ist nicht zu übersehen.

Qualitative Einblicke in die Spiritualität Jugendlicher

Spiritualität bei Jugendlichen tritt in mannigfaltigen Settings in Erscheinung, auch subkulturellen, so der Raver-Szene. Das nächtelange Tanzen, oft bis zum Umfallen, führt viele Jugendliche in veränderte Bewusstseinszustände, die als heilsam erfahren werden (Hutson, 2000).

Spirituelle Intensiverfahrungen sind auch im Jugendalter möglich. Sie sind nicht nur zu quantifizieren, sondern qualitativ zu rekonstruieren, was Wilson (2004) bei britischen Jungen und Mädchen durchführte, Mason (2004) bei australischen Jugendlichen. Die Befragten schilderten mitunter eindrückliche Erfahrungen der Präsenz einer höheren Wirklichkeit: „Alleine in meinem Zimmer, verzweifelt aufgrund der Sinnlosigkeit meines Lebens, sagte ich laut: ‚Wenn da ein Gott ist, kannst Du mir nicht helfen?' Plötzlich war ich überwältigt von einer Gegenwart, von Licht, von Liebe, überall um mich herum. . . . Ich verlor das Gefühl für die Zeit. Und es blieb ein unbeschreibliches Gefühl des Friedens und der Freude zurück." (Mason, 2004, 35).

Katharina machte eine intensive spirituelle Erfahrung nach dem Tod ihres Großvaters: „Ja, ich lag in der Nacht im Bett, nachdem mein Großvater vor gut sechs Monaten gestorben war, und ich dachte an ihn und spürte plötzlich, wie er mit mir war. Aber da war keiner im Raum, aber das Gefühl, dass eine Art Geist da war. . . . Sicherlich, damals dachte ich, es sei mein Großvater, oder ich hoffte, dass er es ist, und das bewirkte, dass ich mich viel besser fühlte und alles ok war." (Mason, 2004, 32).

Weibliche Spiritualität rekonstruierte Davis (2001) besonders anschaulich. Sie plädiert für ein breites Verständnis von Spiritualität: als Beziehung zu Gott und allen wichtigen Bezugsgrößen, einschließlich des Körpers. Die Spiritualität jeder Jugendlichen sei „komplex und einzigartig" (Davis, 2001, 3). Sie ließ mehr als 100 Jugendliche zu Wort kommen, die teils intensive Gotteserfahrungen schilderten, so die 17-jährige Cheryl: „Ich fühlte mich Gott in den letzten anderthalb Jahren am nächsten. Ich war sehr durcheinander, aber dann akzeptierte ich Gott. Mein Vater kam ins Gefängnis, und meine beste Freundin starb." (Davis, 2001, 30).

Aufgrund ihrer Gottesbeziehung meisterte sie die Krisen, die auch von anderen Mädchen erlebt wurden, welche die Erschütterungen oft als Prüfung durch Gott deuteten. Die 18-jährige Riki: „Ich fühlte mich Gott am nächsten, als ich meinen Wagen zusammenfuhr." (Davis, 2001, 41). Spiritualität wurde vor allem dann relevant, wenn Krisen zu meistern waren, auch Missbrauch und Gewalt.

Wie Jugendliche von Spiritualität profitieren können

Weniger Problemverhalten. Das Jugendalter gilt als kritisch. Keineswegs allen Teens gelingt es, die Entwicklungsaufgaben zu lösen, das veränderte Körperselbst zu akzeptieren, eine tragfähige Ich-Identität aufzubauen. Viele zeigen Problemverhalten, sei es internalisierendes wie Melancholie und Depression, sei es externalisierendes, speziell Gewalt. Auch wenn es in gängigen Jugendpsychologien (Flammer, 2002) verschwiegen wird: Spirituelle Ressourcen bewahren Jugendliche davor, schädigendes Problemverhalten auszuüben, beispielsweise zu Drogen zu greifen (Weaver et al., 2005). Spirituell-religiös eingestellte Jugendliche konsumieren nur halb so oft Alkohol und andere Drogen (Miller & Greenwald, 2000). Insbesondere der Konsum von harten Drogen ist unwahrscheinlicher, wenn spirituelle Perspektiven entwickelt sind (Hodge, Cardenas & Montoya, 2001). Nebst dem Faktor Spiritualität nicht zu unterschätzen ist der Einfluss von Freundeskreis und Familie, speziell die dort erfahrene Unterstützung, die ihrerseits durch Spiritualität erhöht wird.

Coping von Verlusten. Internalisierendes Problemverhalten, speziell Melancholie, kann auch im Jugendalter durch traumatische Verlusterfahrungen ausgelöst werden. Wie sich der Tod eines Geschwisters auf die Spiritualität von Jugendlichen auswirkt, untersuchten qualitativ Batten und Oltjenbruns (1999). Alle beteuerten, eine neue Sicht des Todes, von sich selbst, von einer höheren Macht sowie von der Beziehung zum verstorbenen Geschwister entwickelt zu haben. Der schmerzliche Verlust erwies sich als „Katalysator spiritueller Entwicklung".

Gewalt. Das externalisierende Problemverhalten par excellence ist Gewalt, die bei Jugendlichen im Steigen begriffen sei. Schlagzeilen von Amokläufen wie am Gutenberg Gymnasium in Erfurt (26.4.2002) lösten weltweites Entsetzen aus und riefen nach Präventionen. Dazu zählen Religiosität und Spiritualität (Allen, 2004). Mehr Spiritualität/Religiosität geht mit weniger jugendlicher Delinquenz einher (Windham, Hooper & Hudson, 2005). Gemäß einem für die USA repräsentativen Survey (N = 2,478) geraten Jugendliche, für die Spiritualität belanglos ist, doppelt so oft in Turbulenzen mit der Polizei (Smith & Faris, 2002). Je häufiger dagegen spirituelle Praktiken, desto entschiedener ist die Ablehnung von Gewalt, speziell gegen Frauen (Berkel, 2004).

In den Interviews, die Garbarino (1999) mit Jugendlichen führte, welche gewalttätig ausgeschert waren, artikulierten diese oft eine „Krise der Sinnlosigkeit". Er zog den Schluss: „Spiritualität und Liebe kann den Jugendlichen helfen, einen starken positiven Sinn von sich selbst und gesunde Grenzen zu entwickeln". Spiritualität ist ein umso stärkerer Schutzfaktor gegen Gewalt, je enger sie mit positiven familiären Faktoren verflochten ist, speziell Unterstützung, Intimität, Wertschätzung und sichere Bindung (Franke, 2000).

Mehr Spiritualität – mehr Moralität. Dies wurde für die Adoleszenz wiederholt bestätigt (Walker & Reimer, 2005). Matsuba und Walker (2004) befragten Jugendliche, die aus freien Stücken in gemeinnützigen Organisationen mitarbeiten. Als stärkste Prädiktorvariable stellte sich nicht die Moralentwicklung heraus, sondern die Glaubensentwicklung nach Fowler (1991) sowie dezidiert spirituelle Lebensziele im Sinne von Emmons (1999).

Sexualität. Traditionellerweise galt Spiritualität als Gegensatz der Sexualität, die, oft zur „Fleischlichkeit" abgewertet, von Jugendlichen und Unverheirateten fernzuhalten sei. Aktuell wurde auch folgende Vorgabe untersucht: Spirituelle Bildung solle den Verzicht vorehelichen Geschlechtsverkehrs anzielen, um Infektionen zu verhindern (Doswell, Kouyate & Taylor, 2003). Tatsächlich zeigte sich: Jugendliche, die stärker religiös eingestellt sind, nehmen die Entwicklungsaufgabe der (sexuellen) Intimität später in Angriff (Koenig, McCullough & Larson, 2001). Spirituelle Verbundenheit mit Freunden und voreheliche sexuelle Aktivität korrelieren negativ (Holder et al., 2000).

Sexualität als spirituelles Phänomen ist in vielen religiösen Traditionen vertreten und auch für Jugendliche plausibel, allerdings hauptsächlich für liberale (Johnson, 2001). Murray-Swank, Pargament und Mahoney (2005) befragten 150 Studenten zu ihrer Religiosität/Spiritualität, aber auch zu ihrer sexuellen Einstellung und Praxis sowie danach, ob sie Letztere als etwas „Heiliges und Segensreiches" wahrnehmen: „Gott ist gegenwärtig, wenn ich mit meinem Partner sexuell verkehre". Ein zentrales Ergebnis, für die Autoren „unerwartet", bestand darin, dass eine spirituelle Sicht der Sexualität, von gut der Hälfte geteilt, mit häufigerem und abwechslungsreicherem Sex (oral etc.) einhergeht.

„Schädliche" Spiritualität in Jugendsekten? In den 1970er Jahren zogen die so genannten „Jugendreligionen", die östliche Formen von Spiritualität praktizierten (Chanten der Hare Krishna Mönche, Meditation bei Ananda Marga etc.), rege Aufmerksamkeit auf sich. Eine regelrechte „Anti-Sekten-Kampagne" entbrannte. Die These lautete: Wenn Jugendliche in Kulte geraten, werde „Spiritualität schief" (Richmond, 2004). Jugendliche, besonders labile und vereinsamte, würden umworben, geködert, subtil manipuliert und in ihrer Persönlichkeit radikal verändert (Lademann-Priemer, 1998).

In der Tat schlossen sich junge Männer und Frauen solchen Gruppierungen an, in denen sie sich von ihren Familien entfremdeten, vereinzelt in Psychosen gerieten, oder sich bei Scientology dermaßen verschuldeten, dass sie keinen Ausweg mehr sahen. Andererseits wurden keineswegs so viele junge Menschen Mitglieder, wie oft behauptet wird. ISKCON (Hare Krishna), in den 1970er Jahren Prototyp einer fernöstlichen Jugendreligion, gehören in der Bundesrepublik 350 Personen an; der „Familie" (früher „Kinder Gottes") um die 20 (Remid, 2000). Auch zeitigt der Beitritt zu neureligiösen Gruppierungen mitunter therapeutische Effekte: „Beendigung illegaler Drogeneinnahme, erneuerte Berufsmotivation, Minderung von neurotischem Stress, Selbstmordverhütung, Abnahme von Anomie und moralischer Verwirrung" (Murken, 1998, 335) (ausführlicher Kap. 4.4.4).

Gefahr durch spiritistische Spiritualität? Für jugendgefährdend wurde in den 1980er und 90er Jahren spiritistische Spiritualität gehalten (Schöll & Streib, 2000). Jugendliche würden, von Zeitschriften wie „Bravo" verführt, in verdunkelten Zimmern Gläser rücken und suchten so Kontakt mit Geistern. Leicht könnten sie in mediumistische Psychosen geraten oder sich, wie die beiden Mädchen Karin und Corinna am 25. Oktober 1990 in Zürich, denen der Geist angedroht hatte, sie würden nicht mehr lange leben, in den Tod stürzen.

Zahlreiche, teils groß angelegte Erhebungen zeigten, dass nur eine verschwindende Minderheit von Jugendlichen aus existenziellen Motiven spiritistische Praktiken ausübt. Wenn überhaupt, dann wird aus Neugier „Glaserl gerückt". Die Shell-Jugendstudie aus dem Jahre 2000 konnte kein nennenswertes okkult-spiritistisches Milieu identifizieren (Fuchs-Heinritz, 2000) und schon gar kein satanistisches (Kap. 4.4.4).

3.4.3 Spirituelle Entwicklung im Erwachsenenalter

Traditionelle Reifungstheorien betrachten das Erwachsenenalter als stabil, auch in religiöser Hinsicht. Die Ausreifung erfolge zwischen dem 20. und 25. Lebensjahr, worauf die Religiosität konstant bleibe. Demgegenüber haben klassische Studien zum Erwachsenenalter gezeigt, dass dieses kein Plateau ist, sondern eine sich stets verändernde Realität mit Brüchen und Transformationen, speziell im Umfeld der Midlife-Krise (Levinson, 1979). Nach Skizzen zu den religiös-spirituellen Entwicklungstrends im Erwachsenenalter ist darzulegen, wie spirituelle Entwicklung durch Krisen ausgelöst bzw. intensiviert werden kann. Spiritualität kann aber auch schrumpfen. Eigens zu erörtern sind „spirituelle Krisen", wie sie gehäuft im Übergang zu transpersonalen Bewusstseinszuständen auftreten.

Entwicklungstrends und spirituelle Konversionen

Lebenslaufstudie. Die gründlichste Längsschnittstudie zur religiös-spirituellen Entwicklung im Erwachsenenalter legten Wink und Dillon (2002) vor. Die Daten, im Rahmen der Lebenslaufstudie am Institut für menschliche Entwicklung der Universität Berkely erhoben, decken bei den ursprünglich 290 Teilnehmern die Jahre 1958 bis 1999 bzw. die Spanne vom 31. bis 79. Lebensjahr ab. 1999 konnten nur mehr 154 Personen befragt werden. Gemessen wurde Spiritualität (als Verbundenheit mit einem Heiligen, Gott, Natur, einer höheren Macht), praktizierte Religiosität (Kirchenbesuch), Intelligenz und kritische Lebensereignisse.

Über 40 Lebensjahre hinweg nahmen das Ausmaß und die Intensität von Spiritualität zu, besonders markant an der Schwelle des höheren Alters, bei den Frauen stärker als bei den Männern. Intensivierend wirkten kritische Lebensereignisse, die in der Lebensmitte zu bewältigen waren: Therapie, Beziehungsprobleme, finanzielle Belastungen etc. Die zuverlässigste Prognose darauf, ob im Alter die Spiritualität wuchs, ermöglichte das Ausmaß an Spiritualität im jüngeren Erwachsenenalter. Wurde diese damals schon praktiziert und kamen in der Lebensmitte Krisen hinzu, prädestinierte dies für eine intensive Spiritualität im Alter. Die Daten unterstützen eine Sicht von Spiritualität, wonach Menschen, die über die erforderliche Sensibilität und Stärke verfügen, persönlichen Schmerz in ein tieferes Verständnis der Mysterien des Lebens zu verwandeln vermögen (Wink & Dillon, 2002).

Transformationen im Erwachsenenalter untersuchten Miller und C'Debaca (2001), die per Zeitungsinserat Menschen suchten, die eine radikale Veränderung ihres Lebens erfahren hatten. Mehr als 50 Amerikaner meldeten sich und waren bereit zu intensiven Befragungen. Den lebensverändernden Erfahrungen ging mehrheitlich Stress voraus. Ihr Spektrum ist breit: Von physischen Traumas (Querschnittslähmung) über die plötzliche Einsicht, das Leben selber in die Hand nehmen zu müssen, bis hin zu überwältigender Liebe, Erleuchtung. Gleichwohl zeigten sich gemeinsame Trends, speziell bei den Wertepräferenzen. Während die Männer zuvor Reichtum, Abenteuer und Leistung favorisierten, waren es danach am häufigsten Spiritualität, innerer Frieden und Familie. Die Frauen bevorzugten fortan Glück, Selbstwert und Spiritualität und weniger Familie, Attraktivität und Unabhängigkeit.

Warum verändern sich Personen radikal – zumeist hin zu mehr Spiritualität und inneren sowie sozialen Werten? Ein Grund könnte Selbstregulation sein, die durch kognitive Dissonanzen ausgelöst wurde. Auch Transzendenz, gaben doch

55 Prozent an, sie hätten sich während dieser Schlüsselerfahrung in den Händen einer Macht gefühlt, die größer sei als sie selbst. Für die Befragten ist dies Realität.

Spirituelle Konversion bei Homosexuellen ist das Forschungsthema von Horne und Lease (2002). Per Internet befragten sie Homosexuelle zu Glaubenseinstellungen, Lebenszufriedenheit, Depressivität etc. 1348 Personen antworteten. Mehrheitlich waren sie, als sie sich geoutet hatten, mit ihrer früheren Glaubensgemeinschaft in Konflikt geraten. Die aktuelle spirituelle Einstellung sei „dramatisch verschieden" geworden. Zwei Drittel wandten sich religiös-spirituellen Richtungen zu, die Homosexualität nicht ächten. Ebenso viele beteuerten, ihr neuer Glaube sei ihnen hilfreich. Mit dieser Konversion ging hohe Lebenszufriedenheit und entsprechend geringe Depressivität einher. Viele Homosexuelle suchen eine neue Anbindung, die ihnen einen „persönlicheren und kreativen Ausdruck ihrer Spiritualität" ermöglicht, beispielsweise Alternative Gruppen wie New-Age-Religion, Paganismus oder Wicca (Hexerei und Zauberei)" (Barret & Barzan, 1996; McNeill, 1995). Homosexuelle verstehen sich häufiger als „nur" spirituell, ebenso Personen, die an HIV erkrankt sind (Hall, 1998).

Spirituelle Entwicklung aufgrund von Krisen

Krisen können spirituelle Entwicklung auslösen, aber auch beschleunigen und intensivieren – dieser Topos hat eine lange Tradition (Grof & Grof, 1990; Noble, 2000). Schon in ältesten Kulturen ging der Ausbildung schamanistischer Spiritualität eine Initiationskrise voraus, die psychotische Züge trug (Lukoff, 1990). Krise bedeutet ursprünglich „Entscheidung". Kaum eine ist einschneidender als die, ob das Leben weitergeht oder nicht, etwa nach einem Unfall, in schwerer Krankheit. In einer Gruppendiskussion zu „Spiritualität" berichtete eine Mutter: „In sehr schwierigen Zeiten, da kann ich auf meine innere Kraft zurückgreifen ... Ich weiß, dass ich es überstehe, wie immer die Situation auch sein mag. Zum Beispiel, als mein Sohn sich einer Gehirnoperation unterziehen musste, da realisierte ich, dass ich durchkomme und meine Spiritualität wächst." (Hamilton & Jackson, 1998, 266).

Midlife-Crisis. Eine klassische Beschreibung, wie sich die Midlife-Krise auf Spiritualität auswirken kann, stammt von Tolstoj (1990) (dazu Bouckaert, 2003). Um die 50 Jahre alt und auf dem Höhepunkt seiner Karriere, geriet er in eine existenzielle Leere, in der ihm alles als absurder Witz erschien und er sogar den Suizid erwog. Tolstoj überwand die Krise, indem er sich sozial zu engagieren begann, sich dem Glauben und Gott anheim gab und ein „spirituelles Selbst" entwickelte, das umfassender ist als das individuelle Selbst: „Jeder spirituelle und mystische Autor bezieht sich auf dieses empfangende und passive Selbst, das die wirkliche Identität der Person ausmacht." (Bouckaert, 2003, 110).

Fallbeispiel

Auch Burke (1999) fand, dass Spiritualität in der Midlife-Krise intensiver werden kann. Pauline, eine ihrer Gesprächspartnerinnen, war in ihrer Ehe unerfüllt und fand ihr Leben öde. Von einer Therapie bekräftigt, fand sie die Kraft, ihren Mann zu verlassen und ein Theologiestudium zu beginnen. Sie schloss es ab und wurde als Pastorin ordiniert. Ihre Spiritualität verschmolz mit ihrer neuen Identität, die darin bestand, ihren Mitmenschen den liebenden Gott nahe zu bringen (weitere Fallstudien: Rupp, 1998).

Auch Jung (1964) befasste sich eingehend mit der Transformation in der Lebensmitte. Das individuelle Selbst bzw. Ego, das nach Außen gerichtet ist, verliere zusehends an Bedeutung. Stattdessen entfalte sich, aus dem kollektiven Unbewussten durch Träume, Intuitionen etc. genährt, das eigentliche Selbst, das weit mehr ist als das Ego (Gollnick, 2005, 173–181). Dass nach der Lebensmitte eine Verlagerung von einer logisch analytischen Lebensorientierung hin zu mehr Aufmerksamkeit für die inneren Gefühle eintritt, belegte Birren (1990) anhand von Daten aus 13 Ländern.

Schlimme Diagnosen – mehr Spiritualität. Allemal eine einschneidende Krise ist eine lebensbedrohliche Diagnose, speziell Krebs. Danach ist das Leben nie mehr das Gleiche, sondern wird als zutiefst verletzbar empfunden (Coward & Kahn, 2004). Die meisten Studien gelangten zum Ergebnis, Spiritualität werde, obschon anfänglich massiv erschüttert, nach der medizinischen Erstbehandlung intensiver (Jenkins & Pargament, 1995; Sherman & Simonton, 2001). An Knochenmarkkrebs Erkrankte berichteten zu 40 Prozent, sie könnten sich Gott oder solchen Mächten, die über ihnen stehen, näher fühlen und tiefer im Augenblick verweilen (Curbow et al., 1993). Reed (1987) verglich die spirituelle Perspektive von unheilbar kranken Krebspatienten (N = 100) mit derjenigen von Hospitalisierten ohne lebensbedrohende Krankheit (N = 100) sowie einer gesunden Vergleichsstichprobe. Die Männer und Frauen, die den baldigen Tod vor Augen hatten, lebten die intensivste Spiritualität und beteuerten, sich Gott näher zu fühlen; die beiden anderen Gruppen unterschieden sich diesbezüglich nicht.

Intensiviert wird Spiritualität vor allem in schweren Krisen bzw. dann, wenn Personen nur mehr wenig Kontroll- und Einflussmöglichkeiten registrieren (Cole & Pargament, 1999). Wenn aber das zukünftige Schicksal einer höheren, im besten Fall wohlwollenden Macht anheimgegeben und Kontrolle preisgegeben wird, kann daraus jenes Paradox resultieren, das Baugh (1988) auf die Formel „Kontrollgewinn durch Kontrollverzicht“ brachte. Eine an HIV erkrankte frühere Alkoholikerin: „Und ich stelle alles Gott anheim. Alles geht zu ihm, und ich weiß es, weil ich keine Unterstützung von einer Gruppe habe. . . . Ich lasse mich von Gott führen, und das ist der einzige Weg, den ich machen kann, weil ich ihm meinen Willen übergeben habe. Ich habe alles ihm übergeben.“ (Tangenberg, 2001, 520).

Weitere kritische Lebensereignisse. Die Sozialpsychologen McMillen und Fisher (1998) untersuchten, bei welchen kritischen Lebensereignissen ihre 300 Befragten spirituelles Wachstum registrierten: Am häufigsten bei der Geburt von Kindern, Erkrankungen und Todesfällen im Bekanntenkreis; am seltensten bei Problemen in der Partnerschaft und der Arbeit. Auch Erfahrungen von Gewalt können spirituelle Entwicklungen stimulieren. 60 Prozent der Frauen, die Opfer von Vergewaltigung geworden und von Kennedy, Davis und Taylor (1998) befragt worden waren, stimmten dem Item zu: „Mein Wunsch, Lebensereignisse spirituell zu verstehen ist stärker geworden", 20 Prozent registrierten das Gegenteil.

Warum bringen Krisen, speziell traumatische, spirituelle Entwicklung voran? In einem Trauma wird dem Menschen die Illusion geraubt, Herr im eigenen Haus zu sein und alles aus eigenen Kräften leisten zu können: „Es gibt nicht mehr ein Subjektgefühl, das dem Erleben Kohärenz, Konstanz und Kontinuität verleiht. Ohnmacht, Ausgeliefertheit, Fremdheit sind die Koordinaten traumatischen Erlebens." (Wirtz, 2003, 146). Bestenfalls kann der Mensch diesen Verlust kompensieren, indem er sich selbst zurücknimmt und sich für andere Wirklichkeiten öffnet. Selbsttranszendenz (Kap. 2.2.5) ist ein Ingrediens von Spiritualität und wird aus allen religiös-spirituellen Traditionen berichtet (Kornfield, 2005). Doch dies gelingt nicht in jedem Fall; traumatische Krisen können Spiritualität auch austrocknen.

Spirituelle Entwicklung aufgrund von Nah-Toderfahrungen

Nah-Toderfahrungen (Bailey & Yates, 1996; Fox, 2002; Ring, 1984) wurden bereits 1926 von Barrett (1986) psychologisch untersucht. Seither expandierte die Forschung, inspiriert von Moody (1989). Musgrave (1997) befragte 51 Personen, die als klinisch tot galten, wie sich dies auf ihr weiteres Leben auswirkte. Etwa zwei Drittel gaben an, sie seien in ihrer persönlichen Spiritualität gewachsen, ja dazu „erweckt" worden, ein kleinerer Teil hätte sich aber von institutioneller Religiosität distanziert (Ring, 1984). Moody (1989) schildert den Fall eines Theologiestudenten, bei dem während einer Operation das Herz aussetzte; hernach kehrte er der Kirche den Rücken und wandte sich östlichen Lehren zu. Des Weiteren sei Angst vor dem Tod geringer geworden, sowohl vor dem eigenen als auch dem der Angehörigen (Musgrave, 1997). Mehr als drei Viertel berichteten, sie seien in ein Licht eingetreten oder geschwebt, so ein Überlebender eines schweren Unfalls, der zuvor schwere Verfehlungen begangen hatte: „Ich schaute auf ein Lichtwesen, und ich empfand tiefen Kummer und Scham. Ich erwartete eine Rüge ... Wie ich das Licht intensivst anschaute, spürte ich Liebe und Freude, wie sie nur mit der bedingungslosen Zuneigung eines Großvaters zu seinem Enkel verglichen werden kann." (Bailey & Yates, 1996, 10).

Mehr als die Hälfte habe auch Geistwesen gesehen: Engel, Verstorbene, speziell nahe Verwandte, die Eltern. Aus Nah-Toderfahrungen resultierte bei den meisten Betroffenen ein starker Glaube an ein Leben nach dem Tod, was ein Wiedergekehrter so bezeugte: „Wenn es dasjenige war, was dem Tode gleich ist, dann fürchte ich mich nicht, zu gehen. Und wenn es dasjenige war, was danach ist, dann fürchte ich mich auch nicht. Ich habe absolut keine Angst mehr." (Cressy, 1996, 374). Selbst in der renommierten Medizinschrift „Lancet" wurden diese Effekte erörtert. Van Lommel et al. (2001) berichten von ihrer Befragung von 344 Patienten, die einen Herzstillstand von über 30 Sekunden Länge überlebt hatten: 18 Prozent schilderten die klassische Nah-Toderfahrung. Ein Jahr später artikulierten sie einen signifikant stärkeren Glauben an ein Leben nach dem Tod. Weitere Effekte sind: Höhere Wertschätzung des Lebens, mehr Empathie und Gelassenheit, selbst bei Personen, die einen Suizidversuch überlebt hatten oder zuvor ein liederliches Leben führten (Ring, 1984). Eine Frau, die sich eine Überdosis Heroin spritzte, verlor das Bewusstsein, war drei Minuten ohne Puls, sah von oben ihren Körper, um den Ärzte mit Defibrillatoren agierten, sodann ein Licht, „glänzender als ein Diamant": „Ich bin eine geheilte Süchtige, und bis damals ... führte ich ein verzweifeltes Leben. Aber jetzt bin ich ein glücklicher, gutherziger, ehrbarer und ganzer Mensch. Ich habe diesen inneren Frieden, der unglaublich ist. Den Weg, den ich jetzt gehe, erkläre ich mir mit meiner Nah-Toderfahrung." (Bailey & Yates, 1996, 2).

Analogien zur Mystik arbeitete Cressy (1996) heraus. Teresa von Avila (1960, 381), die große spanische Mystikerin, schildert: „Nur ganz kurze Zeit hatte ich so gebetet, als mich eine Geistesentzückung mit solcher Gewalt überkam, dass ich nicht widerstehen konnte. Es schien mir, ich sei in den Himmel entrückt; und die ersten Personen, die ich da erblickte, waren mein Vater und meine Mutter ...". Auch Johannes vom Kreuz (1975) berichtet von Nah-Toderfahrungen. In der dunklen Nacht müsse die Seele sterben, um hernach von Gott erleuchtet zu werden. Die von Ring (1984) beschriebene Sequenz (Verlassen des Körpers – Himmel – intensives, aber nicht grelles Licht) ähnelt den Stufen des mystischen Weges. Aus dem Eintritt in das Licht Gottes resultiere eine universale Spiritualität, in welcher sich der neue Mystiker zu Hause fühle, und dies in allen spirituell-religiösen Traditionen der Welt.

Gehirnphysiologische Erklärungen. Beweise für ein faktisches Leben nach dem Tode sind solche Berichte nicht. Gehirnforscher erklären die aus allen Kulturen berichteten Erfahrungen mit Aktivitäten tieferer Gehirnschichten, speziell der Amygdala, die noch kurz andauern, wenn der Neokortex bereits inaktiv ist (Joseph, 2002). In einer neueren Studie fanden die Gehirnforscher Britton und Botzin (2004), dass Nah-Toderfahrungen mit einer stärkeren Tätigkeit des Schläfenlappens im Zusammenhang stehen. Die von ihnen elektroenzephalogisch untersuchten Personen (N = 43) hatten ihre Grenzerfahrung positiv bewältigt und verfügten über günstige Coping-Stile; auch fanden sich bei ihnen andere Gehirnmuster im Schlaf, speziell verzögerte REM-Muster. Eine Erklärung dafür steht aus.

Nah-Toderfahrungen werden jedoch nicht stets „himmlisch", sondern – seltener – auch „höllisch" erlebt (Bailey & Yates, 1996, 9). Auch ihre Folgen können belasten. Viele Betroffene fürchten, für verrückt gehalten zu werden, wenn sie davon erzählen (Greyson & Harris, 1990). Eine 26-jährige Frau, die, nachdem sie tot im Meer trieb, aber dabei ozeanischen Frieden erfuhr, geriet in eine Depression, weil ihr die im Jenseits erlebte Liebe fehlte. Greyson (1997) besteht darauf, solche Folgeerscheinungen nicht gleich als pathologisch zu diagnostizieren, sondern als spirituelle Krise, die das Potential für persönliches Wachstum in sich birgt.

Wenn Spiritualität „schrumpft"
Eine AIDS-Patientin berichtet: „Bevor ich herausfand, dass ich HIV-positiv bin, glaubte ich an Gott und an die Heiligen, und als ich feststellte, dass ich HIV-positiv bin, verlor ich die Hoffnung, verlor ich den Glauben, verlor ich meinen Geist (spirit)." (Pargament et al., 2004).

Reed (1987) fand in seiner Stichprobe von Krebskranken, dass fünf Prozent ihren Glauben verloren. Warum gleiche Krisen bei den einen Spiritualität intensivieren (mehrheitlich ist dies der Fall), bei anderen hingegen verringern, ist eine ebenso nahe liegende wie psychologisch kaum geklärte Frage (Kennedy, Davis & Taylor, 1998). Nicht zu unterschätzen ist, ob und in welchem Maße spirituelle Ressourcen vorhanden sind. 141 Deutsche aus den neuen Bundesländern, die ein Trauma durchgemacht hatten, lehnten das Item „Ich habe einen stärkeren religiösen oder spirituellen Glauben" mehrheitlichst ab (Maercker & Langner, 2001). Traumatisierte Personen greifen dann auf spirituelle Elemente zurück, wenn solche in der Lebenswelt präsent sind, was in der ehemaligen DDR nur noch spärlich der Fall war.

Erfahrung von Unglaubwürdigkeit kann der Spiritualität enorm abträglich sein. Mahedy (1986) beschrieb in seinem Buch mit dem Untertitel „Die spirituelle Reise von Vietnam Veteranen", wie viele von diesen in die dunkle Nacht der Seele gerieten. Ihre bisherigen weltanschaulichen Selbstverständlichkeiten zerbrachen, insbesondere die, wie der Held John Wayne (der in den 60er Jahren mit Jesus verglichen wurde) gegen das Böse zu kämpfen. „Für den Frieden zu kämpfen ist das gleiche wie für die Jungfräulichkeit zu ficken," empörte sich ein zuvor noch gläubiger GI.

Als unglaubwürdig kann auch die Diskriminierung von Homosexuellen erfahren werden: „Etliche Gays und lesbische Frauen geben alle ihre spirituelle Praktiken auf, und zwar bedingt durch die nachwirkende Qual des vorausgegangenen religiösen Ringens" (Barret & Barzan, 1996, 10). Dieses wird verstärkt, wenn Religionsgemeinschaften Homosexualität als Sünde brandmarken (dazu Spilka et al., 2003).

Fallbeispiel

Barret und Barzan (1996) schildern den Fall des 29-jährigen Mike, der sich als Gay mit AIDS infizierte und schwer erkrankte. Er suchte Zuflucht in seiner Kirche. Deren Minister sagte ihm, nur dann willkommen zu sein, wenn er der Homosexualität entsage und jeglichen Kontakt mit seinen Freunden, die ihn pflegten, abbreche. Er sagte mit Tränen: „Ich glaube, Jesus hätte mich besser behandelt als Sie". Er starb in der Angst, auf ewig verdammt zu sein.

Verlust von Spiritualität schmerzt. Das DSM IV (Diagnostical and Statistical Manual of Mental Disorders) anerkennt dies ausdrücklich als spirituell-religiöses Problem (Lukoff, 2000). Betroffene klagen, nicht nur ihre Lebensfreude, sondern auch ihren Lebenssinn verloren zu haben, und fühlen sich verärgert, leer, verzweifelt und in einer „dunklen Nacht der Seele" – was eine gängige Umschreibung einer „spirituellen Krise" ist.

Spirituelle Krisen

Fallbeispiel

Bragdon (1993) erzählt von massiven spirituellen Krisen, die sie selber und ihre Mutter erschütterten. Letztere praktizierte über Jahrzehnte hinweg Zen-Meditation, was sie im fünfzigsten Lebensjahr dermaßen intensivierte (bis zu zehn Stunden), dass sich die Angehörigen zu sorgen begannen. Eines Tages wurde sie tot im Wald aufgefunden, mit aufgeschlitzter Pulsader und mit einem Finger auf jene Stelle im Buch „Zen-Geist, Anfänger Geist" von Suzuki (1982) zeigend, wo der physische Tod als Erleuchtung gerühmt wird. Als Bragdon, damals 24 Jahre alt, diese Nachricht erfuhr, wurde sie von ekstatischen Glücksgefühlen emporgehoben und von „flutendem Licht" durchströmt; wenig später fiel sie in massivste Selbstzweifel, insbesondere den, verrückt zu sein.

Auslöser spiritueller Krisen sind zum einen spirituelle Praktiken. Aber auch emotionaler und/oder physischer Stress, intensive sexuelle Erfahrungen und nicht zuletzt Drogen (Adams, 2001; Tart, 1993). Vielfach geht spirituellen Krisen „das Gefühl" voraus, „dass das gewöhnliche Leben unwirklich und leer ist" (Assagioli, 1990, 61).

Spirituelle Krisen werden als dramatische Effekte von spiritueller Praxis definiert, die eine Veränderung des Bewusstseins, der Wahrnehmung, der Emotionen und Kognitionen, ja selbst der psychosomatischen Funktionen nach sich ziehen (Adams, 2001; Lukoff, 2000; McFertridge, 1999). Mitunter ändern sie das Leben radikal. In der Sicht der Transpersonalen Psychologie treten sie gehäufter auf, wenn Personen, zumeist aufgrund spirituell-meditativer Praxis, mit transpersonalen Phänomenen in Kontakt kommen (Grof & Grof, 1990). Solche sind häufiger als vermutet: 79 Prozent einer größeren amerikanischen Stichprobe sei ein transpersonales Gipfelerlebnis (peak experience) zuteil geworden (Davis, Lockwood & Wright, 1991). Vielfach geschieht dies in der Lebensmitte (Gollnick, 2005). Das von der Amerikanischen Psychologenvereinigung (herausgegebene DSM IV anerkennt ausdrücklich die Existenz spiritueller Krisen (Lukoff, 2000). Initiiert vom Ehepaar Grof und Grof (1990) hat sich in den USA ein Netzwerk etabliert, das Personen unterstützt, die in spirituelle Notlagen geraten sind (Bragdon, 1993).

Nicht überwältigt zu werden und Kontrolle zu behalten ist notwendig, damit spirituelle Krisen nicht desaströs enden. Grof und Grof (1990a, 22) zitieren den bekannten Mythenforscher Joseph Campbell, der einmal sagte, der wirkliche Mystiker tauche ins Wasser und könne schwimmen, wohingegen der Psychotiker in der Flut der mystischen Erfahrung versinke. Spirituelle Intensiverfahrungen müssten von den Betroffenen als „innere psychologische Prozesse" begriffen werden können (Cortright, 1997, 169) (ausführlicher Kap. 4.4.2).

Kundalini-Erwachen. Bei spirituellen Krisen kann es sich um „energetische Empfindungen" handeln, beispielsweise die, von einer von außen fließenden Energie förmlich geleitet oder von Licht geblendet zu werden, sei es äußerlich wie von Paulus erfahren, sei es, und dies häufiger, innerlich (Galuska, 2003a). Solche Phänomene werden in der Yoga-Tradition als „Kundalini-Erwachen" bezeichnet (Greenwell, 1998; Sannella, 1987). Im Sanskrit bedeutet „Kundalini" ursprünglich „Schlange". Damit ist jene spirituelle (und sexuelle) Energie gemeint, die, wie eine geringelte Schlange, am Steißbein konzentriert ist und durch spirituelle Praktiken geweckt werden kann. Den Chakren folgend, steigt sie – wie eine sich aufrichtende Schlange – bis unter die Schädeldecke, was in der Erleuchtung kulminiert. Gopi Krishna beschrieb das Erwachen der Kundalini so: „Immer strahlender wurde das Leuchten, immer lauter das Tosen. Ich hatte das Gefühl eines Erdbebens, dann spürte ich, wie ich aus meinem Körper schlüpfte, in eine Aura aus Licht gehüllt. ... Ich war jetzt reines Bewusstsein, ohne Grenze, ohne Körperlichkeit, ohne irgendeine Empfindung oder Gefühl, das von Sinneswahrnehmungen herrührte, in ein Meer von Licht getaucht ... ein Zustand der Verzückung und Glückseligkeit, der unmöglich zu beschreiben ist." (Laing, 1990, 84).

Spirituell oder psychotisch? Solche Intensiverfahrungen schüren die Furcht, verrückt geworden zu sein, in einer Lebenswelt, die nüchterne Rationalität zum Standard erhoben hat, erst recht (House, 2001). Da beim Kundalini-Erwachen oft ichfremde Stimmen oder Klänge gehört werden, übersinnliche Erscheinungen bzw. Halluzinationen geschehen (Bentall, 2004), mitunter die Motorik nicht mehr beherrscht werden kann, sondern Gliedmaßen katatonisch zucken (Kornfield, 2004), tendierte die klassische Psychiatrie dazu, eine „Psychose" zu diagnostizieren und medikamentös zu behandeln. Psychologisch am angemessensten ist aber zu versuchen, solche Erfahrungen, die mittlerweile von vielen Zeitgenossen als „Kundalini" identifiziert werden, zu verstehen.

Weitere spirituelle Krisen sind Erfahrungen der Todesnähe und der Einheit mit dem Universum, wodurch die Ich-Grenzen aufgelöst werden. Speziell zu erwähnen ist die schamanistische Krise, in der Menschen visionär in die Unterwelt absteigen, von Dämonen angegriffen werden und Torturen erleiden, was Psychiatrie leicht als „Psychose" diagnostiziert (Lukoff, 2000). Ebenso Besessenheitszustände, wenn Menschen das Gefühl haben, „dass sie von einer Wesenheit oder Energie mit persönlichen Merkmalen kontrolliert werden, die sie von außerhalb ihrer eignen Persönlichkeit kommend, feindlich und beunruhigend sehen" (Grof & Grof, 1990a, 52).

Grof und Grof (1990a) und Lukoff (2000) listen zusätzlich auf: karmische Muster und dramatische Erinnerungen an frühere Leben (Mills & Lynn, 2004); Channeling und Kommunikation mit spirituellen Führern; Begegnungen mit UFOs, die teils als sehr inspirierend, teils als erschreckend erfahren würden. 22 Prozent der amerikanischen Bevölkerung glauben an die Existenz von UFOs (Lukoff, 2000). Psychologie hat nicht zu beurteilen, ob es UFOs gibt, sondern vielmehr zu untersuchen, welche Effekte der Glaube an sie zeitigt, womit sich bereits C. G. Jung (1958) befasst hatte. Dies gilt auch für die berichteten Fälle von Entführungen durch fremde, extraterrestrische Wesen (aliens) – eines der „verwirrendsten Phänomene" für Psychologen (Cardeña, Lynn & Krippner, 2004a, 13). Bei den Betroffenen bleiben oft schwere Syndrome zurück, zumal wenn sie sich als Opfer medizinischer Experimente erlebten (Appelle, Lynn & Newman, 2004).

Spirituelle Krisen in der Bundesrepublik sind ein junges Forschungsthema. Belschner und Galuska (1999) befragten 148 Personen, die eine Krise durchgemacht hatten, die sie selber als „spirituell" identifizierten. Dabei handelte es sich mehrheitlich um Suchbewegungen, denen existenzielle Leere vorausgegangen war. Den Befragten wurden 14 Umschreibungen einer spirituellen Krise vorgelegt: Am häufigsten entschieden sie sich für „dunkle Nacht der Seele" (Johannes vom Kreuz, 1995), „Sinnkrise" und „spirituelle Krise", am seltensten für „Nah-Todeserfahrungen, Besessenheitszustände". Für die Bewältigung wurden am häufigsten Psychotherapeuten konsultiert, aber diese erkannten zur Hälfte nicht, dass es sich um spirituelle Phänomene handelte. 92 Prozent waren überzeugt, die Krise habe sie in ihrer Entwicklung weitergebracht.

3.4.4 Spirituelle Entwicklung im höheren Erwachsenenalter

Zum gängigen Bild des Alterns gehört, dass Menschen, wenn sie in die letzte Lebensphase eintreten, religiöser und spiritueller werden. Das Altern gilt als „spirituelle Reise" (Bianchi, 1982) und als „spiritueller Prozess". Zahlreiche Studien bestätigen dies (Bäurle et al., 2005; Jewell, 2004; Kimble, 2004), qualitative Rekonstruktionen ebenso wie quantitative Befragungen. Eigens zu schildern sind Effekte von Spiritualität in schweren Krankheiten, die im höheren Lebensalter naturgemäß häufiger werden.

Qualitative Rekonstruktionen von Spiritualität im (höheren) Alter

Schritte der Spiritualität im höheren Alter beschrieb auf der Basis biographischer Interviews Miller (1999). In einer Fallstudie über die spirituelle Entwicklung eines 60-jährigen Priesters zeichnet er plastisch nach, wie dieser ursprünglich äußerlichen Rollenerwartungen zu genügen versuchte, was ihn in der Lebensmitte in eine Krise stürzte, bis eine mystische Erfahrung über ihn kam: „Gottes Gegenwart, und ich denke, dies war der Wendepunkt in meinem Leben. ... Ich bin sicher, Gott gehört zu haben: ‚Monti, Du wirst mein Diener sein'." (Miller,

1999, 43) Fortan war er fähig zu sagen: „Meine Spiritualität ... auf dieser Stufe jetzt, niemand hat mir zu sagen: ‚Sie sollten dies oder jenes tun'."

In einer zweiten Fallstudie befasste sich Miller mit einem 73-jährigen Professor, der sich als Agnostiker bezeichnete, aber ein spirituelles Leben führte. Auch er machte in der Lebensmitte eine Krise durch (Scheidung), fand aber zu einer neuen Gelassenheit und tiefen Erfüllung in seiner Welt- und Lebensphilosophie, die etwas Größeres als er selber in sich einschloss, das er aber nicht als religiös bezeichnet wissen wollte.

Gerotranszendenz. Transzendenz im späten Leben bzw. „Gerotranszendenz" ist das Forschungsthema von Tornstamm (1999; 2003), das er als „neue Entwicklungsperspektive des Alterns" bezeichnete und sowohl quantitativ als auch qualitativ untersuchte. Tornstamm interviewte 50 Personen, die zwischen 52 und 97 Jahre alt waren, darüber, wie sich die Einstellung zum Leben, zu sich selbst und zu anderen verändert habe. Er fand sowohl Personen, denen eine weiterführende spirituelle Entwicklung versagt geblieben war, als auch solche, denen sie gelang. Zu den Ersteren zählt Gerta, die die Zeit nach ihrer Pensionierung so erlebte: „Ich vermisse meine Arbeit ... Ich habe zwar viele Bekannte, aber nichts interessiert mich mehr." (Tornstamm, 1999, 183). Anders Eva, die trotz vieler Verluste und Krisen mit ihrem Leben zufrieden war und von Erfahrungen berichtete, die an Modelle der spirituellen Entwicklung erinnern: „Meine besten Zeiten habe ich nun, wenn ich in der Veranda der Küche sitze und einfach nur da bin, erfüllt von den Schwalben, die über mich hinfliegen wie Pfeile." (Tornstamm, 1999, 181).

Selbst Alltäglichstes wird zur Sinnerfüllung. Einfach nur da sein in der Betrachtung der Natur und mit ihr eins werden, assoziiert an die von Wilber (2002) beschriebene Naturmystik. Bezeichnend ist ferner, wie sie ihr früheres Selbst als ein narzisstisches beschrieb: „Ich erinnere mich, als Mädchen, wie ich am Strand lag und meine Haut berührte und sie küsste. Ich meine, das war alles nur Narzissmus. Und das hat sich völlig geändert. Nun bin ich nicht mehr im Entferntesten bekümmert über meinen Bauch, oder meine schlechte Haut, oder die Runzeln in meinem Gesicht." (Tornstamm, 1999, 181).

Gerotranszendenz ist die Verringerung der Ich-Zentriertheit und schließt eine kosmische Dimension ein: Personen, die diese Entwicklungsstufe erreicht haben, fühlten sich nicht nur mit dem Universum verbunden, sondern auch mit den früheren Generationen, was mit einem Wandel des Zeiterlebens einhergehe. Zudem wird eine soziale Neuorientierung vorgenommen, indem oberflächliche Kontakte zu Gunsten weniger, aber intensiver Beziehungen aufgegeben werden. Auch wenn noch nicht hinreichend geklärt ist, warum einige Menschen zur Gerotranszendenz fähig sind, andere hingegen nicht, handelt es sich um ein empirisch gut abgesichertes Konzept, das ältere Menschen auch entlasten kann: es bedeutet, nicht stets (hyper)aktiv sein zu müssen.

Selbsttranszendenz ist für spirituelle Entwicklung im Alter unumgänglich (Frankl, 1984). MacKinlay (2001) fragte in Tiefeninterviews 24 ältere Personen,

was für sie der letzte Sinn sei, wie sie mit den Beschwerden des Alters umgehen, welche Rolle dabei Gott spiele. Gut die Hälfte gab an, die Sinnsuche sei intensiver geworden, auch habe sich das Gottesbild verinnerlicht. Mehrere schilderten Entwicklungsprozesse, die die Autorin als „Wende vom Tun zum Sein“ bzw. „Umwandlung von Selbstzentriertheit auf Selbsttranszendenz“ bezeichnete. Eine ältere Frau: „Wie ich älter wurde, bemerkte ich, dass ich nicht mehr alles tun konnte, was ich gerne gemacht hätte. Und das belastete mich, weil ich noch viel vorhatte. Aber das brachte in mir auch eine Veränderung, und ich finde, ich bin jetzt, weil ich das lassen konnte, viel mehr bei Gott, dem ich mich überlasse.“
Spirituelles Reifen sei nach MacKinlay eine „Entwicklungsaufgabe des Alters“ (MacKinlay, 2001, 222). Es habe die Mehrheit der Gesprächspartner befähigt, ihr bisheriges Leben zu akzeptieren, einschließlich der eigenen Fehler und Kränkungen durch andere. Als stärkster Entwicklungsfaktor stellten sich die mannigfaltigen Verlusterfahrungen im Leben der Befragten heraus. Dies zeigt in zwei beeindruckenden Fallstudien Jernigan (2001), der die Spiritualität eines Mr. B beschrieb, nachdem er seine Frau verloren hatte, sowie die einer Mrs. L., die in Taiwan geboren wurde und später in die Staaten kam. Nach dem Auszug ihrer Kinder begann sie, an Einsamkeit leidend, die buddhistische Spiritualität ihrer Kindheit wieder zu pflegen, was ihre Lebensqualität enorm steigerte. Diese positiven Effekte von Spiritualität rechtfertigen die Forderung von Crowther et al. (2002): Das bekannte Modell des erfolgreichen Alterns nach Rowe und Kahn – ein aktives Leben führen, Minimieren von Risiken, Maximieren der körperlichen und geistigen Fähigkeiten – sei um die Komponente „positive Spiritualität“ zu erweitern.

Quantitative Befunde zur Spiritualität im (höheren) Alter

Auch quantitative Studien wiesen Spiritualität als positiv für die Lebensbewältigung im Alter aus, sowohl retrospektive als auch Querschnittstudien. Etliche Forscher fragten ältere Personen, ob sie in den letzten Lebensjahren spiritueller geworden seien, so Tornstamm (2003) bei 912 Dänen. Mehrheitlich bejahten sie, materielle Dinge hätten an Bedeutung verloren und die Freude an der inneren Welt und am Nachsinnen sei stärker geworden. Atchley (1997) fand in einer Befragung von 300 Senioren, dass 66 Prozent eine stärkere Verbundenheit mit dem Universum angaben als in ihren Fünfzigern.
Querschnittstudien erbrachten identische Ergebnisse. Schultz-Hipp (2001) fand in einer Stichprobe von 650 amerikanischen Frauen, dass die ältesten (65 Jahre und mehr) signifikant häufiger beteten (60 Prozent mehrmals täglich) als die jüngsten (35 Jahre und weniger) (37 Prozent). Wiederholt wurden signifikante Korrelationen zwischen Spiritualität und Alter nachgewiesen. Gomez und Fisher (2003) zogen daraus den Schluss, spirituelles Wohlbefinden sei die Frucht von menschlichem Wachsen und von Reife. Diese Alterseffekte wurden auch in den alten Bundesländern, Österreich und in der Schweiz nachgewiesen (Kruse, 2005).

Mehr Gerotranszendenz im Alter fand Tornstamm (2003) in einer Querschnittsbefragung von 400 älteren Schweden. Gerotranszendenz differenzierte er in die drei Dimensionen „kosmische Transzendenz“ (Item: Ich fühle mich mit dem gesamten Universum verbunden), „Kohärenz des Lebens“ (Das Leben, das ich geführt habe, hat einen inneren Zusammenhang und Sinn) und „Einsamkeit“ (Frieden zu haben und über mich selbst nachzudenken, ist wichtig für mein Wohlbefinden). Bei allen drei Dimensionen zeigten sich mit steigendem Alter signifikante Zuwächse, bei den Frauen stärker als bei den Männern. Mehr kosmische Transzendenz wird durch bewältigte Krisen begünstigt, aber auch durch den Zivilstand: Geschiedene wiesen niedrigere Werte auf als Verheiratete oder Verwitwete. Mehr kosmische Transzendenz geht mit mehr Wohlbefinden einher.

Spiritualität als Konstante. Die gängige Erklärung, ältere Menschen pflegten nicht zuletzt aufgrund von mehr Erfahrungen, Krisen und des näher rückenden Todes mehr Spiritualität, wurde in Frage gestellt. Atchley (1996), der die Kontinuitätstheorie des Alterns in die Gerontologie einbrachte, argumentierte, ältere Menschen seien bestrebt, jene Einstellungen, die sich im bisherigen Leben als nützlich erwiesen, konstant zu halten. Auch sei das spirituelle Selbst weniger gefährdet, aufgrund körperlicher Abbauprozesse eingeschränkt zu werden als das sexuelle Selbst.

Kohorteneffekte. In Frage gestellt wurde die These von der wachsenden Spiritualität im Alter auch durch das Argument, die jetzigen Senioren seien in ihrer Kindheit stärker religiös erzogen worden (Kohorteneffekt). In dem Maße, in dem religiöse Sozialisation nachlasse, werde die nächste Generation von Betagten weniger spirituell eingestellt sein. Dagegen argumentiert Moberg (2001a): Auch in älteren Studien sei ein höheres Ausmaß an Spiritualität im Alter festgestellt worden, bereits von Starbuck (1911).

Länger leben durch Spiritualität? Ein weiterer Erklärungsansatz besagt, dass man bei älteren Menschen im Schnitt mehr Spiritualität findet, weil spirituelle Personen älter werden. Daraus würde sich ergeben: Keine Zunahme der Spiritualität im Alter, sondern eine Erhöhung des Alters aufgrund von Spiritualität! Einer der am intensivsten untersuchten und zugleich herausforderndsten Effekte von Spiritualität besteht darin, die Mortalitätsrate zu senken (ausführlicher Kap. 4.1).

Tiefere Spiritualität in schwerer Krankheit

Wie eine AIDS-Patientin äußerten sich viele Teilnehmer von qualitativen Studien, die rekonstruierten, wie sich schwere Erkrankungen, die mit dem Alter unvermeidlich häufiger werden, auf Spiritualität auswirken: „Ich denke nicht, dass AIDS ein grauenhafter, schrecklicher, ja schauderhafter Weg zum Tode ist . . . Ich denke, es ist eine Gelegenheit, eine spirituelle Chance. Manchmal ist es grauenhaft, entsetzlich. Aber im Großen und Ganzen ist es eine Chance, meine Spiritualität zu heilen. Wir haben ein wunderbares Leben.“ (Hall, 1998, 151).

In Befragungen, sowohl bei Männern mit Prostatakrebs (Walton & Sullivan, 2004) als auch bei Frauen mit Brustkrebs (Chiu, 2000), bei Patienten nach Infarkten (Walton, 1999), mit AIDS (Hall, 1998) oder Karzinomen (Potts, 1996) – beteuerten diese mehrheitlich, ihre Spiritualität sei in den Stunden der Schmerzen gewachsen: „Nachdem ich in meinem Leben so viel Hartes erfahren und gelitten habe, scheint es mir, dass ich jetzt eine tiefere Lebensperspektive gewonnen habe. Leben ist extrem wertvoll, und alles um mich herum ist eine Welt der Liebe, und ich bin von Dankbarkeit erfüllt ... Nachdem ich in meinem Leben so viele Gefahren überstanden habe, komme ich mir jetzt vor wie Phoenix, der in den Flammen steht, um seine Unsterblichkeit zu erlangen. Auch ich muss das Licht meines Lebens zeigen." Chiu (2000, 38).

Samuel, von einem schweren myokordialen Infarkt genesend, erfuhr die Gegenwart von Engelwesen: „Ich weiß, es hört sich sonderbar an. Ich habe drei Engel, die die ganze Zeit neben mir stehen. Sie sind genau hier (zeigt auf die rechte Schulter). ... Ihre Aufgabe ist, mich zu führen und mir zu helfen, dass ich lerne, meinen Schmerz und meine Bürde selbst zu tragen." (Walton, 1999, 42).

Krankheit akzeptieren. Einwilligen in die Endlichkeit wird als spirituell gewürdigt, so von einem HIV kranken Mann: „Ich denke, gesund sein bedeutet, im Frieden mit sich zu sein und die Tatsache anzunehmen, dass du stirbst, und dazu OK zu sagen ... Den eigenen Tod zu verleugnen oder zu ignorieren, das bedeutet, einen wichtigen Teil des Lebens zu leugnen." (Fryback & Reinert, 1999, 17). Die intensivere Spiritualität ging für viele Befragte mit einer intensiveren, dichteren Lebensführung einher: „Zuvor, da war ich einfach Mutter, und Hausfrau ... zuvor, da war ich einfach zu beschäftigt mit Bügeln und Waschen; aber jetzt nehme ich mir für alles viel mehr Zeit; besonders für die Kinder ..." (Thomas & Retsas, 1999, 197).

Zum „großen spirituellen Prozess" in schwerer Krankheit rechnete ein HIV-Kranker auch, sich selbst zu verzeihen (Fryback & Reinert, 1999, 20; vgl. Thomas & Retsas, 1999). Vielfach ziehen Patienten aus dem spirituellen Glauben an ein Leben nach dem Tode Kraft: „Ich denke, wir werden weiterleben ... in einer gewandelten Form. Ich weiß nicht genau, was uns erwartet, aber ich meine, ich habe viel Angst verloren, weil ich fest daran glaube, dass Menschen, wenn sie hinübergegangen sind, dass die Angehörigen da sein werden, oder irgend jemand, der uns kennt." (Thomas & Retsas, 1999, 198).

Krankheit ablehnen. Einige hadern aber auch, so eine 33-jährige Frau, die an der Hodgkins Krankheit litt und von Gott sagte, er solle abhauen (Fryback & Reinert, 1999). Andere klagten, das Leben sei zu kurz gewesen; viele wichtige Dinge hätten sie nicht vollenden können. Einer stärkenden Spiritualität hinderlich ist vor allem die Annahme, von Gott bestraft worden zu sein (Pargament et al., 1999), was mit einem bis zu 28 Prozent erhöhten Risiko einhergeht, die Krankheit nicht zu überleben (Pargament et al., 2001). Nichtsdestoweniger erfahren viele Menschen angesichts des unausweichlichen Todes ein „spirituelles Wachstum ..., einen gesteigerten Sinn von spirituellem Bewusstsein", was ihrem Leben „einen tiefen Sinn und Reichtum" verleiht (Thomas & Retsas, 1999, 199).

4 Effekte von Spiritualität

„Obschon spirituelle Glaubensüberzeugungen nicht notwendigerweise Vorschriften für ein gesundes Leben enthalten, tragen sie doch sehr viel zur Gesundheit bei.“ (Martin & Carlson, 1988, 61)

In den letzten Jahren hat sich die Anzahl von Studien, die sich ausdrücklich mit den Gesundheitseffekten von Spiritualität befassen, exponentiell vermehrt, in den amerikanischen Journals zwischen 1993 und 2002 um 600 Prozent. Der Zuwachs an Studien, die die Effekte von Religiosität prüften, beträgt demgegenüber geringe 27 Prozent (Stefanek, McDonald & Hess, 2004).

Was Sie in diesem Kapitel erwartet

Dass sich Spiritualität und (intrinsische) Religiosität auf viele Menschen wünschenswert, ja heilsam auswirken, wurde in den bisherigen Kapiteln wiederholt angesprochen. Im Folgenden geschieht dies systematischer, zunächst bezüglich der Effekte auf die Gesundheit, die physische (Kap. 4.1) und die psychische (Kap. 4.2), wobei diese Trennung heuristisch ist. Eine spirituelle Sicht des Menschen impliziert, ihn/sie als leibseelische Ganzheit zu sehen, wie dies auch der „Psychologie“ des Alten Testaments (Whitlock, 1983) sowie im Schamanismus (Sheikh, Kunzendorf & Sheikh, 1989) eigentümlich war. Anschließend erörtern wir, ob (und wie) Spiritualität Menschen hilft, Stress zu bewältigen, der längst als *die* Zeitkrankheit beklagt wird, was ein eigenes Unterkapitel rechtfertigt (Kap. 4.3). Nicht zu verschweigen sind jene Formen von Spiritualität, die sich auf Menschen ungünstig, schlimmstenfalls zerstörerisch auswirken (Kap. 4.4).

4.1 Spiritualität und körperliche Gesundheit

„Hauptsächlich in den USA existiert eine umfangreiche medizinsoziologische Forschung, die seit vielen Jahren untersucht, ob und wie Spiritualität unsere Gesundheit und das Altwerden beeinflusst. Und sie berichtet Erstaunliches – wenigstens für uns Deutsche, bei denen solche Untersuchungen bisher kaum durchgeführt wurden.“ (Utsch, 2002, 14)

Von einem spirituellen Menschen wird typischerweise erwartet, gelassen und ausgeglichen zu sein, sich entspannen zu können, nicht zu rauchen, es bei einem Glas Wein bewenden zu lassen, keine promiskuöse und ungeschützte Sexualität zu praktizieren, kurz: gesund zu leben. Obschon stereotypisch, ist damit Wesentliches über die Effekte von Spiritualität auf körperliche Gesundheit gesagt. Diese Effekte sind zahlreichen Studien zufolge (Koenig, McCullough & Larson, 2001; Levin, 2001; Matthews, 2000) dermaßen stark, dass amerikanische Autoren gefordert haben, spirituelle Elemente nicht nur in die psychotherapeutische Behandlung zu integrieren, sondern auch in die medizinische (Benson, 1997; Dossey, 1993; Puchalski, 2001). Auch im deutschen Sprachraum stößt dieses Anliegen auf zusehends mehr Resonanz (Frick, 2002; Renz, 2003).

Als Erstes (Kap. 4.1.1) werden Studien referiert, gemäß denen Spiritualität die Lebensdauer verlängert. Denn Spiritualität korreliert negativ mit der Anfälligkeit für kardiovaskuläre Erkrankungen (Kap. 4.1.2), desgleichen mit dem Risiko, von der Diagnose „Karzinom" erschüttert zu werden (Kap. 4.1.3). Sodann werden die gängigen Erklärungen für den gesundheitsförderlichen Effekt von Spiritualität diskutiert, nicht nur der gesunde Lebensstil, sondern auch psychologisch untersuchte Phänomene wie Effekte des (Bitt-)Gebetes, der Meditation und Geistheilung (Kap. 4.1.4). Kritische Einwände gegen die mittlerweile auch in Europa popularisierte Spiritualität-Gesundheits-Relation runden das Teilkapitel ab (Kap. 4.1.4).

4.1.1 Verlängern Spiritualität und Religiosität die Lebensdauer?

Im Kapitel über spirituelle Entwicklung im (höheren) Alter (Kap. 3.4.4) wurden bereits Studien zitiert, die bei älteren Personen ein höheres Ausmaß an Spiritualität nachwiesen. Eine mögliche Erklärung besagt, dass Spiritualität und intrinsische Religiosität die Lebensdauer verlängern. Zahlreiche Studien sprechen dafür (Koenig, McCullough & Larson, 2001; Powell, Shahabi & Thoresen, 2003).

Die Epidemologen Hummer et al. (1999) beobachteten eine repräsentative Stichprobe von Amerikanern (N=21.204) über einen Zeitraum von acht Jahren unter den Aspekten: Wie viele sterben? Und woran? Personen, die nie eine Kirche besuchten, hatten eine um 50 Prozent höhere Sterblichkeitsrate als jene, die pro Woche einmal hingingen; Letztere erreichten im Schnitt 83 Jahre, erstere 75. Strawbridge et al. (1997), die ein Sample von 5.286 Kaliforniern über einen Zeitraum von 28 Jahren untersuchten, fanden eine geringere Mortalitätsrate, wenn die Männer und Frauen nicht rauchten. Aber als noch stärker erwies sich der Effekt von Religiosität, operationalisiert als Gottesdienstbesuch; wer dies nicht tat, hatte ein um 54 Prozent höheres Risiko, in diesem Zeitraum zu sterben. Der Überlebenseffekt von Religiosität sei gleich stark wie jener, den der Verzicht auf Nikotin bewirkt (Koenig et al., 1999).

Mortalität in verschiedenen Religionsgemeinschaften wurde wiederholt untersucht. Vor allem Mitglieder von Kommunitäten, die einen gesundheitsförderlichen Lebensstil vorschreiben, Drogen sowie außereheliche Sexualität untersagen, leben signifikant länger. So die Mormonen (Dwyer, Clarke & Miller, 1990), die Ahmischen und Hutterer (Troyer, 1988), die weder den Verzehr von Fleisch noch das Trinken von Kaffee erlauben. Sieben-Tage-Adventisten werden älter als die Durchschnittsbevölkerung, die Frauen vier Jahre, die Männer neun Jahre (Berkel & deWaard, 1983). Bei Zen-Priestern, die in Japan intensive Spiritualität praktizieren, ist die Mortalitätsrate 18 Prozent niedriger (Ogata, Ikeda & Kuratsune, 1984). Die meisten Studien überprüften die Effekte traditioneller religiöser Variablen (Zugehörigkeit, Gottesdienstbesuch). Von besonderem Interesse wären entsprechende Studien in der alternativen Spiritualitätsszene, speziell bei solchen Personen, die sich ausschließlich als spirituell verstehen.

Gesunder Lebensstil oder Spiritualität. Die lebensverlängernde Wirkung von Spiritualität wurde in Frage gestellt. Ausschlaggebend sei der gesunde Lebensstil (Sloan, Bagiella & Powell, 2001). In einer großen Stichprobe kontrollierten Strawbridge et al. (2001) die Variable „Gesundheitsverhalten". Sie verglichen, ob Personen, die gesund lebten und nicht religiös waren, das gleiche Mortalitätsrisiko haben wie solche, die ebenfalls gesund lebten, aber regelmäßig die Kirche besuchten. Letztere hatten eine um 25 Prozent geringere Mortalitätsrate. Demnach können Religiosität und Spiritualität an sich die Lebensspanne verlängern, was aber theoretisch noch nicht ausreichend erklärt ist (Kap. 4.1.4).

Hoffnung wird von Emmons (2000) als Komponente von „spiritueller Intelligenz" bezeichnet (Kap. 4.2.3). Sie verlängert nach Levin (2001) das Leben. Von 2.400 Finnen starben dreimal mehr an Infarkten oder Karzinomen, wenn sie auf einer Hoffnungsskala, die ihnen vor längerer Zeit vorgelegt worden war, geringe Werte aufwiesen (Everson et al., 1996). Danner, Snowdon und Friesen (2001) setzten die Autobiographien von 180 Nonnen, die sie vor gut 60 Jahren anlässlich ihres Klostereintritts verfasst hatten, in Beziehung zur Mortalität. Jene, die optimistische Texte geschrieben hatten, lebten länger.

Effekte bei HIV-Erkrankung. Auch bei HIV-Erkrankung, Inbegriff von unvermeidlichem Sterben, kann Spiritualität die Lebensdauer verlängern. Die expandierende Literatur (Pargament et al., 2004) erörtert auch die Ursachen. Adair et al. (1991) benennen nicht nur gute medizinische Behandlung, gesunde Lebensweise, Bewegung sowie gemäßigtes, aber vitaminreiches Essen, sondern ausdrücklich spirituelle Faktoren: Liebe, Einbettung in eine religiös-spirituelle Gemeinschaft, Sinnhaftigkeit(und zwar selbst von Krankheit und Tod) und das Gebet. Letzteres kann das Immunsystem stärken (Woods et al., 1998). Die Psychoneuroimmunologie, die den Effekten von psychischen Variablen – speziell Emotionen – auf das Immunsystem nachgeht, hat dies wiederholt nachgewiesen (Koenig & Cohen, 2002). Ungünstig wirken negative Gefühle, speziell Feindseligkeit, in der der Triglyceridspiegel steigt, der HDL-Cholesterolspiegel (das „gute" Cholesterin) hingegen sinkt (Williams, 2002). Günstig wirken sich entspannte Emotionen aus, die die Produktion von Interleukin-1-Botenstoffen sowie von T-Helferzellen steigern (Brosschot et al., 1998).

4.1.2 Verringert Spiritualität das Risiko kardiovaskulärer Erkrankungen?

Der „Affengeist". Die meisten Menschen in den Industrienationen (um die 40 Prozent) sterben an den Folgen kardiovaskulärer Erkrankungen: Infarkte, Schlaganfälle. Solche werden nicht nur durch Übergewicht und zuwenig Bewegung verursacht, sondern auch durch eine Lebensweise, die die Buddhisten „Papanca" nennen: „Affengeist" (aus Benson, 1997, 155). In unseren Körpern laufen oft jene Prozesse ab, die bei unseren Vorfahren ausgelöst wurden, wenn sie einem Mammut oder einem Löwen gegenüberstanden: Kampf- oder Fluchtreaktion! Der Atem schneller und kürzer, die Herzfrequenz beschleunigt, die Muskeln angespannter und stärker durchblutet, Verdauung gestoppt, Noradrenalin und Cortison ausgeschüttet. Genau das Gleiche widerfährt vielen Zeitgenossen in klimatisierten Büroräumen, wenn die einzige Bewegung im Klicken der Maustaste besteht. Wenn ein Effekt von Spiritualität darin besteht, Menschen in die „Entspannungsreaktion" (Benson, 1997) zu bringen, ist nahe liegend: Kardiovaskuläre Erkrankungen treten bei spirituellen Personen seltener auf. Zahlreiche Studien bestätigen dies (Doster et al., 2002; McCullough & Larson, 2001).

Niedrigerer Blutdruck bei spirituellen Personen (Meditierenden) ist dutzendfach belegt (Seeman, Dubin & Seeman, 2003). Bereits in den 30er Jahren wies Jacobson (1939) nach, dass Personen, die sich leicht und tief entspannen und die Muskeln lockern können, einen niedrigeren Blutdruck haben. Larson et al. (1989) setzten bei 771 Männern die Häufigkeit des Gottesdienstbesuchs und die subjektive Bedeutsamkeit von Religiosität und Spiritualität in Beziehung zu den Blutdruckwerten. Zunächst stellten sie fest, dass Gottesdienstbesucher und „Religiöse" nur einen geringfügig niedrigeren diastolischen Blutdruck aufwiesen als die Nicht-Religiösen. Geradezu überraschend aber war, dass jene Raucher, die Religiosität als lebensrelevant einschätzten, einen signifikant niedrigeren Blutdruck hatten als die „nicht-religiösen" Raucher. Eine mögliche Erklärung dafür ist, dass religiös/spirituelle Personen leichter in die Entspannungsreaktion eintreten (Benson, 1997), wodurch die schädlichen Effekte von Nikotin zumindest abgeschwächt werden. Auch antiquiert anmutende Praktiken wie das Rosenkranzgebet reduzieren die Herzfrequenz, beruhigen und entspannen. Bernardi et al. (2001) verglichen die kardiovaskulären Werte bei Personen, die entweder den Rosenkranz beteten oder ein Yoga-Mantra aufsagten: Trotz der kulturellen Differenz der beiden Praktiken waren die Effekte gleich: beruhigend! Italienische Nonnen haben niedrigere Blutdruckwerte als gleichaltrige Frauen, und zwar auch nach Konstanthaltung von Gewicht, Körpermaßen, Bildung etc. (Timio et al., 1987). Auch groß angelegte epidemologische Studien belegen, dass Personen, die religiös-spirituelle Praktiken ausüben, seltener Herz-Kreislauferkrankungen bekommen, so Goldbourt, Yaari & Medale (1993) an einer längsschnittlich beobachteten Stichprobe von mehr als 10.000 israelischen Männern.

4.1.3 Reduziert Spiritualität das Risiko von Krebs?

Krebs zählt zu den Geißeln der Menschheit und assoziiert qualvolles und unvermeidliches Sterben. Auch wenn die Heilungsraten kontinuierlich ansteigen, verursacht er die zweitmeisten Todesfälle. Wie bereits dargelegt, wird Spiritualität bei vielen Personen dann relevant, wenn sie mit der Diagnose „Karzinom“ konfrontiert werden (Smith, 1993, 90).

Erkranken Spirituelle seltener? Hierfür gibt es Indizien (Stefanek, McDonald & Hess, 2004). Oman et al. (2002) prüften ein Sample von 6.545 erwachsenen Kaliforniern darauf hin, wie viele von ihnen in einem Zeitraum von 31 Jahren woran starben. Jene, die wöchentlich die Kirche besuchten, erlagen seltener einem Karzinom ($p < .05$); dieser Effekt verschwand jedoch, sobald die Variable „früherer Gesundheitszustand“ kontrolliert worden war. Vor allem in Kommunitäten, die einen gesunden Lebensstil vorschreiben, treten Karzinome seltener auf, insbesondere bei Sieben-Tage Adventisten, Mormonen und Angehörigen fundamentalistischer christlicher Gruppierungen (Koenig, McCullough & Larson, 2001).

Verlangsamt Spiritualität den Krankheitsverlauf? Powell, Shahabi und Thoresen (2003, 45) referieren in ihrer Metaanalyse sechs Studien, die *keinen* signifikanten Effekt von Spiritualität auf den Verlauf von Karzinomerkrankungen nachwiesen. Die Indizien für eine verzögernde Wirkung sind denn auch mit großer Vorsicht zu betrachten. Dennoch: 1978 veröffentlichten Simonton, Matthews und Creighton (1978) bemerkenswerte Daten: Unheilbar an Krebs Erkrankte, die spirituelle Praktiken wie Entspannung, positive Imaginationen etc. ausübten, lebten noch fast doppelt so lang wie Patienten ohne Spiritualität. In einer onkologischen Studie zeigten Sephton et al. (2001), dass Frauen mit metastasiertem Brustkrebs signifikant mehr Helferzellen und zytotoxische Zellen hatten ($p < .05$), wenn sie spirituelle Praxis als wichtig würdigten. Selbstkritisch verweisen die Autoren darauf, eine korrelative Querschnittstudie könne die Frage nach der Kausalität nicht beantworten. Zur Relation „Spiritualität – Verlauf von Krebserkrankungen“ ist noch viel zu forschen (Stefanek, McDonald & Hess, 2004).

Dennoch sind die Indizien überwältigend, dass Spiritualität physische Gesundheit begünstigt. Die Frage bleibt, warum?

4.1.4 Warum Spiritualität der körperlichen Gesundheit nützt

Der gesunde Lebensstil

Dass spirituelle Personen gesünder sind und länger leben, wird durch ihren gesünderen Lebensstil erklärt (Koenig, McCullough & Larson, 2001; Matthews, 2000). Sie konsumieren seltener Drogen, nicht nur harte wie Kokain, sondern auch legale, speziell Alkohol (Booth & Martin, 1998). Auch Nikotin wird umso seltener konsumiert, je religiös-spiritueller sich Menschen verstehen. Dies sei insofern verständlich, als zwischen 80 und 95 Prozent der regelmäßigen Trinker auch rauchen (Booth & Martin, 1998). Ältere Erwachsene, die religiös stark gebunden sind und oft spirituelle Schriften lesen, konsumierten fünfmal seltener Zigaretten und Alkohol (Koenig et al., 1998).

Nicht zu verschweigen ist das Phänomen des „paradoxen Alkoholmissbrauchs": Gerade in religiösen Gruppierungen, die Drogen ächten, lebt oft eine Minderheit, die schwer trinkt (Royce, 1985). An Alkoholproblemen leiden auch zahlreiche zölibatär lebende Priester, Schätzungen des Mediziners Mäulen (1989) zufolge um die zehn Prozent.

Fasten wird in nahezu alle religiösen Traditionen und spirituellen Richtungen – auch in der aktuellen Wellness-Szene – empfohlen (Zatorsky, 2004) und ist der Gesundheit förderlich. Desgleichen eine ausgewogene Ernährung mit wenig Fett, vielen Ballaststoffen und Vitaminen. 26 Prozent der Amerikaner sind übergewichtig, hauptsächlich wegen der Ernährung mit Fastfood. Etliche spirituelle Richtungen propagieren auch eine vegetarische Lebensweise, die sowohl den Cholesterinspiegel als auch den Blutdruck signifikant senkt.

Monogamie bzw. der Verzicht auf Promiskuität reduziert das Risiko, sich mit Aids oder anderen Krankheiten zu infizieren. Aber jegliche außer- und damit auch voreheliche Sexualität als „ungesund" zu charakterisieren (Koenig, McCullough & Larson, 2001, 394), ist undifferenziert und enthüllt hauptsächlich die traditionell-bürgerlichen Werte der Autoren. Für Matthews (2000, 45) müssen Jugendliche vor vorehelicher Sexualität sogar „geschützt" werden. Aber spirituelle Überzeugungen können dazu motivieren, auf riskante Sexualpraktiken zu verzichten. Homo- und bisexuelle Männer in San Francisco praktizierten ungeschützten Analverkehr seltener, wenn sie sich zu spirituellen Überzeugungen bekannten (Folkman et al., 1992). Spiritualität beeinflusst die physische Gesundheit demnach nicht direkt, sondern vermittelt durch einen gesunden Lebensstil.

In der Tat verringerte sich in vielen Studien der Effekt von Spiritualität/Religiosität, sobald die Variable „Gesunder Lebensstil" kontrolliert wurde. Aber auch unter diesen Bedingungen zeigten sich Effekte, die nach zusätzlichen Erklärungen verlangen, wobei (noch) nicht messbare Faktoren, die Levin (1996) als „überempirisch" bzw. „supernatural" bezeichnete, nicht a priori auszuschließen sind.

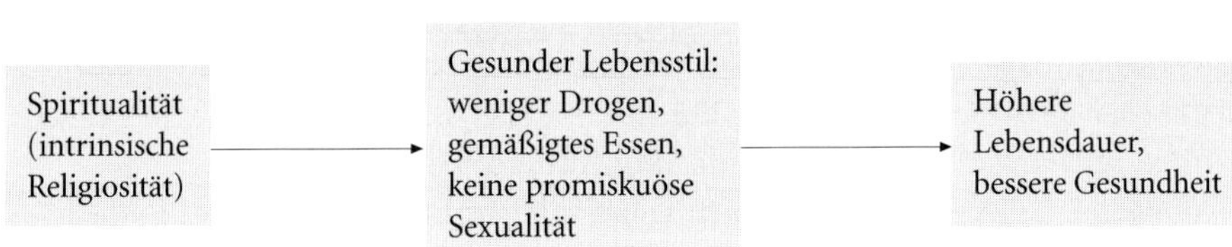

Abbildung 4.1. Spiritualität beeinflusst zahlreichen Studien zufolge die physische Gesundheit mittels eines gesunden Lebensstils, der häufig mit ihr einhergeht

Heilt das Gebet?
80 Prozent der Amerikaner sind überzeugt, Beten könne den Verlauf von Erkrankungen positiv beeinflussen, 79 Prozent davon, Gebete um geistige Heilung würden erhört (Wallis, 1996). Doch wie ist es um die empirische Evidenz bestellt (Dossey, 1993; Matthews & Clark, 1998; Utsch, 2005)?

Ob Gebete Genesung herbeiführen, wurde erstmals von keinem Geringeren als Sir Francis Galton (1872) überprüft. Er nahm an, dass sowohl Personen, die häufiger beten, als auch solche, für deren Gesundheit von vielen gebetet wird, allen voran der König, länger leben. Auch wenn sich dies nicht bestätigte – Könige sterben mitunter jung –, bescheinigte er dem Gebet, es sei dem Wohlbefinden enorm zuträglich.

Die Doppelblindstudie von Byrd (1988) ist die bekannteste Studie zur Wirksamkeit des Gebetes. Er wollte empirisch klären, ob Bittgebete medizinisch nachweisbare Effekte zeitigen. Herzpatienten wurden auf zwei Gruppen aufgeteilt: eine erste (N = 192), für deren Genesung von „wiedergeborenen" Christen gebetet wurde, und eine Kontrollgruppe (N = 201), für die das unterblieb. Weder die Patienten noch die behandelnden Ärzte wussten, wer in welcher Gruppe war. Zu Beginn des Experiments unterschied sich der Gesundheitszustand der zwei Gruppen nicht. Aber nachdem die „Wiedergeborenen" regelmäßig für die Genesung der ersten Gruppe gebetet hatten, zeigte der Nachtest, dass es in der Kontrollgruppe mehr Patienten (22 Prozent) schlechter ging (Intubationen, Pneumonie, Herzstillstände) als in der Gebetsgruppe, in der sich der Gesundheitszustand bei 14 Prozent verschlechterte. Diese Studie – übrigens nicht die erste ihrer Art (Albridge, 2001) – machte Furore, schien doch der statistisch signifikante ($p < .01$) Nachweis erbracht, wovon auch die Bibel Zeugnis ablegt: Das Bittgebet hilft (bspw. Gen 20,17). Gleichwohl wurde Kritik laut. Es sei möglich, dass – speziell von Angehörigen – auch für die Patienten der Kontrollgruppe gebetet worden sei, was Byrd (1988) selber einräumt und was aus ethischen Gründen nicht ausgeschlossen werden dürfe. Dossey (1993) fragte, ob diese Studie nicht eher die Schwäche des Gebetes demonstriere, belaufe sich doch die Verbesserung in der Gebetsgruppe gegenüber der Kontrollgruppe auf bloße acht Prozent.

Harris et al. (1999) wiederholten diese Doppelblindstudie, indem überzeugte Christen vier Wochen lang für 466 Herzpatienten beteten, von denen sie nur den Vornamen kannten. Das Personal am kardiologischen Institut in Kansas wusste nicht, für wen gebetet bzw. nicht gebetet wurde (Kontrollgruppe N = 524). Das körperliche Befinden in der Gebetsgruppe war geringfügig (elf Prozent) besser ($p = .04$). Aufsehen erregte die Doppelblindstudie von Cha et al. (2001), in der für Frauen gebetet wurde, damit die In-Vitro-Befruchtung gelinge. 50 Prozent wurden schwanger, 25 Prozent in der Kontrollgruppe.

Vereinzelt brachten Gebetsstudien keine solchen Effekte zutage. 90 Erwachsene beteten zwölf Wochen lang jeden Tag eine Viertelstunde dafür, dass 406 Personen sich weniger ängstigen. Im Nachtest zeigte sich: Den Personen, für die gebetet wurde, ging es nicht besser. Aber die Betenden selber fühlten sich signifikant weniger ängstlich als zuvor (O'Laoire, 1997). Ai et al. (2002) befragten 246 Patienten, die einem kardiologischen Eingriff entgegenbangten, zu ihrer Gebetspraxis und zu Optimismus. Die erwartete positive Korrelation trat nicht ein. Dies lag aber daran, dass die Mehrheit bekannte, intensiv und oft für einen guten Ausgang zu beten, und zugleich sehr optimistisch eingestellt war. Wo wenig Streuung, da kaum Korrelation, so dass offen bleiben muss, ob ein faktischer Zusammenhang besteht oder nicht.

Eine Theorie der Gebetseffekte, die allgemein anerkannt wäre, liegt noch nicht vor. Mit theoretischen Erklärungen der Gebetseffekte tun sich die Verfasser dieser Studien infolgedessen schwer. Harris et al. (1999, 2227) diskutierten „eine reale, aber bis jetzt unbekannte physikalische Energie". Diese könnte auch das im Folgenden zu erörternde Phänomen der Geistheilung erklären. Man bedenke dabei, dass Newton, als er die Gravitationsgesetze beschrieb, von seinen Zeitgenossen in ähnlicher Weise als „Mystiker" belächelt worden sei wie heute Protagonisten des spirituellen Heilens (Achterberg, 2004, 25).

Heilt Geist?

Das Phänomen der Geistheilung ist in allen Religionen bezeugt und erlebt eine Renaissance (Benor, 2001; Murphy, 1992; Obrecht, 2000). Im Rahmen der Feldstudie „Die Welt der Geistheiler" erzählte ein Interviewpartner: „Dann hab' ich mich dort hingelegt, und er hat die Hand über mich gehalten. Im ersten Moment hat sich nicht viel geändert. Aber als wir dann nach Wien gefahren sind, sagte ich zu meiner Frau: ‚Du, das ist wirklich viel, viel besser.' Beim zweiten Mal war es dann ganz weg." (Obrecht, 2000, 98).

Geistiges Heilen ist wie jedes menschliche Verhalten und Erleben psychologischer Analyse zugänglich, sowohl das Heilen selber als auch die Erfahrung, geheilt worden zu sein, unabhängig davon, ob Schulmediziner dies auch so diagnostizieren oder nicht. Laut dem 1955 in England gegründeten Verband der Geistheiler geschieht geistiges Heilen von Körper, Geist und Seele entweder durch Handauflegung („therapeutic touch") (Ornish, 1998) oder, wenn die Patienten abwesend sind, durch Bittgebet oder Meditation (Fernheilung). Praktiziert wird auch heilende Imagination, indem sich Heiler ihre Klienten mental als gesund vergegenwärtigen und diese Bilder zu ihnen „senden" (Braud, 2003). Heilende Bilder imaginierten bereits die Schamanen (Krippner & Welch, 1992; Walsh, 1998), woran „moderne" Therapien, bspw. Biofeedback, Hypnose etc. wieder anknüpften (Achterberg et al., 2004; Sheikh, Kunzendorf & Sheikh, 1989).

Trotz der Fortschritte der Schulmedizin, trotz der Kritik, das Geistheilen sei abergläubisch, wenn nicht Scharlatanerie, sind breite Bevölkerungskreise von diesem überzeugt. Die Plausibilität steigt in dem Maße, wie die Kritik an der „mechanistischen" Schulmedizin zunimmt (Dossey, 1989; Utsch, 2005, 236). 70 Prozent der Deutschen glauben, begnadete Menschen könnten Krankheiten heilen, vor denen die Ärzte kapitulieren. Elf Prozent der Schweizer haben sich schon einmal einem Geistheiler anvertraut (Obrecht, 1999). Jahr für Jahr besuchen unzählige Menschen Pilgerorte wie Lourdes, an denen Krankheiten wie Multiple Sklerose, Geschwüre, Tuberkolose etc. auf „unerklärliche“ Weise geheilt wurden, was Ärzte anerkannten (Murphy, 1992, 267–271).

Geistig „Geheilte“ fühlen sich wohler, nachdem sie sich die Hände auflegen ließen, und neigen dazu, den Gesundheitszustand als besser einzuschätzen, dies regelmäßig zu 70 Prozent. In ihrer Befragung von 140 Personen fanden Wolf-Braun und Binder (1997): Diejenigen, die sich einer Händeauflegerin anvertrauten, sagten zu 76 Prozent, die Beschwerden hätten sich vermindert, die Klienten eines Chiropraktikers/Kinesiologen zu 53 Prozent. Dass die Handauflegerin mehr Erfolg erzielte, sei damit zu erklären, warme Hände würden als wohltuend erlebt und erhöhten das Wohlbefinden (Beutler et al., 1988), auch wenn sich keine medizinischen Behandlungseffekte nachweisen ließen (Wolf-Braun & Binder, 1997).

Experimentelle Ergebnisse sind deshalb vorzulegen (Benor, 2001; Bösch, 2002; Levin, 2001), weil dem geistigen Heilen oft nachgesagt wird, nur durch Anekdoten belegt zu sein; aber jedem Wunderbericht lasse sich eine Misserfolgsgeschichte entgegenstellen. In zahlreichen Experimenten versuchten Heiler, mental auf nicht-menschliche Organismen einzuwirken, beispielsweise auf das Wachstum von Pilzen, auf Hefe, Bakterien etc. Etliche Studien wiesen signifikante Effekte nach (Überblick: Benor, 2001). Grad (1965) versehrte Pflanzensamen mit einer Salzlösung. Wenn er die Gefäße mit diesen Samen 15 Minuten in seinen „heilenden“ Händen hielt, habe sich die Schädigung signifikant ($p < .01$) vermindert. Untersucht wurde geistiges Heilen auch in seiner Wirkung auf Menschen, so bei Hypertonie, Hautverletzungen, Bildung von Hämoglobin, Asthma und psychischen Beschwerden. Benor (2001) hat die einschlägigen, methodisch einwandfrei durchgeführten Studien zusammengestellt. Solche mussten folgenden Gütekriterien genügen: Hinreichend große Stichprobe, Kontrollgruppe(n), Doppel-Blind-Versuchsanordnung. Von den 191 ‚soliden‘ Studien gelang es 124 (65 Prozent), die intendierten Heilungseffekte auf einem Signifikanzniveau $p < .05$ nachzuweisen. Die Metaanalyse von über 100 Studien zum Fernheilen von Astin, Harkness und Ernst (2000) – in den renommierten „Annals of Internal Medicine“ veröffentlicht – erbrachte eine Quote von 57 Prozent erfolgreicher mentaler Interventionen.

Klinische Studien wiesen geistiges Heilen ebenfalls als effizient aus (Benor, 2001). Zwei Heiler hielten ihre Hände über zehn Patienten, die an Basaliomen litten; bei vier von ihnen ging der Hautkrebs photographisch nachweisbar zurück (Benor, 2001). Ein Geistheiler legte 532 starken Rauchern die Hände auf: 40 Prozent enthielten sich die nächsten vier Monate des Rauchens, nach einem Jahr noch immer 33 Prozent – mehr als in verhaltenstherapeutischer Raucherbehandlung (Gmur & Tschopp, 1987). 40 Fernheilende wirkten auf ebenso viele Aids-Kranke ein. Als sie sechs Monate später mit einer ursprünglich identischen Kontrollgruppe verglichen wurden, zeigte sich: Die „Behandelten“ hatten weniger neue Krankheitssyndrome entwickelt und waren seltener in der Klinik (Sicher et al., 1998).

Erklärungsansätze für spirituelles Heilen

Nach den geschilderten Befunden drängt sich die Frage auf: Wie wirkt spirituelles Heilen? Diskutiert werden folgende Erklärungen: Placebo- bzw. Selbstheilungseffekte; Wirkung subtiler, bisher noch nicht physikalisch nachgewiesener Energie; Holographisch-transpersonale Erklärungen; Supranaturale (übernatürliche) Deutung.

Placebo- bzw. Selbstheilungseffekte. Frank (1961) bat renommierte Geistheiler, drei schwer kranke Patienten (u.a. Karzinom) zu kurieren, die davon freilich nichts wussten. Nichts geschah. In den folgenden Tagen baute er bei den drei Patienten die Erwartungshaltung auf, Geistheiler würden sie aus der Ferne behandeln. Bei allen dreien verbesserte sich der Gesundheitszustand nach dem angegebenen Termin erstaunlich.

Ein Placebo ist ein chemisch unwirksames Mittel, das von Patienten eingenommen wird, die überzeugt sind, es wirke. Tritt eine Verbesserung ein, ist es nahe liegend, diese auf den Glauben der Patienten zurückzuführen. Anekdotische Berichte zum Placeboeffekt sind mitunter dramatisch.

Fallbeispiel

Dossey (1992, 203) erzählt von einem Karzinompatienten, der auf nichts mehr ansprach. Als letzte Hoffnung verabreichte ihm sein Arzt Krebiozen, von dem Fachleute – und der Patient – glaubten, es wirke Wunder. Der Arzt war verblüfft, als er feststellte, dass „die Tumore wie Schneebälle auf einem heißen Stein schmolzen“. Nach seiner Genesung las der Mann, Krebiozen habe sich als unwirksam herausgestellt – der Krebs brach wieder aus. Sein Arzt setzte erneut auf den Placeboeffekt und spritzte ihm Wasser, das er aber als neues, verbessertes Krebiozen ausgab – die Tumore schrumpften. Als der Mann in der Zeitung der Amerikanischen Medizinischen Vereinigung las, Krebiozen sei definitiv wertlos, stürzte sein Glaube in sich zusammen und er starb binnen weniger Tage.

Freilich, diesem Bericht können gegenteilige Erfahrungen entgegengehalten werden: Patienten mit wuchernden Metastasen, welche zutiefst glauben, in vierzehn Tagen noch eine Weltreise antreten zu können – und dann bereits begraben sind.

Experimentell werden die Effekte von Placebos in Doppelblindstudien überprüft, in denen weder die behandelnden Ärzte noch Patienten wissen, wer ein wirksames Mittel und wer ein Placebo zu sich nimmt (Brody & Brody, 2002). Noermann (2001) unterzog 117 Doppelblindstudien zum Placeboeffekt bei Patienten mit Geschwüren, Angstsyndromen, Hypertonie etc. einer Metaanalyse. Die Stärke des Placeboeffektes variierte in verschiedenen Ländern bzw. Kulturen zwar beträchtlich, aber im weltweiten Vergleich betrug er 36 Prozent (Murphy, 1992). Dass Placebos wirken, ist mittlerweile elektroenzephalographisch untermauert. Leuchter et al. (2002) verabreichten depressiven Mitmenschen entweder Antidepressiva (N = 25) oder Placebos (N = 26). Bei den Empfängern der Placebos zeigte sich nach einigen Tagen eine verstärkte Aktivität im präfrontalen Kortex, wohingegen bei den traditionell Behandelten die Tätigkeit in dieser Gehirnregion zurückging. Auch wenn die Wissenschaftler noch keine abschließende Erklärung präsentieren konnten, gelang ihnen der Nachweis, dass „eine wirksame Placebobehandlung . . . eine Änderung der Gehirnfunktionen bewirkt".

Gegen den Placeboeffekt wird ins Feld geführt, die Linderungen seien Spontanremissionen. Solche sind aber speziell bei Angina pectoris seltener als die durch Placebos bewirkten Linderungen (Benson, 1997, 40). Gegen diesen Effekt – sofern er als Selbstheilung des Organismus aufgefasst wird – argumentiert auch Benor (2001, 376): Geistiges Heilen wirke auch auf Pilze etc., sodass mit der Existenz einer subtilen Energie zu rechnen sei.

Subtile Energie ist eine weitere, allerdings umstrittene Erklärung (Colling, 1998). Bis jetzt ist eine solche nicht physikalisch messbar, was jedoch auch für die Radiowellen vor ihrer erstmaligen künstlichen Erzeugung durch Heinrich Hertz im Jahre 1880 galt. In den meisten religiös-spirituellen Traditionen wird an eine solche Energie geglaubt, die bei den Chinesen „Qi" heißt, bei den Hindus „Prana", bei den Südseeinsulanern „Mana", in der Christenheit „Heiliger Geist", in Japan „Reiki" (Bösch, 2005, 254). Mittlerweile erscheint ein wissenschaftliches Journal mit dem Titel „Subtile Energies and Energy Medicine". Verfechter der Energy Medicine gehen davon aus: „Jedes Atom vibriert . . . alle Zellen vibrieren", jeder Gedanke sei Energie (Trieschmann, 2001, 29). „Positive Gedanken" hätten eine harmonischere Schwingung, negative eine dissonante. Aber so oder so würden von dieser geistigen Schwingung alle Zellen erfasst, insbesondere die Neuropeptide, von denen die Emotionen abhängen. Diese spirituelle Energie – auch wenn sie nicht direkt messbar, aber in allen religiösen Traditionen bezeugt ist – erkläre, warum positive Gedanken die Gesundheit stärken, negative hingegen Krankheiten (speziell des Immunsystems) Vorschub leisten (Trieschmann, 2001).

Braud (1994; 2003) führte Experimente durch, in denen Personen mit mentaler Konzentration versuchten, bei anderen Männern und Frauen, die in einem gut 20 Meter entfernten hermetisch abgeschlossenen Raum saßen, den Hautwiderstand zu verändern. In 57 Prozent der Sitzungen habe sich der Hautwiderstand so verändert, wie die „Geistsendenden" intendierten ($p = .00$): „Wir können den Schluss ziehen, dass ein Individuum in der Lage ist, die physiologische Aktivität einer anderen Person direkt und auch aus der Ferne geistig zu beeinflussen, und zwar mit anderen Mitteln als den sensomotorischen Kanälen." (Braud, 1994, 70). Die Hypothese, elektromagnetische Strahlung mit extrem geringer Frequenz bewirke diese Effekte, hält er für wenig plausibel, weil eine solche nicht so viele Informationen „transportieren" könne. Als Alternative schlägt er eine holographische, transpersonale Erklärung vor.

Holographisch-transpersonale Erklärungen gehen davon aus, dass Bewusstsein nicht lokalisiert („non local"), sondern allgegenwärtig und mit allem verbunden sei: „Interconnectedeness" ist ein Ingrediens von Spiritualität (Braud, 1992).

Auch der Physiker und Nobelpreisträger Josephson (1991), der Systemtheoretiker Laszlo (1995) und der Mediziner Dossey (1994) nehmen an, Bewusstsein sei nicht an einen speziellen Ort gebunden, sondern durchdringe alles. Im Unterschied zum individuellen Gehirn könne Geist „aktiv nicht-räumliche Interaktionen bewerkstelligen" (Braud, 1992, 146). Infolgedessen übersteige Geist die Individuen und sei er „transpersonal". Auf das geistige Heilen übertragen: Dieses geschehe weniger gemäß dem Bild des geistigen Radios, indem ein Sender (der Heiler) geistige Energie ausstrahlt und der/die Behandelte diese empfängt; vielmehr sei diese „aktuell immer schon und überall gegenwärtig in holographischer oder impliziter Form". Das Entscheidende sei, „auf die Information, die ohnehin schon an allen Orten verfügbar ist, zuzugreifen und sie zu lesen". Infolgedessen sei die Rede von „Fernheilung" irreführend.

Wer in traditionellen physikalischen Kategorien denkt, wird von einer solchen Deutung schwerlich überzeugt. Aber Braud (1992, 141) verweist auf die Quantenphysik, gemäß der eine fixe Lokalisierung eines Ereignisses oder Teilchens nicht möglich ist (Bösch, 2002, 534; Josephson, 1991), desgleichen auf die großen spirituellen Traditionen, die die Existenz einer alles durchdringenden geistigen Energie bezeugen.

Eine supranaturale Erklärung des spirituellen Heilens, die in medizinisch-psychologischen Settings ungewöhnlich, aber „nicht prinzipiell von der Hand zu weisen" sei, stellte Levin (1996) zur Diskussion. Der Heilungseffekt des Gebets könne auch auf einen „völlig anderen, ... übernatürlichen Faktor" zurückgeführt werden: einen transzendenten Schöpfergott, außerhalb und über der Natur, infolgedessen „per definitionem wissenschaftlich nicht überprüfbar" (Levin, 1998, 68). Er beschwört wiederholt den biblischen Glauben an einen allmächtigen Gott und bezeichnet seinen biomedizinischen Ansatz als „theosomatisch".

Eine solche Erklärung verortet sich bewusst außerhalb des Zuständigkeitsbereichs von Psychologie. Diese hat die Existenz eines göttlichen Wesens nicht zu behaupten und vermag schon gar nicht, sie zu beweisen. Vielmehr hat sie sich auf Analysen darüber zu beschränken, wie sich solche Glaubensüberzeugungen im Leben von Menschen auswirken.

Wirkt Meditation?

Meditation gilt als die spirituelle Praxis und lässt sich definieren als regelmäßiges Üben, um ein Bewusstsein zu erlangen, das wacher, weiter, klarer und fokussierter ist als das Alltagsbewusstsein. Die psychologische Literatur dazu ist ins Unüberschaubare ausgeufert (Andresen, 2000; Engel, 1999; Murphy & Donovan, 1997). Selbst ein „Journal for Meditation and Meditation Research" ist im Jahre 2000 auf den Markt gekommen. Allein die Transzendentale Meditation, von Maharishi Mahesh Yogi unter Rückgriff auf hinduistisch-vedische Traditionen begründet und mittlerweile eine weltweit verbreitete, freilich nicht unumstrittene Gesellschaft für Bewusstseinserweiterung (Hempelmann u.a., 2001), wartet mit über 600 experimentellen Studien zu ihren Effekten auf (Fehr, 2001).

Fallbeispiel

In einem Laboratorium der Kalifornia-Universität in Los Angeles führte der Physiologe Keith Wallace (1970) eine der ersten experimentellen Studien zu den physiologischen Effekten von Meditation durch, deren Ergebnisse sogar in „Science" vorgestellt wurden. Er bat seine Probanden (N = 36), 20 Minuten ruhig zu sitzen, danach sich ebenso lang meditativ zu versenken und sich schließlich zu entspannen. In der meditativen Phase waren die Werte verändert, der Blutdruck niedriger, die Herzrate verlangsamt, der Sauerstoffverbrauch gedrosselt.

Meditationsformen. Es gibt die mannigfaltigsten Formen zu meditieren (Engel, 1999): Als meditativ gilt das gemurmelte Rosenkranzgebet ebenso wie das Schweigen im Zen-Kloster, das mehrmalige Rezitieren eines Gedichtes ebenso wie das ruhig-offene Hören von Musik, bis diese förmlich hindurchfließt. Meditation, abgeleitet vom lateinischen „meditari", was Wiederkäuen bedeutet, ist schon längst nicht mehr an religiöse Kontexte, speziell an Klöster gebunden. Sie, die ursprünglich zum Ziel hatte, Gott näher zu kommen, die Erleuchtung zu erlangen, hat sich in der Wellness-Szene breit etabliert und wird oft praktiziert, um die Gesundheit zu stärken und Stress abzubauen (De Albenis & Holmes, 2000). Meditation kann in Bewegung geschehen, so im QiGong, im Stehen, häufiger jedoch im Sitzen, speziell im Lotossitz. Sie kann sich auf einen Gegenstand richten – ein Mandala, Mantra oder Körperregionen wie die Chakren – oder gegenstandslos sein (Vipassana). Allerdings sind die Übergänge fließend, weil auch die gegenständliche Meditation letztlich das unmittelbare Hier und Jetzt und schließlich „samadhi", das Einssein mit Gott und allem anstrebt.

Im Folgenden beschränken wir uns auf die physische Gesundheit, insoweit sie von Meditation beeinflusst wird; die Effekte auf psychologische Variablen wie Wohlbefinden etc. werden in Kapitel 4.2.4 erörtert.

Auswirkungen auf das Herz-Kreislaufsystem stellten schon die ersten physiologischen Studien zu den Effekten von Meditation fest. 1935 untersuchte die französische Kardiologin Brosse indische Yogis, die ihre Herzrate enorm reduzieren, ja fast zum Stillstand bringen konnten (Murphy & Donovan, 1997). Zahlreiche Experimente, überwiegend im Kontext der Transzendentalen Meditation durchgeführt, zeigten, dass regelmäßiges Meditieren die Herzfrequenz deutlich senkt, mitunter bis auf 15 Schläge pro Minute (Murphy & Donovan, 1997). Dieser Effekt tritt auch bei Anfängern in Meditation auf, sofern es ihnen gelingt, den Atem zu verlangsamen (Cysarz & Büssing, 2005). Damit geht eine der bisher am „häufigsten, bestuntersuchten und gesichertsten physiologischen Wirkungen der Meditation" einher (Engel, 1999, 202): Sie senkt den Blutdruck signifikant und ist effizient, wenn Hypertonie zu kurieren ist. Die meisten Studien wurden mit Anhängern der Transzendentalen Meditation durchgeführt. Wallace et al. (1983)

wiesen nach, dass der systolische Blutdruck bei regelmäßig Meditierenden zwischen 14 und 24 mm Hg niedriger war als in der Durchschnittsbevölkerung.

Mehrere Studien, die nicht von Anhängern der Tranzendentalen Meditation durchgeführt wurden, erbrachten nicht so optimistische Resultate. Pollack et al. (1977) fanden bei 20 Hochdruckpatienten, die sechs Monate lang Transzendentale Meditation praktizierten, keine signifikanten Veränderungen des Blutdrucks, registrierten jedoch ein erhöhteres Wohlbefinden, das auch in Arztpraxen zu einer Reduktion des Blutdrucks führen könne, wo dieser oft aus Angst vor dem weißen Kittel steige. Zu den Auswirkungen auf das Kreislaufsystem gehört auch, dass der Blutfluss in Leber und Nieren geringer, derjenige ins Gehirn stärker wird. Damit gehen Änderungen im Elektroenzephalogramm (EEG) einher. Die Alpha-Aktivität, die entspannte Ruhe anzeigt, wird intensiver, die Beta-Aktivität (rege Sinnes- und Verstandestätigkeit) geringer (Engel, 1999, 205–208). Mitunter zeigen sich, vor allem bei Langzeit-Meditierenden, die langsamen Thetawellen (fünf bis sieben Zyklen pro Sekunde), die eine noch tiefere und beglückendere Versenkung signalisieren.

Stärkung des Immunsystems durch Meditation wurde wiederholt nachgewiesen. Massion et al. (1995) untersuchten an Krebs erkrankte Männer und Frauen, die das Kabat-Zinn-Training absolvierten, eine Kombination von körperlichen Übungen aus dem Hatha-Yoga und buddhistischer Achtsamkeitsmeditation (Kabat-Zinn, 1994). Die Meditierenden produzierten mehr Melatonin, das Krebserkrankungen vorbeugen bzw. deren Verlauf drosseln kann. Gesundheitsförderlich ist auch die in der Meditation geschehende Senkung des Stresshormons Cortisol (Harte, Eifert & Smith, 1995). Sudsuang, Chentanez und Veluvan (1991) fanden, dass die adrenokortikale Aktivität schon nach dreißig Minuten Meditation reduziert werden kann und der Cortisolspiegel nachhaltig sinkt. Dies erklärt die wiederholt nachgewiesene höhere Stressresistenz von regelmäßig Meditierenden (Fehr, 2002), und zwar auch dann, wenn sie in belastenden Lebensumständen stecken, beispielsweise nach einer HIV-Diagnose (Taylor, 1995).

Ein gesundheitsförderlicher Lebensstil wird von Meditation ebenfalls begünstigt (Überblick: Alexander, 1994). Sie beugt dem Konsum von Drogen vor und erleichtert im Falle der Sucht, von ihr wegzukommen. Royer (1994) zeigte, dass 7.070 Raucher, die mit Transzendentaler Meditation begannen und diese 20 Monate praktizierten, zu 90 Prozent von der Zigarette wegkamen, wohingegen dies in einer Kontrollgruppe nur 30 Prozent schafften. Auch bei Essstörungen, etwa Bulimie, erwies sich Meditation – in der Form der auf Achtsamkeit gegründeten Stressreduktion nach Kabat-Zinn (1994) – als heilsam. Kristeller und Hallet (1999) zeigten, dass Meditierende sich ihrer Körperempfindungen – speziell des Hungers und der Sättigung – bewusster wurden und sich nicht mehr füllen mussten.

Der Nutzen von Meditation, speziell der volkswirtschaftliche, steht außer Zweifel. Regelmäßig Meditierende verbuchen bis zu 50 Prozent weniger Krankenhausaufenthalte – so das Ergebnis eines Vergleichs zwischen 2.000 Meditierenden und

600.000 Versicherten desselben Krankenversicherungsträgers (Orme-Johnson, 1987). Auch lassen sie sich signifikant weniger Medikamente verschreiben (Fehr, 2002). Die insgesamt günstigen Effekte von Meditation treten umso eher auf, je weniger sie intendiert werden: „Wir meditieren nicht, um Schmerzen, Krankheit oder ein Problem zu beseitigen. Der beste Weg in der Meditation, Ziele zu erreichen, ist diese loszulassen.“ (Kabat-Zinn, 1995, 317).

Die positiven Effekte von Spiritualität auf medizinische Variablen werden mitunter euphorisch beschworen. Umso notwendiger ist es, auch kritische Stimmen zu Wort kommen zu lassen.

4.1.5 Kritisches zu den gesundheitsförderlichen Effekten von Spiritualität

In der renommierten medizinischen Zeitschrift „Lancet“ äußerten Sloan, Bagiella und Powell (1999; 2001) Skepsis gegenüber den breit popularisierten gesundheitsfördernden Effekten von Spiritualität. Zwar anerkennen sie, dass Spiritualität im Leben der meisten Amerikaner eine Schlüsselrolle spielt, gerade in Krisen und Krankheiten. Aber den Einbezug spirituell-religiöser Elemente in die medizinische Behandlung lehnen sie ab. Sie führen dafür im Wesentlichen drei Gründe an: empirische Mängel der Studien, ethische Erwägungen und theologische Bedenken.

Fehlende empirische Evidenz. Die Studien, üblicherweise als Beleg für das gesundheitsfördernde Potential von Spiritualität zitiert, seien zu wenig überzeugend, in den Ergebnissen widersprüchlich und fehlerbehaftet. Es sei nicht verwunderlich, dass Nonnen, Mormonen, etc. eine längere Lebenserwartung hätten. Denn von ihrem Verhaltenskodex her seien sie verpflichtet, nicht zu rauchen, nicht zu trinken, mäßig zu essen und sich sexuell zurückzuhalten (Sloan, Bagiella & Powell, 2001). Es liege eine Konfundierung mit der Variable Lebensstil vor. Aber: Einen gesunden Lebensstil kann man auch als Effekt von Spiritualität sehen.

Zudem hätten Studien zu gegenteiligen Ergebnissen geführt. So eine methodisch besonders gute, weil prospektive Untersuchung an zwei Londoner Krankenhäusern. King, Speck und Thomas (1999) eruierten bei 370 Patienten, teils mit Herzerkrankungen, teils mit gynäkologischen Beschwerden, das Ausmaß des „spirituellen Glaubens“; auch nahmen sie medizinische Diagnosen vor. Nach neun Monaten wurde dies bei 234 wieder auffindbaren Patienten wiederholt. Entgegen dem Trend der Literatur zeigte sich: Menschen mit ausgeprägter Spiritualität ging es klinisch schlechter. *Aber:* Dieser Studie können problemlos Dutzende entgegengehalten werden, die positive Effekte nachwiesen.

An weiteren empirischen Mängeln wird moniert, die Variable Gottesdienstbesuch sei zu wenig spezifisch. Ohnehin würden Befragte aufgrund sozialer Erwünschtheit die Frequenz beschönigen bzw. übertreiben (Sloan, in: Butler et al.,

2003; Smith, 2001). *Aber:* Allerdings wurde Spiritualität in zahlreichen Studien wesentlich differenzierter erhoben als nur über den Kirchenbesuch (George et al., 2000).

Problematisch sei ferner, dass der Gesundheitszustand oft qua Selbsteinschätzung erhoben wurde (Smith, 2001). *Aber:* Die subjektive Befindlichkeit von Menschen ist jedoch ein ernst zu nehmender Faktor. Sie wirkt sich auf die Gesundheit aus (Musick, 1996).

Bemängelt wird des Weiteren eine eklektisch tendenziöse Präsentation der Ergebnisse, exemplarisch bei der aufsehenerregenden Studie von Byrd (1988). Immer wieder werde berichtet, die Gruppe derjenigen, für die gebetet wurde, habe bei sechs medizinischen Variablen besser abgeschnitten (Utsch, 2004). Aber es werde verschwiegen, dass bei 23 weiteren Merkmalen (bspw. Mortalitätsrate, Aufenthaltsdauer im Krankenhaus) keine signifikanten Unterschiede nachgewiesen werden konnten.

Ein letzter Einwand besagt, die meisten Studien basierten auf retrospektiven Daten oder seien querschnittsmäßig angelegt, nicht aber längsschnittlich und prospektiv. Die so errechneten Korrelationen erlaubten keine Aussagen über die Kausalität (Smith, 2001). Wie zutreffend diese Kritik auch ist – in der Tat benötigen wir mehr prospektive und längsschnittliche Designs (Koenig, McCullough & Larson, 2001) –, sie rechtfertigt nicht den Schluss, zwischen Spiritualität und Gesundheit bestünde kein Zusammenhang (Sloan, Bagiella & Powell, 2001). Unanfechtbar erscheint das Urteil von Levin (1994, 1480): „In Summe, die Frage: ‚Ist es (das Verhältnis Spiritualität – Gesundheit; Anm. d. Verf.) kausal?' kann mit ‚Vielleicht' beantwortet werden". *Aber:* Angesichts der zahlreichen Studien mit positiven Ergebnissen ist Optimismus angezeigt (Koenig et al., 1999).

Ethische Bedenken. Für ethisch geradezu gefährlich erachten Sloan, Bagiella und Powell (1999), kranken Menschen könnte unterstellt werden, wenig spirituell zu sein.

Spiritualität in die medizinische Behandlung einfließen zu lassen, wäre ethisch deswegen problematisch, weil sie eine private, ja intime Angelegenheit sei (Sloan,

Fallbeispiel

Bei einer Paneldiskussion berichtete Sloan, wie er als junger Assistenzarzt in einem Raum saß, in dem zwei Frauen, durch einen Vorhang voneinander getrennt, auf den Befund einer gynäkologischen Biopsie warteten (aus Butler et al., 2003, 15). Als die Erste erfuhr, dass keine malignen Zellen entdeckt wurden, sagte der Vater: „Wir sind gute Menschen, wir hätten uns das nicht verdient." Als die zweite Frau ihren Befund, der positiv war, erhielt, musste sie denken: „Ich bin ein schlechter Mensch . . ." Dies kann einen negativen religiösen Coping-Stil begünstigen, der mit einem rachsüchtigen, strafenden Gott rechnet, das positive Selbstwertgefühl aushöhlt und die Bewältigung kritischer Lebensereignisse erschwert (Pargament, 1997; Sherman & Simonton, 2001).

Bagiella & Powell, 2001). Keinem Arzt würde einfallen, einem Patienten, der als Single lebt, die Heirat zu empfehlen, weil der Gesundheitszustand von Verheirateten besser ist (Sloan, in Butler, 2003). Autoren, die wie Puchalski (2001) spirituelle Vollzüge in der Medizin bejahen (bis hin zu gemeinsamem Beten), insistieren darauf, dies sei nur dann indiziert, wenn Patienten es ausdrücklich wünschen.

Spiritualität auf Rezept? In Bezug auf die Relation „Spiritualität – Gesundheit" äußert Sloan (Butler et al., 2003) die theologischen Bedenken, Spiritualität könnte ebenso leicht(fertig) verschrieben werden wie ein Betablocker oder eine Diät. In der Tat wäre es Funktionalisierung, Spiritualität und/oder Religiosität ausschließlich für mehr Wellness etc. zu praktizieren, was charakteristisch sei für das konsumistische Ethos in der industrialisierten Welt und der Würde und Ernsthaftigkeit der religiös-spirituellen Traditionen nicht gerecht werde. Allerdings: Sollte bessere Gesundheit gleichsam ein Zusatz-Produkt spiritueller Praxis sein, wäre es auch theologisch voll gerechtfertigt, dies anzunehmen.

4.2 Spiritualität und psychische Gesundheit

„So wie Alice in ‚Alice hinter den Spiegeln' vom Spiegel zurücktreten musste, um näher heranzukommen, so muss man das Streben nach Glück aufgeben, um es zu finden." (Vaughan, 1990, 103)

Was psychische Gesundheit sei, ist schwieriger konsensfähig zu bestimmen als physische Gesundheit. Während ein Magendurchbruch konsensuell als bedrohlich diagnostiziert wird, fällt die psychologische Diagnose schwerer, wenn ein junger Mann, nachdem er intensivst meditierte, Personen anschreit: „Ich sehe hinter jedem von euch eine ganze Schlange von Körpern eurer früheren Leben!" (Kornfield, 1995, 167) Psychotische Halluzination? Oder transpersonaler Bewusstseinszustand? Psychische Gesundheit ist ein facettenreiches Konstrukt und mehr als die Absenz von Pathologie (WHO, 1998). Für Freud ist Gesundheit die Fähigkeit, arbeiten und lieben zu können. Sie schließt demnach kreative Momente sowie positive Emotionen, speziell Wohlbefinden, mit ein.

Ob Glück, diese Sehnsucht, die nicht altert, durch Spiritualität begünstigt wird, erörtert Kapitel 4.2.1. Sodann (Kap. 4.2.2) werden Indizien dafür präsentiert, dass spirituelle Praxis und Einstellung davor bewahren kann, depressiv verstimmt zu werden. In Kapitel 4.2.3 wird erörtert, wie Spiritualität mit wünschenswerten psychologischen Befindlichkeiten bzw. „Komponenten spiritueller Intelligenz" (Emmons, 2000) zusammenhängt: Hoffnung, Kreativität, Generativität, die Fähigkeit zu verzeihen, gelassen zu bleiben und das Unabänderliche anzunehmen. Wiederum wird zu fragen sein, wie die positiven Effekte von Spiritualität auf diese psychologischen Variablen zu erklären sind (Kap. 4.2.4) (Koenig, McCullough & Larson, 2001; Larson & Larson, 2003).

4.2.1 Erhöht Spiritualität Lebenszufriedenheit und Wohlbefinden?

Traditionellerweise assoziierte Spiritualität nicht Wohlbefinden. Katechismen schärften vielen Generationen ein, der Mensch sei nicht auf Erden, um glücklich zu werden, sondern um Gottes Gebote zu befolgen. Dem gegenüber zielt aktuelle Spiritualität, mittlerweile auch in der Wellness-Szene etabliert, nicht nur auf körperliches Wohlergehen ab, sondern auch auf psychisches.

Spiritualität und Lebenszufriedenheit bei Gesunden

Die 190 Studierenden in Fribourg und Salzburg, denen Spiritualitätsskalen vorgelegt wurden (vgl. Kap. 2.1.2), gaben auch ihre allgemeine Lebenszufriedenheit an. 35 Prozent sind „sehr zufrieden", 52 Prozent „im Großen und Ganzen", die restlichen 13 Prozent „weniger bis gar nicht zufrieden". Dass Menschen mit ihrem Leben mehrheitlich zufrieden sind, wurde wiederholt bestätigt (Argyle, 1999) und lässt sich mit der Homöostasie-Theorie des Wohlbefindens erklären. Homöostasie ist als optimaler Zustand von Ausgeglichenheit, Harmonie und Stabilität zu verstehen, den der Körper durch Selbstregulierung und -beobachtung ständig zu erhalten bestrebt ist. (McPherson, 2001).

Sind Spirituelle noch zufriedener? Geringfügig trifft dies in der mitteleuropäischen Studentenstichprobe zu. Lebenszufriedenheit korreliert mit der Teilskala „Religiöses Wohlbefinden" nach Paloutzian und Ellison (1982) zu $r = .17$ ($p < .05$), stärker jedoch mit existenziellem Wohlbefinden. ($r = .49$). Dieses Ergebnis stimmt frappant mit früheren Studien über den Zusammenhang von Religiosität/Spiritualität und Wohlbefinden überein. Sawatzky (1999) unterzog 48 Studien, in die Angaben von 22.554 Personen eingingen, einer Metaanalyse. Die durchschnittliche Effektstärke von Religiosität/Spiritualität auf die Lebensqualität beträgt 0.25. Von den 100 Untersuchungen zum Effekt von Spiritualität auf Lebenszufriedenheit, die Koenig, McCullough und Larson (2001) sichteten, stellten 80 Prozent einen positiven Zusammenhang fest, der zumeist moderat ist (r um .20). Auch in der bundesdeutschen Stichprobe von Zimmermann (1995): Spiritualität, operationalisiert als beten und meditieren sowie Glaube an Gott und „Geist", korreliert zu $r = .17$ mit Lebenszufriedenheit.

Paranormale Erfahrungen korrelieren ebenfalls positiv mit Lebenszufriedenheit und Wohlbefinden. Studenten, denen starke paranormale und spirituelle Erfahrungen zuteil geworden waren, gaben zu 55 Prozent an, seither glücklicher zu sein. 63 Prozent beteuerten, sich seither stärker mit allem und allen verbunden zu fühlen – ein Ingrediens von Spiritualität (Kennedy & Kanthamani, 1995).

Traditionell Religiöse und spirituelle Sucher sind besonders glücklich, lautet das Ergebnis einer differenzierten Studie in Australien. Kaldor et al. (2004) befragten 1514 Erwachsene zu ihrer Einstellung gegenüber traditionell orthodoxer Religiosität, modernen Formen der Spiritualität (spirituelle Suche und Verbundenheit mit allem, Offenheit für alternative Heilverfahren) sowie zum Wohlbefinden. Die traditionell religiös Eingestellten sowie die spirituellen Sucher stellten sich als signifikant zufriedener heraus als die Säkularen. Die Zufriedenheit der Traditionellen erklärten sie damit, dass ein fester Glaube sicher mache, die der Suchenden damit, dass entsprechendes Engagement beglücken kann.

Spiritualität kompensiert Unzufriedenheit. Faulkner und Harding (2004) legten 67 jüngeren Frauen die Skala „Spirituelles Wohlbefinden" nach Gomez und Fisher (2003) sowie Items zur Zufriedenheit vor, und zwar mit dem Leben im Allgemeinen, dem körperlichen Erscheinungsbild im Speziellen. Spiritualität und allgemeine Lebenszufriedenheit korrelieren zu $r = .40$. Frauen sind dann am zufriedensten, wenn sowohl ihre Spiritualität als auch ihre Zufriedenheit mit dem Körper hoch ist. Befragte, mit ihrem Körper weniger zufrieden, aber überdurchschnittlich spirituell, signalisieren die gleich hohe Lebenszufriedenheit wie jene mit weniger Spiritualität, aber hoher Körper-Zufriedenheit. Spiritualität könne also ein niedriges Körperselbstwertgefühl wirksam kompensieren.

Spiritualität und Lebenszufriedenheit in prekären Situationen

Einen markanten Zusammenhang zwischen Wohlbefinden und Spiritualität ($r = .60$) fanden Daaleman und Frey (2004). Dies ist zum einen damit zu erklären, dass sie Spiritualität stärker existenziell erfassten, zum anderen durch die Stichprobe: Klinikpatienten in kritischen Situationen. Spiritualität wird für die Lebenszufriedenheit in schwierigen Lebenssituationen relevanter, speziell in bedrohlichen Krankheiten. Dies belegte Fry (2000) bei Hochbetagten, für deren Wohlbefinden spirituelle Werte signifikant bedeutsamer sind als materielle. Ebenso Beery et al. (2002): Bei 58 Herzpatienten erklärt die Skala „Spirituelles Wohlbefinden" 24 Prozent der aktuellen Lebenszufriedenheit, deutlich mehr als in der von uns befragten Studentenstichprobe (neun Prozent). Und nicht zuletzt die Untersuchung von Kirby, Coleman und Daley (2004) bei 233 älteren Briten: Insbesondere bei denjenigen mit mehr Beschwerden korrelierte das psychische Wohlbefinden stärker mit Spiritualität. Spirituelle Ressourcen können das Ertragen von Schmerzen erleichtern. Krebspatienten, die starke Schmerzen litten, gaben zu 48 Prozent an, mit ihrem Leben sehr zufrieden zu sein, wenn ihre Spiritualität hoch war, aber nur zu neun Prozent, wenn sie niedrig war (Brady et al., 1999) – für die Autoren Anlass genug, Spiritualität in die Krebsbehandlung zu integrieren, um die Lebensqualität der Patienten zu erhöhen (Quade, 2005).

Selbsttranszendenz ist jene Fähigkeit, die Zufriedenheit auch in schwierigsten Situationen am stärksten aufrecht erhalten kann. Coward (1991) untersuchte, wie das Wohlbefinden von Krebspatientinnen von Selbsttranszendenz, die ein Ingrediens von Spiritualität ist, beeinflusst wird (Haase et al., 1992). Sie wurde mit der Skala von Reed (1986) gemessen: „In dieser Lebenssituation sehe ich mich als jemanden, der seine Weisheit und Erfahrungen mit anderen teilt . . . , Dinge lassen kann, von denen ich einmal annahm, sie seien wichtig". Je mehr Menschen, wenn ihr Leben akut bedroht ist, von sich selbst absehen können, desto höher ist ihr Wohlbefinden. Als mögliche Erklärung dafür diskutiert Kazanjian (1997) spirituelle Ressourcen, die aus einem in der frühen Kindheit mitgegebenen Urvertrauen genährt würden. In der letzten Bitternis ihres Lebens können viele Menschen ungemein offen für die spirituelle Dimension des Heilens – oder Sterbens – werden (Nager, 2005). Boovy (1999) berichtet von einer 60-jährigen Frau, bei der, eine Woche nach dem Begräbnis ihres Mannes, Pankreaskarzinom diagnostiziert worden war. Die Schwestern waren tief beeindruckt von der Würde und dem Frieden, den die Sterbende, halbe Nächte betend, ausstrahlte.

Kontrolle. Dass der Zusammenhang zwischen Spiritualität und Wohlbefinden in prekären Situationen stärker ist, lässt sich damit erklären, dass religiös-spirituelle Deutungen Kontrollmotive und -möglichkeiten beinhalten (Caras, 2003, 16). Und zwar sowohl primäre Kontrolle, indem versucht wird, mit Beten den Lauf der Dinge zu beeinflussen, als auch sekundäre Kontrolle, indem die kaum oder gar nicht mehr veränderbaren Widerfahrnisse als sinnvoll gedeutet und so leichter akzeptiert werden können (Rothbaum, Weisz & Snyder, 1982).

Erhöht Spiritualität die Ehezufriedenheit?

Aus der Glücksforschung ist bekannt, wie sehr die generelle Lebenszufriedenheit davon abhängt, ob Partner mit ihrer Ehe zufrieden sind oder am Morgen am liebsten alleine aufwachen würden (Argyle, 1999). Der Effekt von Spiritualität auf Ehezufriedenheit ist nicht eindeutig. Etliche Studien (Überblick: Sperry & Giblin, 1996) fanden keine Korrelationen. Dies sei mit dem Ceiling-Effekt zu erklären: Die überwiegend aus religiös-konservativen Milieus stammenden Befragten waren sehr religiös und mit ihrer Ehe hochzufrieden: Wo keine Streuung, da keine Korrelation.

Anders Roth (1988), die ein Sample von 147 Ehepaaren in Kalifornien befragte: Je höher das spirituelle Wohlbefinden, desto mehr Zufriedenheit mit der Ehe, desto mehr Kohäsion und Konsens, selbst in Geldfragen.

Heiligkeit der Ehe. Eine Studie, die eine mögliche Erklärung dafür liefert, stammt von Mahoney et al. (1999). Sie fragten 97 Ehepaare, wie oft sie gemeinsam beten, meditieren, die Kirche besuchen, aber auch für wie heilig sie die Ehe hielten. Ihre Hypothesen lauteten:

- Je mehr gemeinsame spirituelle Aktivitäten, desto heiliger die Ehe.
- Je mehr gemeinsame Aktivitäten und je heiliger die Ehe, desto höhere Lebenszufriedenheit, desto mehr persönlicher Nutzen aus ihr, desto weniger Streit.

Sie konnten vollumfänglich bestätigt werden (Korrelationen bis zu $r = .68$). Eine spirituelle Sicht der Ehe erklärt die Zufriedenheit mit ihr noch stärker als gemeinsame spirituelle Praxis. Aber auch Letztere stabilisiert: „Die Familie, die gemeinsam betet, bleibt zusammen“ (Musick et al., 2000, 79). Die Zufriedenheit mit der Ehe und dem Leben generell steigt, wenn auch Elternschaft als „heilig“ gewürdigt wird (Dollahite, 1998).

Sexualität, die spirituell als etwas Heiliges gesehen wird (Helminiak, 1998), fördert Ehezufriedenheit und generelles Wohlbefinden. Spiritualität, gemessen mit dem Instrument von Elkins et al. (1988), und sexueller Selbstwert korrelieren signifikant (Johnson, 2001). Letzterer ist umso höher, je öfters Zärtlichkeiten ausgetauscht werden (Baumann, 1998). Eine spirituelle Sicht von Sexualität wird häufiger von liberal als von traditionell religiös eingestellten Frauen vertreten (Horn et al., 2000). Die christliche Leib- und Sexualfeindlichkeit wirft hier noch immer ihre Schatten.

Ehetherapie. Spiritualität sollte man in Ehetherapien Rechnung tragen. Diesen Schluss zogen Mahoney et al. (1999) sowie Sperry und Giblin (1996) zu Recht. Denn spirituelle Ressourcen können die Zufriedenheit mit der Ehe erhöhen und diese stabilisieren.

Erhöht Spiritualität die Arbeitszufriedenheit?

Menschen verbringen in ihrem Leben um die 100.000 Stunden an ihrem Arbeitsplatz. Ob sie sich dabei wohl fühlen oder nicht, ist für die generelle Lebenszufriedenheit alles andere als unerheblich (Argyle, 1999). Mittlerweile wird in den Vereinigten Staaten ein geradezu inflationärer Diskurs über Spiritualität am Arbeitsplatz geführt (Giacalone & Jurkiewicz, 2003; Mittroff & Denton, 1999). Die Integration von Arbeit und Spiritualität bewirke mehr Zielgerichtetheit, Ganzheit und Verbundenheit mit der Arbeit. Empirische Untersuchungen zur Spiritualität am Arbeitsplatz sind spärlich (Gibbons, 2001), stellen aber positive Auswirkungen von Spiritualität auf die Befindlichkeit bei der Arbeit fest. Spiritueller eingestellte Pfleger erleben das Arbeitsklima als freundlicher und weniger stressig (Csiernik & Adams, 2002), das Gleiche gilt für texanische Industriearbeiter (Trott, 1996).

„Spirituelle" Betriebe. Ob am Arbeitsplatz persönliche Spiritualität entfaltet werden kann, hängt auch vom Betrieb selber ab. In einem „spirituellen" Betrieb werden Giacalone und Jurkiewicz (2003) zufolge folgende Haltungen realisiert: Wohlwollen, Generativität, Humanismus, Integrität, Gerechtigkeit, Gegenseitigkeit, Empfänglichkeit, Respekt, Verantwortung und Vertrauen. In dem Maße, in dem diese Haltungen gelebt würden, steige nicht nur die Arbeitszufriedenheit, sondern auch die Produktivität: „Wir müssen Spiritualität ins Management integrieren. Keine Organisation kann auf Dauer ohne Spiritualität und Seele überleben." (Meyer, 2000) Begünstigt werde so persönliches Wachstum, wenn der Mensch sich auf etwas hin transzendiert, das umfassender ist: in der Spiritualität auf ein höheres Wesen, bei der Arbeit auf den Betrieb, die Mitmenschen.

4.2.2 Schützt Spiritualität vor Depressivität?

Depression ist eine der häufigsten psychischen Beeinträchtigungen, erkranken doch in der Bundesrepublik jährlich etwa 4,4 Prozent der Männer bzw. 13,5 Prozent der Frauen (www.neuro24.de/depression.htm). Schützt Spiritualität davor, dumpf und endlos vor sich hinzugrübeln, beständig eine trockene Zunge und einen Kloß im Hals zu haben? Dutzende Studien versuchten gesicherte Antworten (McCullough, 2004; McCullough & Larson, 1999). Fehring, Brennan und Keller (1987) maßen bei College-Studenten Depressivität (Beck, 2001), spirituelles Wohlbefinden sowie das Ausmaß an belastenden Lebensereignissen. Depressivität korreliert negativ mit spirituellem Wohlbefinden und spirituellen Lebenszielen; leicht positiv hing sie mit belastenden Änderungen der Lebensumstände zusammen. Letztere lösen aber nicht zwingend depressive Verstimmungen aus, vor allem dann nicht, wenn College-Studenten über spirituelle Ressourcen verfügen. Im Hinblick auf Depressivität erfüllt Spiritualität eine Pufferfunktion.

Auch in so kritischen Lebenssituationen wie Obdachlosigkeit, wenn Männer und Frauen unter Brückenbögen nächtigen müssen und niemanden mehr haben, schützt spirituelles Coping (speziell als Gebet) vor depressiver Verstimmung (Shuler, Gelberg & Brown, 1994); ebenso in schwerster Krankheit und im Sterben (Nelson, Rosenfeld & Breitbart, 2002).

Doolittle und Farrell (2004) untersuchten, welche Dimensionen von Spiritualität vor Depression besonders effektiv schützen. Sie teilten 122 Patienten aus ärmlichen Verhältnissen in zwei Gruppen: eine depressiv angeschlagene und eine „gesunde". Letztere glaubten häufiger an eine größere Macht und an die Wirksamkeit von Gebet und Meditation. Keine Differenzen bestanden bezüglich der Häufigkeit von Kirchgang und Gebet. Dies führt zu dem Schluss, die spirituelle Intensität und weniger formale Religiosität bewahre vor Depressivität.

Der depressionsmindernde Effekt von Spiritualität ist gut gesichert (Fleming, 2001). Er ist umso stärker, je liebevoller die Beziehung zu einer höheren Wirklichkeit (Gott) ist (Levin, 2002) bzw. zu je mehr Selbsttranszendenz Menschen fähig sind (Ellermann & Reed, 2001). Wer von sich selber absehen und sich einer Aufgabe, einem Du zuwenden kann, gerät weniger leicht in schwermütiges Grübeln.

Dass Spiritualität die Ursache für eine Besserung von Depressivität sein kann, belegen außerdem Studien zu solchen Therapien, die gezielt spirituelle Komponenten einsetzen und damit beachtliche Linderung von depressiven Syndromen erreichen (Kap. 5.3). Dagegen halten könnte man: Kann es nicht auch sein, dass eine frohe Grundstimmung zu mehr Spiritualität motiviert?

Schutz vor Suizidalität. Schlimmstenfalls enden Depressionen, wenn sich Menschen in unvorstellbarer Verzweiflung das Leben nehmen. Dass Spiritualität und intrinsische Religiosität Suizidalität reduzieren, ist gut gesichert (Koenig, McCullough & Larson, 2001). Entscheidend ist weniger die formale Religionszugehörigkeit – ausgenommen die Muslime, die eine niedrigere Suizidalität haben (Simpson & Conklin, 1989) – als vielmehr die Intensität der religiös-spirituellen Praxis und Überzeugung. Amerikanische Ureinwohner haben eine signifikant niedrigere Suizidneigung, wenn sie sich mit der Spiritualität ihrer Vorfahren verbunden fühlen (Garroutte et al., 2003). Bei Angehörigen eines religiösen Kibbutz ist die Wahrscheinlichkeit von Suizid vier Mal geringer als in einem säkularen Kibbutz (Kark et al., 1996). Im Jugendalter, das eine besondere Affinität zum (Frei-)Tod hat (Tristan-Syndrom), ist Spiritualität einer der stärksten Schutzfaktoren gegenüber suizidalen Neigungen (Stein et al., 1992).

4.2.3 Weitere positive Einstellungen und Verhaltensweisen

Im Folgenden wird die fünfte Komponente der von Emmons (2000) beschriebenen „spirituellen Intelligenz" konkretisiert. Die vier ersten beziehen sich auf die Fähigkeit zu (Selbst-)Transzendenz, höhere Bewusstseinszustände, die Heiligung von Alltäglichem und spirituelles Coping. Die fünfte beinhaltet „tugendhaftes Engagement", Hoffnung, Generativität und Kreativität, Vergebung, Dankbarkeit und schließlich Gelassenheit und Hinnahme.

Hoffnung

Hoffnung ist ein Indikator für psychische Gesundheit und eine Form der (Selbst-) Transzendenz, indem in ihrem Vollzug auf die Zukunft vorgegriffen und darauf gesetzt wird, dass andere Subjekte (Menschen, Gott) die Lage verbessern werden. Hoffnung ist Energie für zukünftiges Leben, eine christliche Kardinaltugend (1 Kor 13,13) und gemäß dem griechischen Mythos der Menschheit zutiefst eigentümlich: Hoffnung verblieb in der Büchse der Pandora zurück, weshalb die Erde ein trostloser Ort wurde. Erst später ließ sie diese auch noch frei, um das Leiden der Menschen erträglicher zu machen.

Hoffnung und Spiritualität hängen zusammen (Überblick: Koenig, McCullough & Larson, 2000, 206–210). Carson, Soeken und Grimm (1988) fanden eine Korrelation von r = .73. In einer neueren Studie stellten Frey et al. (2004) bei Studierenden einer Katholischen Hochschule fest, dass spirituelles Wohlbefinden und Hoffnung, gemessen nach Snyder et al. (1997), zu r = .40 korrelieren.

Hoffnung nützt der Gesundheit, zeigte eine der selteneren prospektiven Studien. Von den von Everson et al. (1996) untersuchten 2.400 Finnen hatten diejenigen, die auf einer früher ausgefüllten Hoffnungsskala geringe Werte aufgewiesen hatten, eine dreimal höhere Wahrscheinlichkeit, an Infarkten oder Karzinomen zu sterben. Studierende, die zu Studienbeginn voller Hoffnung waren, erfreuen sich nach vier Semestern eines stärkeren Immunsystems (Segerstrom, 1998).

Hoffnung in Krisen. Vor allem in Krisen wirkt Hoffnung erleichternd, speziell für schwer Erkrankte. Die Hoffnung stirbt zuletzt. Aids-Patienten ging es umso besser, je lebendiger ihre Hoffnung war (Carson et al., 1990), ebenso betagten Engländern, denen Altersbeschwerden schwer zu schaffen machten (Davis, 2005). Fehring, Miller und Shaw (1997) eruierten bei Krebspatienten Korrelationen zwischen der Stärke der Hoffnung, dem Wohlbefinden und einem aktiven Copingstil. Hoffnung ist bei schwer Erkrankten dynamisch und adaptionsfähig (Herth, 1990). Solange sie ihr Leben noch einigermaßen managen können, richtet sich die Hoffnung auf Genesung. Nachdem die Unausweichlichkeit des Sterbens akzeptiert ist, hoffen sie für ihre Angehörigen sowie darauf, in Frieden sterben zu können. Wie mehrfach nachgewiesen, korreliert Hoffnung signifikant negativ mit Depression, positiv hingegen mit Selbstwertgefühl (VandeCreek, 1994). Muslime, im Kosovo und in Bosnien Opfer von Krieg, Genozid an ihren Angehörigen und von Vertreibung, bewältigten ihr Schicksal umso zuversichtlicher, je stärker sie auf Gott hofften (Ai, Peterson & Huang, 2003).

Es mutet paradox an: Gerade Menschen, die nicht mehr alles auf ihre eigenen Kräfte setzen, sondern ihre Zukunft einer anderen Instanz als sich selber anvertrauen, fühlen sich stärker und selbstbewusster.

Generativität und Kreativität

Psychisch gesund sind Menschen auch dann, wenn sie ihre Potentiale verwirklichen. Tloczinyki, Knoll und Fitch (1997) fanden: Je ausgeprägter die Spiritualität, desto mehr Unabhängigkeit und Selbstverwirklichung, desto mehr Sensibilität für Gefühle, sowohl für eigene als auch die von anderen. Spirituelle Selbstverwirklichung ist nicht solipsistisch, nicht Fixierung auf das Ego, sondern generatives, schöpferisches Verhalten.

Generativität. Wie Generativität mit spirituell-religiösen Variablen korreliert, untersuchten Dillon, Wink und Fay (2003). Die Autoren differenzierten zwischen institutioneller Religiosität und persönlicher Spiritualität und fanden, dass beide signifikant mit Generativität im Sinne von Erikson (1973) zusammenhängen, insbesondere dem selbstlosen Einsatz für das Wohlergehen zukünftiger Generationen. Altruistisch-generatives Handeln gehört zum ethischen Kodex aller Religionen und wird durch individuelle Spiritualität begünstigt, die nicht antithetisch zu gemeinschaftlicher Bindung und Verpflichtung ist (Dillon, Wink & Fay, 2003). Generativität ist in sich spirituell, weil das Ego hin zu den folgenden Generationen transzendiert wird.

„Gesunder“ Narzissmus und Spiritualität. In einer weiteren Analyse bezogen Wink, Dillon und Fay (2005) Spiritualität auf das Konzept des Narzissmus. Kulturkritische Autoren wie Lasch (1995) unterstellten, die gestiegene Nachfrage nach Spiritualität (und Therapie) sei ein Indiz für einen ängstlichen, übersensiblen Narzissmus, der sich der sozialen Verantwortung entziehe. Wink, Dillon und Fay (2005) unterscheiden diesen Narzissmus vom „gesunden und autonomen Narzissmus“, der sich als Offenheit für neue Erfahrungen und Interesse an persönlichem Wachstum konkretisiert. Mit Letzterem korreliert Spiritualität signifikant. Hypersensitiver Narzissmus hingegen wird durch Spiritualität und die Inanspruchnahme einer Psychotherapie nicht begünstigt, aber auch nicht reduziert. Spiritualität, auch wenn sie sich in einer auf das Selbst bezogenen Psychotherapie konkretisiert, sei mehrheitlich mit einer gesunden Form des Narzissmus verknüpft.

Kreativität ist ein Indikator für psychische Gesundheit. Menschen, die in Depressionen versunken sind, können kaum mehr schöpferisch sein. Anders hingegen spirituelle Personen, etwa Einstein oder der Sänger Leonard Cohen, der Jahre in einem buddhistischen Kloster verbrachte. Studenten, die häufig Transzendenz oder Paranormales erfuhren, interessierten sich nicht nur stärker für Kunst und Kreativität, sondern wurden auch häufiger in diese Richtung aktiv (Kennedy & Kanthamani, 1995). Kreative Persönlichkeiten verfügen über Kompetenzen, die für Spiritualität prädisponieren: Offenheit für neue Erfahrungen (auch für veränderte Bewusstseinszustände), Flexibilität der Wahrnehmung und Ich-Grenzen, emotionale Sensitivität, Empfindung des Einsseins mit Anderem und anderen, Empfänglichkeit für starke Gefühle und unübliche Ideen (Murphy, 1992). Ohnehin wurde Kreativität seit Jahrtausenden als spirituelles Phänomen gewürdigt, in der Antike als Eingebung durch die Musen, in der christlichen Tradition als Inspiration durch den Heiligen Geist. Auch heute lebende Künstler erfahren ihre Kunst mitunter als von außen her zuströmend, so der Komponist Alexander Goher: „Die Musik schreibt sich selbst. Da ist kein Komponist mehr, der das Material vor sich her schiebt, sondern vielmehr ein Diener, der das ausübt, was die Noten von selbst bedeuten ... Da überkommt mich auch das ozeanische Gefühl des Einsseins mit allem, was um mich herum ist." (Funk, 2000, 65).

Vergeben und verzeihen

Religiöse Traditionen ermuntern ihre Anhänger, ihren Mitmenschen, die an ihnen schuldig geworden sind, zu verzeihen, nicht siebenmal, sondern siebenundsiebzigmal (Mt 18,22). Verzeihen war wegen seines hohen Stellenwerts in Religion und Theologie lange ein psychologisches Randthema. In den letzten Jahren etablierte sich eine Psychologie des Verzeihens (Enright & Fitzgibbons, 2000; McCullough, Pargament & Thoresen, 2000), nicht nur in therapeutischen Settings (Sanderson & Linehan, 1999) (Kap. 5.2), sondern auch im Hinblick auf alltägliches Wohlbefinden und psychische Gesundheit (Thoresen, Harris & Luskin, 2000).

Verzeihen ist jener Prozess, in dem ein Subjekt seine negativen Affekte und Kognitionen gegenüber einem Täter, der absichtlich schädigte oder verletzte, positiv verändert, und zwar intentional und nachhaltig. Geteilt sind die Meinungen darüber, ob die Reue des Täters vorausgehen muss. Britische Geistliche halten dies mehrheitlich nicht für erforderlich, anders hingegen die Durchschnittsbevölkerung (Macaskill, 2005). Verzeihen kann auch intrapersonal geschehen. Wenn Menschen auf ihr Leben zurückblicken, registrieren sie unweigerlich Fehler und Schuld. Sich selbst zu verzeihen, kann enorm erleichtern und die Selbstakzeptanz erhöhen, die eine zentrale Komponente psychischen Wohlbefindens ist (Ingersoll-Dayton & Krause, 2005).

Erleichterung. Wirkliches Verzeihen, dem immer – oft bitterer – Gram vorausgeht, kann schwer sein und viel Zeit benötigen, zumal bei schwerwiegenden Demütigungen. Aber die Effekte sind heilsam. Inzestopfer, durch ein Interventionsprogramm zum Verzeihen ermuntert, waren weniger ängstlich, zornig und depressiv (Freedman & Enright, 1996). Personen, die imaginierten, wie sie einem Übeltäter verzeihen, zeigten verminderte physiologische Stressindikatoren (Blutdruck) und berichteten über weniger Zorn und Traurigkeit (Witvliet, Ludwig & van der Laan, 2000). Für Schwennen (2004, 149) ist Verzeihen „der schnellste Weg, um Leid und Schmerz zu beenden. ... Menschen, die verzeihen können, gelingt es häufiger, wieder eine positive Beziehung zu dem, der sie gekränkt hat, aufzubauen."

Personen, die zu Neurotizismus neigen, tun sich mit Verzeihen schwerer (Maltby, Day & Barber, 2004). Wer kaum zur Vergebung fähig ist, ist ängstlicher, besorgter und weniger gut in der Lage, Stress aktiv zu bewältigen. Auch geringere Empathie reduziert die Bereitschaft zum Verzeihen (McCullough, Worthington & Rachal, 1997). Positiv formuliert: Eine Person, die vergeben kann, ist psychisch gesund (Sanderson & Linehan, 1999, 210).

Religiös-spirituelle Menschen verzeihen leichter. Heim und Rye (2002) verglichen die Vergebungsbereitschaft von Juden und Christen und registrierten keine Differenzen, jedoch signifikante Zusammenhänge mit spirituellem Wohlbefinden. Personen, die empathisch, altruistisch, offen und demütig sind, verzeihen leichter als selbstgerechte und auf sich selbst fixierte Personen, die sich auch mit Selbsttranszendenz – ein Grundzug von Spiritualität – schwerer tun (McCullough & Worthington, 1995). Younger et al. (2004) konstatierten bei Studierenden einen positiven Zusammenhang zwischen Spiritualität, Vergebung und Wohlbefinden, jedoch eine negative Korrelation mit Distress. Der Effekt formaler Religiosität (Gottesdienstbesuch) sei demgegenüber geringer.

Die von den Religionen angemahnte Vergebungsbereitschaft führt nicht zwingend dazu, dass einem Übeltäter faktisch verziehen wird – dies geschieht umso leichter, je glaubwürdiger sich Täter entschuldigt haben (Younger et al., 2004). McCullough und Worthington (1999) erklären die Diskrepanz zwischen Vergebungsbereitschaft und -praxis mit sozialer Erwünschtheit: Vergebung wird zwar in religiös-spirituellen Settings als wünschenswert angesehen, aber der Geist ist willig, und das Fleisch ist schwach.

Dankbarkeit

Dankbarkeit gilt als Mutter der Tugenden. Für Buddha ist eine Person dann ehrenhaft, wenn sie achtsam und dankbar für alles ist, was sie von anderen erhält. Dankbarkeit, ein psychologisches Konstrukt, das in der Positiven Psychologie vermehrt auf Interesse gestoßen ist (Emmons & Shelton, 2001), wird von Spiritualität begünstigt und zeitigt wünschenswerte Effekte. Denn dankbare Personen, auch bei kleinen alltäglichen Vorkommnissen, sind mit ihrem Leben zufriedener, fühlen sich stärker mit ihren Mitmenschen verbunden und erleben mehr positive Affekte. Dankbarkeit ist ein stabiles Persönlichkeitsmerkmal (McCullough, Emmons & Tsang, 2002).

Spiritualität und Dankbarkeit. McCullough, Emmons und Tsang (2002) erhoben Dankbarkeit mit einer eigens entwickelten Skala (Items wie: „Ich bin dankbar für alles, was ich im Leben erhalten habe", „Manchmal empfinde ich Dankbarkeit für die kleinsten Dinge") und fanden eine positive Korrelation mit Spiritualität, die stärker ist als die mit Kirchenbesuch und Bibellektüre. Eine kausale Interpretationen – Spiritualität führt zu Dankbarkeit – sei problematisch, weil gelebte Dankbarkeit auch Spiritualität erhöhen kann, insbesondere die Verbundenheit mit allem Leben. Mehr Dankbarkeit geht außerdem mit mehr prosozialem Handeln einher, desgleichen mit den Persönlichkeitseigenschaften „Liebenswürdigkeit" und „Extraversion"; sie korreliert negativ mit Neurotizismus, materialistischen Werten, Neid, Depressivität und Ängstlichkeit, positiv hingegen mit Optimismus.

Demut bzw. Bescheidenheit steht der Dankbarkeit nahe und ist eine Komponente von Spiritualität. Bescheidene Menschen sind sich ihrer eigenen Grenzen bewusst und nicht in jener Weise auf sich selbst fixiert wie Personen mit Typus-A-Verhaltensmustern, speziell Dominanzverhalten und starkem Ehrgeiz, die das Risiko von Herzerkrankungen erhöhen (Bracke & Thoresen, 1996).

Gelassenheit und Hinnehmen

Ein weiterer Indikator für psychische Gesundheit ist es, wenn bei Schwierigkeiten nicht gleich zu aggressiven Strategien gegriffen wird, sondern man souverän und gelassen bleibt. Dies wird durch Spiritualität erwiesenermaßen begünstigt (Zainuddin, 1993).

„Lassen können" würdigt Belschner (2001) als unverzichtbare Komponente von Lebenskunst. Aktivität, verbunden mit dem Willen, das Leben voll und ganz zu kontrollieren, sei zu einem nicht-hinterfragten Habitus der westlichen Welt geworden. Kontrolle bedingt Distanz, wodurch eine spirituelle Perspektive – sofern sie als Verbundenheit aufgefasst wird – erschwert wird. Anders hingegen, wenn der Mensch sich auf das Nichts-Tun einlässt bzw. sich einem Größeren anheim gibt. Dies sei keinesfalls Faulheit oder Fatalismus, sondern die Voraussetzung für spirituelle, ja mystische Erfahrungen. Der Weg zur Mystik könne nur zum Ziel führen, wenn er absichtslos gegangen wird.

Gelassenheit und Aktivität schließen sich nicht aus, sondern sind komplementär. In einer Studie mit 466 Patienten der Klinik Heiligenfeld in Bad Kissingen zeigte Belschner (2001), dass diese bei ihrer Entlassung signifikant höhere Werte auf einer Skala zu Selbstwirksamkeit sowie bei Transpersonalem Vertrauen (Belschner, 2000) aufwiesen, als dies bei der Hospitalisierung der Fall war. Weniger Beschwerden hatten aber nur jene Patienten, die sowohl bei Selbstwirksamkeit als auch bei Transpersonalem Vertrauen höhere Werte erreichten. Diese seien „nicht nur darauf zentriert, wieder Kontrolle über ihre Lebenssituation erlangen zu wollen und sie auch wieder auszuüben, sondern sie können sich auch gelassen dem Strom des Geschehenen anvertrauen" (Belschner, 2003, 131).

Sekundäre Kontrolle. Hinnehmen können kann – wie paradox es auch erscheinen mag – eine Form der Kontrolle sein, und zwar der sekundären (Rothbaum, Weisz & Snyder, 1982). Indem leidvolle Erfahrungen sinnhaft gedeutet werden – als Wille Gottes, als eingebettet ins Sansara, den Kreislauf von Tod und Wiedergeburt –, werden sie erträglicher.

Akzeptanz ist ein der Gelassenheit nahe stehendes, spirituelles Konstrukt. Sie ist nicht Resignation, Unterwürfigkeit oder Passivität, sondern vielmehr die Fähigkeit, all das voll zu „umarmen", was im gegenwärtigen Moment geschieht, auch das Widerwärtige, auch das Leid (Sanderson & Linehan, 1999, 200). Akzeptanz ist das „Es ist wie es ist" im bekannten Gedicht „Was es ist" von Erich Fried, das von der Liebe gesprochen wird.

Zahlreiche spirituelle Meister haben Akzeptanz vorgelebt: Buddha, der die Unvermeidlichkeit von Alter, Krankheit und Tod hinnahm; Hiob, in der Asche sitzend und betend: „Der Herr hat gegeben, der Herr hat genommen; gelobt sei der Name des Herrn." (Ijob 1, 21b) Vor allem gegen das Lebensende kann die Akzeptanz des näher rückenden Todes, die durch spirituelle Überzeugungen erleichtert wird, die Befindlichkeit verbessern (Ardelt, 2003).

Ein erklärtes Ziel in der Psychotherapie wurde denn auch darin bestimmt, dass Klienten lernen, Unveränderliches anzunehmen (Hayes, (2002).

4.2.4 Warum Spiritualität psychisches Wohlbefinden fördert

Erörtert wird zunächst die Sinnhypothese, denn eine zentrale Funktion religiös-spiritueller Traditionen bestand und besteht darin, Welt und Dasein als sinnhaft zu deuten. Eine weitere Erklärung ist soziale Unterstützung durch Religionsgemeinschaften, sodann die „Theorie der positiven Emotionen/Selbstwertthese". Abschließend sind die empirisch nachgewiesenen Effekte meditativer Praktiken zu erörtern.

Sinn

Wenn der Mensch ein Warum habe, ertrage er jedes Wie, so Friedrich Nietzsche. Antworten auf die großen Warum- und Sinnfragen boten seit dem Beginn der Menschheitsgeschichte die religiösen/spirituellen Traditionen. Auch in der aktuellen Diskussion über Spiritualität und ihre Effekte spielt „Sinn" eine Schlüsselrolle. Mehr Spiritualität bedeutet mehr Sinngewissheit, dies wurde wiederholt nachgewiesen (Emmons, 1999; Helminiak, 1996; Reker & Chamberlain, 2000). Zahlreiche Konzepte von Spiritualität schließen die Sinndimension konstitutiv ein (Brady et al., 1998; Karasu, 1999). Mehrere Spiritualitätsskalen enthalten Items, die sich auf Sinn beziehen, am ausgeprägtesten die „Spirituelle Sinnskala" von Mascaro, Rosen und Morey (2004). Auch die oft eingesetzte FACIT-Sp-Scale (Functional Assessment of Chronic Illness Therapy – Spiritual well-being) (Brady et al., 1999) enthält eine Subskala „Sinn", die auf Variablen des Wohlbefindens den stärksten Effekt zeitigt.

Spiritualität ist nicht die einzige Sinnressource. Richter (aus Tausch, 2004, 91) fand in einer Befragung von 213 Hamburgern, dass die am häufigsten spontan genannte Sinnkategorie die Familie war (68 Prozent), 18 Prozent nannten religiösen Glauben und Spiritualität. Aber im Hinblick auf Sinn bedeutsamer wird Spiritualität dann, wenn Personen in Bedrängnis geraten. Brady et al. (1999) wiesen bei Krebskranken einen engen Zusammenhang zwischen Sinnerfahrung und Spiritualität nach. Die höhere Lebenszufriedenheit von Personen, selbst wenn sie sich in akuten Krisen befinden, sei damit zu erklären, dass sie diese als sinnvoll interpretieren und bestenfalls in einen kosmischen Sinn einbetten können (Bauer & Farran, 2005). Angesichts der wichtigen Pufferfunktion von Sinn, speziell in lebensbedrohenden Situationen, ist die Forderung verständlich, in der Pflege, vor allem von sterbenden Menschen, Sinn therapeutisch anzuwenden (Breitbart et al., 2004).

Kohärenz ist ein der Sinnkategorie nahe stehendes Konstrukt, das von Antonovsky (1979) untersucht und bekannt gemacht wurde. Es beinhaltet die Fähigkeit, die Lebenssituationen zu verstehen, in ihnen handeln zu können und sie als sinnvoll zu erfahren. Kohärenz ist einer spirituellen Weltsicht insofern eigentümlich, als eine solche die grundsätzliche Verbundenheit von allem akzentuiert. Mehr Kohärenz korreliert mit Wohlbefinden (Gibson & Parker, 2003), mit besseren Gesundheitswerten und einem gesundheitsförderlichen Lebensstil (Larsson et al., 1994).

Soziale Einbettung und Unterstützung

Menschen fühlen sich besonders wohl, wenn sie bei ihren Freunden und Bezugspersonen und sozial eingebettet sind (Argyle, 1999). Insofern Religionen soziale Gebilde sind und eine zentrale Funktion darin besteht, eine Gesellschaft in ihrem Innersten zusammenzuhalten, versteht sich ihr mehrfach nachgewiesener positiver Effekt auf psychisches Wohlbefinden (Cohen, Underwood & Gottlieb, 2000; Levin, 2001) aber auch auf Gesundheitsvariablen (vgl.Kap. 4.1).
Gemeinsame religiös-spirituelle Praxis hält gesund. Bei 232 herzkranken Patienten war die Mortalitätsrate geringer, wenn sie in eine Religionsgemeinschaft eingebettet waren (Oxman et al., 1995). Menschen, die ihre Spiritualität gemeinschaftlich pflegen, werden seltener depressiv (McCullough & Larson, 1999). Witwen kamen mit ihrer Situation besser zurecht und waren zufriedener, wenn sie ihre Spiritualität mit Gleichgesinnten praktizieren konnten (Neill, 1999). Levin, Chatters und Taylor (1995) fanden bei 2.000 Schwarzamerikanern, dass die Pflege religiöser Gemeinschaft positiv mit Gesundheit und Wohlbefinden korreliert. Dieser Effekt bestand auch, nachdem die Variable Gesundheit kontrolliert worden war. D.h. Religiosität erhöht das Wohlbefinden direkt, und nicht nur vermittelt über Gesundheit, die jedoch eine wichtige Determinante von Wohlbefinden ist.

Es stellt sich die Frage, ob solche Effekte auch für Deutschland festgestellt werden können. Unterschiede sind denkbar, da in den USA das kirchliche Gemeindeleben eine stärkere soziale Funktion hat. In der Tat fand Dörr (2004) in einer Studie mit 248 Deutschen, dass sich das „soziale religiöse Potenzial“ auf das psychische Wohlbefinden nur marginal auswirkte, was sie mit der hierzulande häufigeren „privaten Religionsausübung“ erklärte. Auch stellt sich die Frage, ob bei der populären Spiritualität – vielfach als private Erfahrung eines Umfassenderen aufgefasst – der Effekt sozialer Einbettung gleichermaßen stark ist. Aber wenn Spiritualität als Verbundenheit, auch mit der sozialen Mitwelt, erlebt wird, ist dies nicht auszuschließen.

Positiver Selbstwert

Traditionelle Spiritualität schädigte bei vielen Menschen das Selbstwertgefühl. Die mittlerweile weniger als eine Million katholischen Gottesdienstbesucher in Österreich (elf Prozent) singen vor der Kommunion heute noch: „O Herr, ich bin nicht würdig". Die psychischen Folgen waren mitunter desaströs: Geringer Selbstwert, Schuldgefühle, Depressivität (Hood, 1992).

Selbstwerthypothese. Religiosität/Spiritualität kann aber auch den gegenteiligen Effekt haben und das Selbstwertgefühl erhöhen (Schowalter & Murken, 2003, 150). Ein positives Selbstwertgefühl erhöht das Wohlbefinden und kann genährt werden durch Kognitionen wie: Ebenbild Gottes zu sein, von ihm unbedingt geliebt zu werden, in ein größeres Ganzes eingebettet zu sein. In einer Studie mit mormonischen Jugendlichen zeigte sich, dass Selbstwert – operationalisiert u.a. mit dem Item: „Ich habe eine ganze Reihe guter Qualitäten" – mit spirituellen Erfahrungen – bspw. „Es gab Zeiten in meinem Leben, in denen ich den Heiligen Geist spürte" – deutlich stärker zusammenhängt als mit öffentlicher Religionspraxis (Top, 2003).

Effekte von Meditation

Eine Lehrerin, die regelmäßig meditierte, beschrieb die Effekte so: „Meine Empfindungen sind stärker zentriert, ganzheitlicher, ruhiger, voller Friede, ausgefüllter und fest gegründet." (Miller & Nozawa, 2002, 185)

Weniger Depressivität, gemessen mit dem Freiburger Persönlichkeitsinventar, registrierten Fehr, Nerstheimer und Tober (1977) bei Praktizierenden der Transzendentalen Meditation. Ein auf Achtsamkeit gegründetes Entspannungsverfahren hob bei depressiv verstimmten Personen das Wohlbefinden deutlich (Teasdale et al., 2002). Kabat-Zinn et al. (1992) stellten bei 22 Meditierenden einen signifikanten Rückgang von Depressivität fest, der mit einer Befreiung von Panikattacken einherging.

Weniger Ängstlichkeit. Noch häufiger untersucht wurde, ob meditative Praxis von Angstsyndromen entlastet (Donovan & Taylor, 1997; Piron, 2003). Üblicherweise füllten die Probanden klassische Angstfragebögen aus, und zwar vor der Aufnahme von Meditation sowie nach einigen Wochen entsprechender Praxis. Die Meditierenden, die Davis (1977) untersuchte, wiesen nach zwei Monaten eine deutlich geringere Ängstlichkeit auf als eine Vergleichsgruppe, die progressive Entspannungsübungen praktizierte. Aufgrund solcher Ergebnisse, dutzende Male repliziert, zieht Engel (1999) den Schluss, der religiös-meditative Weg sei bestens geeignet, Furcht und Angst zu mindern, was schon seit jeher ein vornehmliches Ziel von Religiosität/Spiritualität war (und ist).

Mehr Glück und Wohlbefinden aufgrund von Meditation wurde wiederholt nachgewiesen. Meditative Praxis kann in den Flow-Zustand führen, der als Glück erlebt wird, ohne dass dieses bewusst angestrebt wird. Goleman (1976) beschrieb, wie bei Meditierenden die Handlung und das Bewusstsein in einer untrennbaren Konzentration miteinander verschmelzen und sich die Aufmerksamkeit auf ein begrenztes Stimulus-Feld konzentriert. Teasdale et al. (2002) legten dar, wie das Meditieren erleichtert, negative Kognitionen zu unterbrechen und die Praktizierenden aus dem so genannten „Affengeist" herauszuführen, der auch dadurch charakterisiert wird, dass die Aufmerksamkeit, wie die Affen von einem Baum zum anderen, von einem Gedanken zum anderen springt.
Erhöhtes Selbstwertgefühl. Obschon Meditierende vom eigenen Selbst absehen und fähiger sind zur Absorption – beispielsweise sich voll und ganz Sinneseindrücken wie Musik oder einem Sonnenuntergang hinzugeben (Ott, 2005) –, erhöht Meditation das Selbstwertgefühl (Alexander, Rainforth & Gelderloos, 1991). Auch begünstigt sie die Selbstaktualisierung im Sinn von Maslow (Donovan & Taylor, 1997), führt zu mehr kognitiver Flexibilität (Kutz, Borysenko & Benson, 1985) und mehr Empathie (Engel, 1999). Der mögliche Vorwurf, Meditation vereinzele und isoliere, trifft nicht zu. Dezerotes (2000) meditierte mit verhaltensauffälligen Jugendlichen, worauf sich etliche so äußerten: „Ich fühle mich Gott näher, aber ich kümmere mich auch mehr um andere." Meditative Praktiken können sich auch auf andere positiv auswirken, so das Singen spiritueller Lieder und das mantramäßige Aufsagen heiliger Namen selbst auf Föten im Mutterleib (Oman & Driskill, 2003).

4.3 Reduziert Spiritualität Stress und erleichtert sie Coping?

„Wenn das Elend am größten ist, ist Gott am nächsten." (Jüdisches Sprichwort)

Jeder zweite deutsche Arbeitnehmer gab in einer 1998/99 durchgeführten Umfrage an, praktisch immer unter Zeitdruck und Stress zu stehen (www.online-netzwerk-lernen.de/stress [11.9.2006]). Der amerikanische Arzt Herbert Benson (1997) konstatierte, 60 bis 90 Prozent der Arztbesuche erfolgten aufgrund von Beschwerden, die durch Stress ausgelöst würden. Viele „spirituelle" Angebote setzen beim alltäglichen Stress an und versprechen dessen Reduktion, so ein im Sommer 2004 geplantes Fastenwandern in den Pyrenäen. Aber trifft in der Tat zu, dass Spiritualität Stress reduziert bzw. die Ressourcen erhöht, mit Belastungen umzugehen und in ihnen ruhig zu bleiben, im besten Fall darüber stehend wie ein Buddha?

4.3.1 Reduziert Spiritualität alltäglichen Stress?

Die Studien, die den Effekten von Spiritualität auf Stress und Stressbewältigung nachgehen, sind kaum mehr zu überschauen (Harpur, 2002; Koenig, McCullough & Larson, 2001; Spilka et al., 2003). Zunächst erörtern wir Spiritualität und alltäglichen Stress (Kap. 4.3.1), sodann, ob und wie Spiritualität Stress in traumatischen Lebensereignissen lindert (Kap. 4.3.2).

Wer sich Tag für Tag gestresst fühlt, am Morgen durch den Verkehrsstau, tagsüber durch nicht funktionierende Software, abends durch das Wortgefecht mit pubertierenden Kindern etc., der entwickelt, was die Buddhisten „Papanca" nennen: Affengeist (Benson, 1997, 155). Der Körper wird auf die Kampf- oder Fluchtreaktion eingestellt, Blutdruck und Herzfrequenz steigen, die Muskeln spannen sich an, Adrenalin und Noradrenalin werden ausgeschüttet – aber die lösende Reaktion erfolgt nicht. Die Folgen sind als Zivilisationskrankheiten hinlänglich bekannt.

Spiritualität als Puffer gegen Stress – dies fanden Kim und Seidlitz (2002) in einer Studie mit südkoreanischen Studenten. Jene mit intensiverer Spiritualität zeigten geringere negative Reaktionen und psychosomatische Beschwerden auf Stressbelastung als jene mit einem niedrigen spirituellen Index, und zwar unabhängig, ob sie religiös gebunden waren oder nicht. Infolgedessen sei zwischen „Spiritualität" und „Religiosität" zu differenzieren. Ein Mehr an Spiritualität sei psychohygienisch wünschenswert, weil dies negativen Affekten und psychosomatischen Beschwerden vorbeuge.

Stress kann in den verschiedensten Bereichen erlebt werden. Der „Erholungs-Belastungsfragebogen" von Kallus (1995) beansprucht, bereichsspezifisches Stresserleben zu messen. Lawler und Younger (2002) setzten ihn in einer Untersuchung zum Zusammenhang zwischen Spiritualität und Stress ein und fanden, dass Spiritualität mit Stress negativ zusammenhängt, insbesondere mit Belastungen durch Konflikte, Schlafstörungen, fehlende Energie und im emotionalen Bereich.

Zu alltäglichem Stress kann werden, Tag für Tag schwer kranke Mitmenschen zu pflegen und zu erleben, wie sie wegsterben. Etliche Studien wiesen nach, dass Pflegepersonen Spiritualität als hilfreich und als Puffer gegen Stress erfahren. Krankenschwestern mit hoher Spiritualität fürchten den Tod weniger, fühlen sich besser und sind bereiter, auch HIV-Kranke zu pflegen (Sherman, 1996).

Meditation verringert Stress. Die spirituelle Praxis par excellence ist Meditation (Kap. 4.1.4). In einer Interventionsstudie mit 200 angehenden Studenten der Medizin zeigten Shapiro, Schwartz und Bonner (1998), dass die auf Achtsamkeit gegründete Meditation nach Kabat-Zinn (1994), nachdem sie acht Wochen lang praktiziert worden war, den psychischen Stress nachhaltig verringerte. Umgekehrt stiegen die Werte auf der Spiritualitätskala nach Kass et al. (1991) signifikant an.

Keinen signifikanten Effekt von Spiritualität auf Stressreduktion fanden Plante, Sauceda und Rice (2001) bei 132 Angehörigen einer katholischen Universität.

Sie erklären dieses „wenig überraschende Ergebnis" damit, spirituelle Ressourcen würden weniger im routinemäßigen Alltag mobilisiert, sondern dann, wenn der Stress stärker, ja traumatisch werde.

4.3.2 Lindert Spiritualität traumatischen Stress?

Spiritualität in und nach schweren Verlusterfahrungen

Nichts kann Mütter und Väter dermaßen erschüttern wie der Sarg ihres toten Kindes. In seiner Untersuchung mit solchen Eltern operationalisierte Maton (1989) als starken Stress, wenn dieses Ereignis noch nicht zwei Jahre zurücklag, und als geringeren, wenn mehr Zeit verflossen war. In der ersten Gruppe (starker Stress) reduzierte Spiritualität – operationalisiert als von Gott erfahrene Unterstützung – die Depression stärker als in der zweiten; auch erwies sie sich als hilfreicher bezüglich des Selbstwerts. Er zog den Schluss, Personen in stark belastenden Situationen würden aus ihrer Spiritualität eher einen positiven Nutzen ziehen als in weniger belastenden. Auch Znoj, Morgenthaler und Zwingmann (2004) fanden in einer Stichprobe von 90 Eltern, die ein Kind verloren hatten, dass religiöses Coping mit geringerer Depressivität einherging, zumal dann, wenn sie vom religiösen Schema „Theodizee als Plan" überzeugt waren, wonach auch der Tod eines Kindes in einen größeren Sinnzusammenhang eingebettet ist. Dies mindere die Verzweiflung, entlaste aber auch von Schuldgefühlen.

Die Stress-Mobilisierungsthese der Spiritualität von Pargament (1997) besagt, dass spirituelle Ressourcen vor allem dann eingesetzt werden, wenn Menschen in extrem stressreiche Situationen geraten und „in höchster Not alle anderen Bewältigungsformen ausgeschöpft sind" (Znoj, Morgenthaler & Zwingmann, 2004, 292). Brennan (2002) zeigte bei älteren Personen, dass spirituelle Ressourcen die psychosoziale Entwicklung umso stärker begünstigen, je kritischer die zu bewältigenden Lebensereignisse sind, exemplarisch der Verlust der Sehschärfe (bis hin zur Erblindung). Religiöses Coping, speziell das kooperative, in dem der Mensch wie ein Partner mit Gott zusammenwirkt, werde relevant, „wenn sich das Individuum mit einer schwerwiegenden Notsituation konfrontiert sieht, nicht aber, wenn es sich um alltägliche Probleme handelt" (Dörr, 2004, 271).

Spiritualität lindert Trauer. Walsh et al. (2002) erhoben bei 135 Personen, die unmittelbar eine/n Angehörige/n oder einen nahen Freund verloren hatten, Spiritualität (King & Thomas„ 1995), Depressivität und Intensität der Trauer. Sie bildeten drei Gruppen: Trauernde ohne Spiritualität, eine mit niedriger, eine mit intensiver. Bei der ersten Befragung, wenige Tage nach dem Begräbnis, trauerten alle drei Gruppen gleich heftig. Die Befragung wurde neun und 14 Monate später wiederholt. Bei den Spirituellen reduzierte sich die Trauer, wohingegen sie bei jenen ohne spirituelle Überzeugungen anstieg. Spiritualität kann den Trauerprozess beschleunigen. Richards und Folkman (1997) befragten 125 Homosexuelle darüber, wie sie den Tod ihres durch Aids hingerafften Partners bewältigt hatten. Nach wie vor sind Homosexuelle in vielen Religionsgemeinschaften, speziell fundamentalistischen, geächtet und gezwungen, eigene Formen des spirituellen Coping zu entwickeln. Die Hälfte der Befragten berichtete spontan von spirituellen Aspekten, sei es, dass sie den Freund in seinen letzten Stunden spirituell begleiteten, sei es, dass sie an eine höhere Macht und an das Fortbestehen der Beziehung über den Tod hinaus glauben: „Wenn wir alle gehen, werden wir zu Geist. Und reiner Geist kann sich mit anderen Seelen verbinden. Das heißt: Du kannst ein Teil von mir, von Gott und von allem werden, Lebendem oder Totem. Es ist wie mit einem Glas Wasser, das eine abgegrenzte Größe ist, aber schütte es in den Ozean, und es ist überall.“ (Richards & Folkman, 1997, 538) Wer Spiritualität ansprach, zeigte wünschenswertere Coping-Stile.

Spiritualität in schwerer/chronischer Erkrankung

Erleichtert Spiritualität, die Nachricht zu verkraften, dass das Leben schon bald von Krebs zerstört sein könnte? Es gibt triftige Indizien dafür (Jenkins & Pargament, 1995). Eine der ersten Studien legte Kaczorowski (1989) vor. Bei 114 Krebspatienten korrelieren spirituelles Wohlbefinden und die Angst vor dem Tod negativ ($r = -.44$), besonders stark bei den zwölf Nonnen, die in ihrem Sample waren ($r = -.86$). Diese Zusammenhänge wurden mehrfach repliziert. Krebspatienten mit starker spiritueller Orientierung (Gefühle des Einsseins mit allem, Transzendenz) waren psychosozial angepasster und verfügten über eine tröstende Perspektive auf den Tod, den sie als natürlichen Prozess und notwendigen Teil des Lebens begriffen; sie waren weniger ängstlich und depressiv (Smith et al., 1993; vgl. Chibnall et al., 2002). Reese und Kaplan (2000) fanden bei 53 Frauen mit HIV-Diagnose, dass ihre Spiritualität die Furcht vor der Erkrankung und vor dem Tod stärker reduzierte als die soziale Unterstützung. Spirituelles Wohlbefinden zeitige auch direkte Auswirkungen auf die Karzinombewältigung und erfülle nicht nur eine Pufferfunktion, fanden Laubmeier, Zakowsky und Bair (2004). Spirituelle Überzeugungen begünstigen bei Krebspatienten den aktiv-kognitiven Copingstil, gemäß dem die Person die Krankheit zwar akzeptiert (und nicht etwa verdrängt), aber zugleich versucht, ihr einen Sinn abzugewinnen, so Baider et al. (1999) in einer Studie mit 100 israelischen Patienten mit malignen Melanomen. Genau die gleichen Zusammenhänge eruierten Holland et al. (1999) bei amerikanischen Hautkrebspatienten; sie konstatierten aber auch, dass das Ausmaß an Spiritualität in ihrer Stichprobe höher war als in Israel.

Deutsche Studien. Im deutschen Sprachraum haben diese Studien mittlerweile aufhorchen lassen und Psychoonkologen zu entsprechender Forschung inspiriert, die Utsch (2005, 161) freilich noch als „dürftig“ charakterisierte, die aber in den nächsten Jahren voraussichtlich intensiver wird (Walach, 2005). Die Hamburger Medizinpsychologen Mehnert, Rieß und Koch (2003) replizierten die eben geschilderten Studien von Baider et al. (1999) und Holland et al. (1999). Die 117 befragten Krebspatienten waren zwar weniger spirituell-religiös eingestellt als die in den USA (zur israelischen Stichprobe bestanden keine Unterschiede); aber auch bei ihnen zeigten sich signifikante Zusammenhänge zwischen Spiritualität und aktiv-kognitiver Krankheitsverarbeitung. Deister (2000) befragte onkologische, kardiologische und HIV-Patienten (N = 157). Zwar verneinten sie mehrheitlich, sich seit der Diagnose intensiver mit religiösen Fragen zu beschäftigen (insbesondere die Atheisten). Aber in Übereinstimmung mit den angelsächsischen Studien zeigte sich, dass eine positive Einstellung zu Religiosität mit einer aktiven Krankheitsbewältigung und Sinnsuche einhergeht und mit passiv-vermeidendem Coping negativ korreliert (vgl. Büssing, Ostermann & Matthiessen, 2005).

Intensiv zu den Effekten spiritueller Erfahrungen auf die Bewältigung von Krebserkrankungen hat die St. Galler Psychoonkologin Renz (2003) geforscht. Von den 253 Krebspatienten, die sie betreute, bezeugten 135, während der Krankheit spirituelle Erfahrungen gemacht zu haben: „Worte einer Patientin: ‚Da ist ein großes Sein. Es gibt keine Wünsche mehr.' Eine andere umschrieb: ‚Ich bin so voll, dass ich ganz leer bin. Ich weiß nicht mehr, ob mein Zentrum in mir drin oder außerhalb ist, ob es mein Herz ist, das schlägt, oder die Erde.' Ein Mann sah sich gleichsam aus der Perspektive des Weltalls, eine große Kugel vor sich. Ehrfürchtig, achselzuckend sagte er: ‚DU'". (Renz, 2003, 33). Die Wirkungen solcher spirituellen Erfahrungen sind überwiegend positiv: „Anders im Körper, anders in Raum und Zeit, anders in Bezug auf ihre krankheitsbedingte Situation, frei, weit, intensiv, entspannt, liebend, versöhnt mit sich selbst, um nur einige typische Umschreibungen zu nennen." (Renz, 2003, 128).

Effekte bei Aids-Patienten. Tuck et al. (2001) untersuchten, wie Aids-Patienten mit ihrer Krankheit zurecht kamen und fanden, dass vor allem das existenzielle Wohlbefinden nach Paloutzian und Ellison (1982) mit erhöhter psychosozialer Anpassung und reduziertem Distress einhergeht, und weniger das religiöse Wohlbefinden (Beziehung zu Gott), das in dieser Population ohnehin weniger stark ausgeprägt ist. Coleman (2003) konstatierte bei Aids-Infizierten, dass bei den Homosexuellen Spiritualität – die als „Selbst-Transzendenz" operationalisiert wurde – einen stärkeren Effekt auf die funktionale Gesundheit zeitigte als bei Heterosexuellen.

Chronische Krankheiten. Auch bei chronischen Krankheiten, die nicht lebensbedrohlich sind, bestehen die geschilderten Zusammenhänge. Arthritispatienten kamen mit ihren beständigen und quälenden Schmerzen besser zurecht und fühlten sich weniger verlassen und einsam, wenn ihr spirituelles Wohlbefinden hoch war (Miller, 1985). Die Spiritualität von 48 älteren Frauen, welche an chronischer Arthritis litten, erwies sich als signifikant höher als in „gesunden" Vergleichsstichproben (Castellaw, Wicks & Martin, 1999).

Qualitative Studien wiesen die geschilderten Effekte ebenfalls nach. Hall (1998) interviewte Patienten, bei denen HIV lebensbedrohlich vorangeschritten war. Nach dem tiefen Schock durch die Diagnose und der teils bitteren Erfahrung, wegen der Homosexualität stigmatisiert worden zu sein, gelang es ihnen mehrheitlich, ihr „Leben spirituell zu rahmen": „Die letzten fünf Jahre begann ich, mehr hinzuhören, und das einzige, was ich in der Stille tue, ist in mich zu gehen, in den Kopf, aber mehr noch ins Herz. Wann immer mein Kopf mit Blödsinn beginnt, konzentriere ich mich auf meinen Atem und gehe in die Tiefe meiner Ressourcen." (Hall, 1998, 150) Walton und Sullivan (2004) interviewten elf Männer mit Prostatakrebs. Sie rekonstruierten vier Phasen der Bewältigung. Nach dem ersten Schock und der Realisierung, schwer erkrankt zu sein (1), erfolgte die medizinische Behandlung (2). Anschließend bemühten sie sich um Vertrauen und Hoffnung (3) und setzten ihr Leben intensiver und spiritueller als zuvor fort (4): „Prostatakrebs zu haben hat mein Bewusstsein der Sterblichkeit gesteigert. Zuvor hatte ich nie eine schwere Krankheit, und es ist mir nie etwas widerfahren, was mein Leben bedrohte, und das bewirkte, dass ich das Leben, das mir noch verbleibt, umso mehr hochschätze." (Walton & Sullivan, 2004, 143).

87 Herzpatienten, von Westlake und Dracup (2001) befragt, bedauerten zunächst mehrheitlich ihren bisherigen Lebensstil, der sie aufs Krankenlager gebracht hatte, konzentrierten sich dann aber auf das Hier und Jetzt und fanden neuen Sinn und Optimismus, dies umso leichter, je enger sie sich dabei in Verbindung zu einem höheren Wesen bzw. Gott fühlten.

Snyder (2003) sprach mit 29 Alzheimer-Patienten. Mehrheitlich artikulierten sie, die dem Eindämmern und Verlöschen ihres individuellen Bewusstseins entgegensahen, positive Effekte ihrer Spiritualität: „Mein Glaube hilft mir ... Wie jedermann es auch tun würde, habe ich mich gewundert: Warum gerade ich? Ich bin ein guter Mensch, und warum stößt gerade mir das zu? Nur Gott weiß es. Ich bin nicht verärgert, aber ich fühle mich hilflos, weil Gott meine Frage nicht mit einer Menschenstimme beantworten kann. Aber ich weiß, was er tut und dass er sich um mich kümmern wird. Er auferlegt mir nur so viel, wie ich auch tragen kann."

Auch bei der Bewältigung körperlicher Behinderungen kann sich Spiritualität als hilfreich erweisen. Eine Frau mit schwerer Skoliosis, die ihr das Gehen fast unmöglich machte, bekannte: „Es hilft mir, wenn ich denke, dass ich eine Frau bin, die von Gott erschaffen ist, und ich bin deswegen so wertvoll, bin geliebt und habe viel Schönheit in mir." (Nosek & Hughes, 2001, 22).

Spiritualität hilft nicht allen, dies ist redlicherweise nicht zu verschweigen. Eine unheilbar an Krebs erkrankte 47-jährige Frau deutete ihre Metastasen als die von Gott „präsentierte Rechnung", weil sie sich in ihrem Leben zu wenig für andere eingesetzt habe (Deister, 2000, 119). Dieses Fallbeispiel bestätigt das Konzept des (selteneren) negativen religiösen Coping, das sich auch auf die physische Gesundheit schädigend auswirken kann (Fitchett, 1999; Pargament, 1997).

Viele Patienten wünschen mehr spirituelle Pflege

Aufgrund dieser offensichtlichen Effekte von Spiritualität – mittlerweile als „Kernkomponente" der Lebensqualität bei Schwerkranken gewürdigt (Myotko & Knight, 1999) – versteht sich, dass Patienten mehrheitlich wünschen, mit ihren

Ärzten und Pflegern spirituelle Fragen anzusprechen (Larimore, Parker & Crowther, 2002). 77 Prozent der von King und Bushwick (1994) befragten US-amerikanischen Patienten befürworten, dass Ärzte ihren spirituellen Bedürfnissen Rechnung tragen, 37 Prozent wünschen ausdrücklich, dass sie Spirituelles häufiger ansprechen. Eine Befragung von 470 amerikanischen Ärzten zeigte deren grundsätzliche Bereitschaft, sich auf spirituelle Bedürfnisse von Patienten einzulassen, zumal dann, wenn sie sich dem Sterben nähern. 54 Prozent würden dann still beten und, wenn die Sterbenden dies ausdrücklich wünschen, 77 Prozent laut (Monroe, 2003). Angesichts der Tatsache, dass Europa säkularisierter ist, dürften hierzulande die Quoten geringer sein. Gleichwohl ist auch hier davon auszugehen, dass spirituelle Bedürfnisse stärker werden, wenn das Leben akut bedroht oder von ständigen Schmerzen verdunkelt ist, und dass gewünscht werden kann, mit Pflegern oder Ärzten darüber zu reden (Frick, 2002; Renz, 2003).

Keine Pflege ohne Spiritualität, war für die Pionierin der modernen Krankenpflege, Florence Nightingale (1820–1910), selbstverständlich (Widerquist, 1992). Den spirituellen Bedürfnissen der Kranken – speziell nach Hoffnung, Vertrauen und Liebe – entgegenzukommen, gilt mittlerweile in den USA als „Eckstein ganzheitlicher Pflege" (McKenzie, 2003; Nagai-Jacobson & Burkhardt, 1989; Rumbold, 2002). Auch der Münchener Psychoonkologe Frick (2002) wünscht sich „eine Art Leitfaden zur spirituellen Anamnese, der in die Hand jedes Arztes und jeder Schwester gehört". Die Berücksichtigung spiritueller Bedürfnisse durch medizinisches Personal ist ethisch zu reflektieren (Post, Puchalski & Larson, 2000), heikel und fehleranfällig. Dies zeigte Highfield (1992), indem er Krankenschwestern einschätzen ließ, welches die spirituellen Bedürfnisse von 23 Patienten mit Lungenkrebs seien; auch befragte er die Kranken selber. Letztere artikulierten eine intensive Spiritualität, die positiv mit dem Alter sowie dem selbst eingeschätzten körperlichen Wohlbefinden korrelierte. Aber die Einschätzungen der Pfleger und die Angaben der Patienten stimmten nur sporadisch überein. Das Pflegepersonal müsse dafür sensibilisiert werden, die spirituellen Bedürfnisse von Patienten zu erkennen. Mittlerweile liegen Leitfäden vor, um die Spiritualität von Patienten quasi diagnostisch und anamnetisch einzuschätzen (bspw. Anandarajah & Hight, 2001).

Spiritualität ist auch für Pflegekräfte eine nicht zu unterschätzende Ressource, wenn man Tag für Tag mit Schmerz, Leid, Tod und Trauer konfrontiert ist (Farran, 2003; Sherman, 1996), was auch für die pflegenden Angehörigen von Schwerkranken gilt (Picot et al., 1997).

4.4 Wenn Spiritualität schadet

„Spirituelle Entwicklung ist der Quellgrund für das Beste im menschlichen Leben (Großzügigkeit, Einheit, Hingabe, Altruismus, soziale Gerechtigkeit), aber auch für die dunkelsten Seiten: Völkermord, Terrorismus, Sklaverei." (Benson, Roehlkepartain & Rude, 2003, 210)

Wenn ein Mann nicht anders kann, als jeden Tag neun Stunden zu beten, um seine Ängste auf ein erträgliches Maß zu reduzieren (aus Greenberg & Witztum, 1991, 561), wird niemand von wünschenswerter Spiritualität sprechen. Erst recht nicht, wenn sich Menschen einem spirituellen Guru bedingungslos unterwerfen und diesem ihre Ehefrauen überlassen – so geschehen in Waco, Texas, bevor um die 80 Davidianer, auch Kinder, in den Flammen umkamen. Schwieriger wird ein Urteil dann, wenn ein junger Student intensiv meditiert und danach davon erschreckt wird, dass er hinter den Anwesenden deren Körper aus früheren Erdenleben sieht (Kornfield, 2004, 167). Transpersonale Erfahrung? Psychotische Halluzination?

Bevor gefragt werden kann, ob Spiritualität negative Effekte zeitigt, sind dafür Kriterien festzulegen, die aber enorm kulturabhängig sind. Die Bengalin Anandamayi Ma, die sich in ihrer meditativen Verzückung den Sari vom Leibe riss, wäre hier als Exhibitionistin behandelt worden; in ihrer Heimat wurde sie als „gottberauscht" verehrt (Dass, 1990, 219). Kriterien, um „ungesunde" Spiritualität von „gesunden" Formen unterscheiden zu können, stellten Peterson und Nelson (1987) zur Diskussion. Letztere würden Brücken zwischen den Menschen bauen und keine Barrieren errichten, die Verbundenheit mit dem Universum ebenso stärken wie die mit dem sozialen Umfeld, das Selbstwertgefühl und die Verantwortlichkeit gleichermaßen intensivieren wie die Lebensfreude. Ebenso argumentiert die transpersonale Psychologin Vaughan (1991): Gesunde Spiritualität, die inner- und außerhalb organisierter Religion möglich sei, stärke persönliche Freiheit, erhöhe das Selbstwertgefühl und erweitere die soziale Verantwortung. Diese Kriterien stimmen gut mit den Ausführungen in den vorausgegangenen Kapiteln überein: Wünschenswerte Spiritualität verlängert die Lebensdauer, reduziert das Krankheitsrisiko, puffert Stress ab, erleichtert Coping und geht einher mit mehr Wohlbefinden, Optimismus, Hoffnung.

Im Folgenden ist zunächst die Diskussion aufzugreifen, ob spirituelle Erfahrungen „gesund" oder nicht vielmehr an sich psychotisch sind (Kap. 4.4.1). Anschließend wird auf die bereits angesprochenen spirituellen Krisen eingegangen, nicht unter dem Blickwinkel der Chance – was sie auch sind –, sondern der Gefahr (Kap. 4.4.2). Dazu gehören auch „spiritueller Materialismus" und „spirituelles Bypassing" (Kap. 4.4.3). Abgeschlossen wird das Kapitel mit dem Inbegriff gestörter Spiritualität: jene, die in totalitären Gruppen praktiziert wird und viele Anhänger entmündigt(e), nicht nur in Psychokulten, sondern auch im katholischen und evangelikalen Milieu (Kap. 4.4.4).

4.4.1 Spiritualität oder Psychose?

Aufgrund einer Fallstudie über „Simon" diskutieren Jackson und Fulford (1997) die grundsätzliche Frage nach den Gemeinsamkeiten und Unterschieden von spirituellen und psychotischen Erfahrungen, wozu viel publiziert wurde (Clarke, 2001; Eeles, Lowe & Wellman, 2003; Scharfetter, 1999).

Fallbeispiel

Im Alter von vierzig Jahren geriet der Schwarzamerikaner Simon in eine berufliche Krise, die durch Intrigen seiner Kollegen ausgelöst wurde. Während er die Bibel las und eine Kerze betrachtete, hörte er eine von außen sprechende Stimme, die er als jene Gottes deutete. In der Folge begann er sich für den „lebendigen Sohn Davids" zu halten, seine Kollegen hingegen für „Teufel". Diese Erfahrungen assoziieren an klassische Diagnosen der Psychopathologie. Die Stimme Gottes: auditive Halluzination; der Sohn Davids: Wahn, eine grandiose Persönlichkeit zu sein. Insgesamt: Psychose! Doch die Autoren verwahren sich gegen eine negative Bewertung, weil Simon sein Leben selbständig fortführen und seine berufliche Krise meistern konnte. Auch Psychosen, in materialistischen Theorien des Geistes als abnormale Fehlfunktion abqualifiziert, können eine adaptive Funktion erfüllen (House, 2001, 108).

Die Diskussion bewegt sich zwischen zwei Extrempositionen. Die erste nimmt die traditionelle Psychiatrie ein, die spirituelle Erfahrungen als pathologisch abtat (Ellis, 1980). Als Repräsentant der anderen Extremposition gilt der Antipsychiater Laing (1990), für den psychotische Episoden nicht Zusammenbrüche, sondern Durchbrüche sind, speziell von Geist, „die Urquelle aller Religionen". Infolgedessen sei der Geist der Gesunden „ver-rückt" (93). Geist, der auch ohne physiologische Strukturen existiere, dränge danach, sich „dauernd . . . aus seiner Gefangenschaft in Routine und konventionellen geistigen Strukturen (zu befreien)" (106). Gerade in Psychosen setze er sich gegen eine entfremdende und restriktive Gesellschaft durch.

Jackson und Fulford (1997) und Clarke (2001) bemühen sich um eine vermittelnde Position, die die Gemeinsamkeiten und Differenzen von spirituellen und psychotischen Erfahrungen aufzeigt. Gemeinsam ist die Entgrenzung des Ichs sowie „Transliminalität" – eine vom Willen nicht direkt steuerbare Suggestibilität für bildhafte Vorstellungen, Gefühle und Phantasien, die über das bloße Alltagswissen hinausgehen und Bewusstseinszustände erschließen, die als „höher" identifiziert werden. Konkret kann es sich um das Umstrahltwerden von Licht handeln, das Angesprochenwerden von Stimmen, die Überwältigung durch Bilder, Visionen etc. Jackson und Fulford (1997) benennen aber auch klare Differenzen.

Tabelle 4.1. Differenzen zwischen spiritueller Erfahrung und Psychose nach Jackson und Fulford

Spirituelle Erfahrung	Psychose
▶ kontrollierbar	▶ unkontrollierbar
▶ sinnliche Elemente als mentale Konstrukte	▶ sinnliche Elemente als physikalische Realität
▶ überwiegend visuelle Halluzinationen	▶ überwiegend auditive Halluzinationen
▶ Inhalte kritisierbar	▶ unkorrigierbare Inhalte
▶ integrativ	▶ desintegrierend

Psychotische Episoden sind intensiv und erschreckend, sie machen es den Betroffenen unmöglich, an etwas anders zu denken, und ruinieren schließlich ihre sozialen Fertigkeiten und Netzwerke ebenso wie die persönliche Hygiene. Freilich sind auch spirituelle Erfahrungen gelegentlich ungeheuer intensiv, begleitet von Erschauern, so in der Begegnung mit dem Numinosen, dem Heiligen. Entscheidend aber ist, ob die Person ihre Kontrollmöglichkeit behält (Berenbaum, Kerns & Raghavan, 2004). Für eine differentielle Diagnose aufschlussreich ist auch, ob die Psyche vor der Episode gut funktionierte, ob ihr stressreiche Lebensereignisse vorausgegangen sind (wenn ja, handelt es sich nicht um eine Psychose), und ob sie positiv gedeutet und integriert werden kann.

4.4.2 Wenn spirituelle Krisen pathologisch ausgehen

Dass Meditation schadet, sei vor allem dann zu befürchten, wenn die Meditierenden früher an Schizophrenie gelitten hatten (Walsh & Rauche, 1979). Wenig gefestigte Meditierende, die auf einen erfahrenen Lehrer verzichten zu können glauben, stehen in der Gefahr, dass Meditation nicht ein bewussteres und freieres Verhältnis zum Selbst schafft, sondern in Depression und Depersonalisation ausartet. Lazarus (1979) beobachtete dies auch bei Anhängern der Transzendentalen Meditation, deren Wissenschaftler ansonsten nur positive, im Vergleich zu anderen Meditations- und Entspannungsformen überlegene Effekte zu publizieren pflegen (Fehr, 2001).

Die Faszination durch Leere registrierte Engler (1986), Psychologe und Meditationsmeister, bei etlichen westlichen Studenten. Vom Buddhismus fasziniert, begannen sie zu meditieren, wodurch sie aber in Identitätsdiffusionen gerieten, den Bezug zur Realität und zu ihren Bezugspersonen (noch mehr) verloren, in eine innere Leere stürzten und mitunter Borderline-Symptome entwickelten (Heise, 2005). Wirksam und hilfreich sei Meditation nur dann, wenn die Praktizierenden bereits ein intaktes und integriertes Selbst aufgebaut haben. **Meditation als Therapie?** Infolgedessen sei auch nicht zu raten, Meditation zu psychotherapeutischen Zwecken einzusetzen. Ihr Ziel sei Selbsttranszendenz; Therapie hingegen ziele auf Selbst-Integration (Welwood, 1980). Andere Autoren plädieren jedoch dafür, in der Therapie Meditation zu praktizieren, weil sie wünschenswerte Effekte zeitige (Kap. 5.2.2). Murphy (1992, 611) ist Recht zu geben, wenn er sagt, der meditative Weg sei scharf wie eine Rasierklinge; der „Lohn" könne gewaltig sein, aber er komme nicht leicht und schon gar nicht von selbst.

Paranormale Erfahrungen und visionäre Erlebnisse können Menschen in Schwierigkeiten, mitunter lebensbedrohliche Bedrängnis bringen (Lukoff, 2000). Gollnick (2005, 148) schildert den Fall von Katharina, die mehrere (Alp-)Träume hatte, die sich in den folgenden Tagen erfüllten, unter anderem den, in der Stadt, in der ihre Schwester lebte, werde Gas explodieren. Am folgenden Tag erfuhr sie, dass ihre Schwester bei einer Gasexplosion schwer verletzt worden war. Katharina fürchtete, verrückt zu werden und war zur Bewältigung ihres Alltags nicht mehr in der Lage. Auch für visionäre Erlebnisse, wie sie aus allen Kulturen und Zeiten berichtet werden, stellt sich das differential-diagnostische Problem. Die Transformationen können dermaßen massiv sein, dass die Betroffenen ihr bisheriges Leben nicht mehr fortsetzen können und mitunter hospitalisiert werden (Lukoff, 2000). Weitere psychopathologische Krisen im Zusammenhang mit spirituellem Streben referiert Scharfetter (1999, 88–90):

- psychosenahe Krisen: ein junger Mann, der qua Meditation und Fasten den Durchbruch zur Erleuchtung erzwingen will, aber neurasthenische Syndrome entwickelt,
- schizophrene Syndrome: eine 35-Jährige, die nach einer Zen-Woche in eine paranoid-halluzinatorische Psychose gerät, sich von Dämonen verfolgt wähnt und nicht mehr in ihren Alltag zurückfindet,
- Übertragungspsychosen: eine 55-jährige Frau, die sich symbiotisch an ihren Zen-Lehrer heftet und wähnt, ihn beschützen zu müssen.

Spirituelle Erfahrungen können zu einer Inflation des Ego führen, wenn Menschen wähnen, herausragende Persönlichkeiten, Propheten, Jesus, ja selbst Gott zu sein. Pathologische Züge nahm dies bei Reverend Jones an, dem Führer der Volkstempelsekte, die Massensuizid beging. Er predigte, der allmächtige Gott zu sein und in seinen früheren Reinkarnationen als Buddha und Jesus Christus gelebt zu haben, was seine Anhänger blind glaubten (Rosenthal 1987, 315).

4.4.3 Spiritueller Materialismus und spirituelles Bypassing

Im Bekanntenkreis des Verfassers lebt eine spirituell sehr interessierte Frau, die von einem Seminar zum anderen eilt, intensiv und lange meditiert, beständig spirituelle Bücher und Ratgeber liest. Dabei vernachlässigte sie die Beziehung zu ihrem Ehemann, worauf dieser eine Liebschaft einging. In dem Maße, in dem sich die Ehekrise verschärfte, intensivierte sie ihre Spiritualität, wodurch aber die Lösung der Probleme ferner und ferner rückte.

Dies ist ein bezeichnendes Beispiel für „spirituellen Materialismus" (Trungpa, 1989; Welwood, 2001). Ein solcher liegt dann vor, wenn sich das Ego spirituellen Praktiken zuwendet, um daraus für sich selber (narzisstischen) Nutzen zu ziehen (Helg, 2000), und andere Lebensbereiche vernachlässigt, speziell die sozialen. Malone (2004) kritisiert an der weitverbreiteten New-Age-Szene, die von spirituellen Angeboten überquillt: „Überall ist die Botschaft selbstbezogen: Ich, ich, mein . . .". Dies sei nicht Spiritualität, sondern Narzissmus.

Realitätsverlust. Mitunter verschreiben sich Menschen dermaßen intensiv spiritueller Praxis, dass die Herausforderungen des Alltags, die dann leicht als minderwertig oder materialistisch abgetan werden, nicht mehr angegangen werden. Der Religionskritiker Ellis (1984) berichtet von Personen, die aus ihren Irrungen und Wirrungen in die kurzfristig beglückende Meditation flüchteten, aber mit ihrem Alltag immer schlechter zurecht kamen.

Fehr (2002a) konstatierte bei Praktikern der Transzendentalen Meditation eine Verzerrung der Realitätswahrnehmung, ja mitunter Realitätsverlust bezüglich der eigenen Lebenssituation, der aber durch ein Schweben „auf teilweise überwertigen Begriffen und überzogenen kognitiven Konzepten wie ‚Zeitalter der Erleuchtung' . . . ‚Unsterblichkeit'" kompensiert wurde.

Spiritualität im Alltag. Wer stets nur höhere transpersonale Zustände anstrebt und die Mühen des Alltags meidet, werde spirituell „vergiftet" (Vaughan, 1991, 107) und sei konsumistisch eingestellt. Gesunde Spiritualität hingegen zeichne sich dadurch aus, dass Menschen auch und gerade ihr alltägliches Leben meistern und vor dem unvermeidlichen Leiden und den Schattenseiten nicht die Augen verschließen. Trungpa (1989), ein spiritueller Meister, hält fest: „Ich bin nicht gewillt, meine Lebensumstände als spirituelle oder mystische zu sehen, aber ich bin gewillt, diese Situationen so zu sehen, wie sie wirklich sind." Ein wirklich spiritueller Pfad werde dann beschritten, wenn Menschen dies absichtslos tun. Aufgeben sei der Beginn von Spiritualität.

Weitere schädliche spirituelle Überzeugungen, die von der Realität wegführen, diskutiert Bolletino (2001). Die erste besagt, wir Menschen würden uns unsere eigene Wirklichkeit schaffen, einschließlich Krebs. Bolletino (2001, 94) berichtet von einem jungen Mann, der, an einem Gehirntumor erkrankt, von einem Geistheiler hörte, dieser sei letztlich von ihm gewollt – er zerknirschte sich in Selbstvorwürfen und wurde depressiv. Die zweite falsche Überzeugung ist, ein spiritueller Mensch könne alle negativen Emotionen von sich streifen.

Wer seine Angst jedoch stets verdränge, werde irgendwann von Panik attackiert.

Die dritte falsche Überzeugung lautet, ein spiritueller Mensch könne stets gelassen bleiben. Auch dies könne zu Realitätsverlust führen, mitunter dazu, dass notwendiges Engagement unterbleibt, beispielsweise dann, wenn Menschen Unrecht geschieht.

4.4.4 Spiritualität in totalitären Gruppen und spiritueller Missbrauch

Die Bilder von den toten Angehörigen der Volkstempelsekte, die kurz zuvor noch beteten und dann auf Geheiß ihres Gurus Reverend Jones Gift schluckten, gingen im Jahre 1978 um die Welt. Sie schienen all jenen Recht zu geben, die auf die Gefährlichkeit neuer religiös-spiritueller Gruppierungen hingewiesen hatten (Hempelmann et al., 2001). Eltern wurden gewarnt, ihr Kind könne in die Fänge einer Sekte geraten, stundenlang vor sich her meditieren, sich in der Schule ausklinken und in die dubiose Kommune untertauchen. Eine Antisektenkampagne entbrannte, an der sich auch der Deutsche Psychologen Verlag beteiligte (Gross, 1994), in den USA eine mitunter militante Anti-Kultbewegung (www.religioustolerance.org/acm4.htm). Diese nahmen wissenschaftlichen Beistand in Anspruch, zumeist anekdotische und dramatische Berichte von Aussteigern (exemplarisch Singer & Lalich, 1997), die allein schon aus konsistenztheoretischen Zwängen die von ihnen verlassenen Gruppierungen negativ beurteilen. **Beurteilungskriterien.** Angesichts der Vielfalt (neu-)religiöser Gruppen, die tunlichst nicht mehr mit dem vorbelasteten Begriff „Sekte" etikettiert werden sollten, ist es unmöglich, deren Spiritualität zu erfassen. Vielmehr sind Kriterien anzulegen, wie sie von Elliot (2005) und Vaughan (1987) vorgeschlagen wurden. Elliot (2005) verortete spirituelle Gruppierungen zwischen den Polen „monistisch – dualistisch", „technisch – charismatisch" sowie „eine Ebene – mehrere Ebenen". Demnach sei die Scientology-Church dualistisch, weil sie die vom Thetan Erleuchteten über die Masse der angeblich Blöden stellt, charismatisch, weil alles mit der Lehre von Ron Hubbard legitimiert wird, und sie liegt auf einer Ebene, weil sie keine Abweichungen zulässt.

Elliot (2005) attestiert der Scientology-Church ein höheres Gefährdungspotential als dem Neopaganismus (Neuheidentum). In diesem werden alte Traditionen wie Hexerei und Spiritualität der Erde etc. gepflegt, stundenlang wird um ein Feuer getanzt oder bis in veränderte Bewusstseinszustände getrommelt (Taylor, 2001a). Diese für viele attraktive Spiritualität sei nicht dualistisch, weil sie jedem offen stehe, und nicht charismatisch, weil keine grandiosen Leader zu verehren sind.

Vaughan (1987) und Wilber (1987) legten als Kriterium die drei Bewusstseinsebenen der Transpersonalen Psychologie (präpersonal, personal, transpersonal) (vgl. Kap. 3.2.2) auf neue religiös-spirituelle Gruppierungen an. Diese – ebenso wie traditionsreiche Kirchen – können Menschen helfen, in transpersonale Bereiche aufzusteigen und intensive, ja mystische Erfahrungen zu machen. Wilber (1987, 241) geht davon aus, dass die Hälfte der neureligiösen Gruppierungen „transrational" sei. Die anderen Gruppierungen hingegen, etwa die Volkstempelsekte oder die Synanon von Charles Dederich, der seine Anhänger in ein Konzentrationslager einsperrte und die Männer sterilisieren ließ, seien prärational und ziehen die Mitglieder in präpersonale Symbiosen, und zwar aufgrund von entsprechenden spirituellen Führern (Gurus), spirituellen Gruppenprozessen und spirituellen Ideologien.

Spirituelle Führer. Pathogene spirituelle Führer fordern von ihren Anhängern nicht hinterfragten Gehorsam. Oft werden sie „Vater" angesprochen, so Reverend Jones (Volkstempelsekte), was sogar biologisch aufgefasst wurde (Welwood, 1987, 287). Die erwachsenen Anhänger werden zu „Kindern". Solche infantilisierenden Metaphern wurden (und werden) auch in der katholischen Kirche verwendet, exzessiv im Opus Dei: „Du sollst dir die bewährte Erkenntnis vor Augen halten, dass der eigene Verstand ein schlechter Ratgeber ist. Ein Leiter. – Du brauchst ihn." (Bucher, 1997) Spirituelle Leader üben „Missbrauch" aus, wenn sie ihre Position benutzen, um andere in Abhängigkeit zu bringen oder zu halten. Spirituelle Führer, von ihren Anhängern, die ihr ideales Selbst auf sie projizieren, oft blind verehrt, können deren Persönlichkeit regelrecht auslöschen. Eine Frau schwärmte über ihre frühere spirituelle Therapeutin: „Sie war wie eine Muse. Ich war bereit, für diese Beziehung mein Selbst aufzugeben." (Wehr, 2000, 51).

Bei so intensiven Beziehungen kann es leicht geschehen, dass die Bewundernden zu allem bereit werden, auch dafür, sexuelle Übergriffe über sich ergehen zu lassen. Spirituelle Meister wie Baba Muktananda und Richard Baker verkehrten mit ihren Anhängerinnen, vor allem jüngeren, weil sexuelle Spiele kosmische Energie zur Entfaltung brächten und die Schülerinnen auf höhere Bewusstseinsstufen führten (Anthony, Ecker & Wilber, 1987). Faktisch aber fühlten sich die spirituellen Sucherinnen verwundet und ausgenützt – wie andere Missbrauchsopfer auch. Auch zölibatäre Priester standen und stehen in der Gefahr, ihre Macht in der Form von sexuellen Übergriffen auszunützen, speziell bei Kindern (Sipe, 1992). „Gute" spirituelle Führer hingegen befreien, auch wenn sie verehrt werden und ihnen jedes Wort geglaubt wird (Welwood, 1987). „Gute" spirituelle Autorität ist funktional (die Einübung in meditative Praktiken erfordert kundige Lehrer), vor allem aber zeitlich befristet (Wilber, 1987). Im Zen-Buddhismus sieht der Meister sein Ziel darin, überflüssig zu werden.

Pathogene Gruppenprozesse liegen dann vor, wenn das Erleben der Gruppe dermaßen überwältigt, dass Personen mit ihr symbiotisch verschmelzen und ihre Individualität verlieren (Präpersonalität). Aus der Gruppe verstoßen (exkommuniziert) zu werden, wird schlimmstenfalls mit dem Sterben gleichgesetzt (Wilber, 1987). Pathologisierend ist Gruppenspiritualität auch dann, wenn strikt zwischen Insidern und Outsidern, Erleuchteten und Verlorenen unterschieden wird. Und ebenfalls, wenn die Mitglieder aus ihren bisherigen Lebenskontexten herausgezogen und ihnen erschwert, mitunter verboten wird, mit den früheren Bezugspersonen in Kontakt zu bleiben und ein selbstbestimmtes Privatleben zu führen.

Pathogene spirituelle Ideologien. Hierzu gehört nicht nur die Ideologie des strikten Gehorsams und der Wahn, zu den wenigen Erretteten oder Erleuchteten zu gehören. An sich schon problematisch ist der Anspruch, die Menschheit erretten zu müssen, was zwar mitunter zu altruistischen Aktionen führt, aber vielfach egozentrisch motiviert ist (Wilber, 1987). Besonders gefährlich ist eine apokalyptisch-endzeitliche Ausrichtung. Die Angehörigen des von Luc Jouret begründeten Sonnentemplerordens rechneten mit dem baldigen Weltuntergang, bevor es 1994/95 zu Massensuiziden kam.

Pathogene Gruppen – pathologisierte Angehörige? Was von außen betrachtet als pathogene spirituelle Gemeinschaft erscheinen mag, bewirkt bei ihren Angehörigen nicht zwingend die oft beschworenen desaströsen Effekte. Beispielhaft gilt dies für die „Familie", ursprünglich „Kinder Gottes", die 1968 im Gefolge der Jesus-People-Bewegung von David Berg begründet wurde und ab 1973 wegen Flirty Fishing in die Schlagzeilen geriet: Weibliche „Kinder Gottes" lockten neue Mitglieder, indem sie mit ihnen flirteten, mitunter bis zum Koitus. Sind Menschen in einer solchen Gemeinschaft, in der immens viel gebetet, seitenlang aus der Bibel auswendig gelernt, gesungen wird etc., psychisch weniger stabil?

In einer gründlichen Studie, an der 172 jüngere Angehörige der „Familie" teilnahmen, zeigte Sell (2000), dass die „Kinder Gottes" bei persönlichkeitspsychologischen Faktoren im Normbereich lagen. Sie fielen jedoch auf durch mehr verinnerlichte Disziplin, Selbstbestätigung und Selbstliebe, mehr noch durch die intensive intrinsische Religiosität und die hohen Werte auf der Skala „Religiöse Reife". Dieses Ergebnis deckt sich mit dem gründlichen Übersichtsartikel von Richardson (1995). Er unterzog Dutzende von Studien, die mit Angehörigen neureligiöser Gruppierungen zu ihrer Persönlichkeitsstruktur, dem Wohlbefinden, der Depressivität etc., durchgeführt wurde, einer Metaanalyse. Seien es Anhänger von Bhagwan, Hare-Krishna-Mönche, die streng vegetarisch leben und stundenlang chanten, Moonies – in aller Regel sind sie mit ihrem Leben hoch zufrieden und neigen kaum zu Depressivität, auch wenn ihrem Beitritt vielfach schwere Krisen, speziell hinsichtlich ihrer Identität, sowie Konflikte (zumeist in der Familie) vorausgegangen waren. Selbst solche spirituellen Gruppierungen, die der öffentlichen Meinung zufolge die Psyche schädigen, können eine Coping-Funktion erfüllen und Menschen befähigen, beispielsweise von selbstzerstörerischem Drogenmissbrauch wegzukommen (Murken, 1998). Die Mitgliedschaft in solchen Gruppen wird zumal dann als Belohnung empfunden, wenn intensive spirituelle Erfahrungen möglich sind, die zu veränderten Bewusstseinszuständen führen (Howell, 1997).

Spiritueller Satanismus (Joy of Satan, 2004) hat sich im Internet eine breite Plattform geschaffen und gilt als Inbegriff pathologischer Spiritualität. Ihre faktische Verbreitung ist schwierig einzuschätzen. Lewis (2003) berichtet von Mutmaßungen, wonach es in den USA bloß einige hundert dezidierte Satanisten gäbe; dem steht entgegen, dass Warnungen vor satanistischer Spiritualität breite Bevölkerungskreise in förmliche Panik zu versetzen vermochten. Auch hierzulande findet die Warnung, Okkultismus und Satanismus könnten die Jugendreligion werden, Resonanz, speziell in konservativ-kirchlichen Kreisen.

Satanistische Spiritualität konkretisiert sich unterschiedlich, sei es weltanschaulich als Glaube an den Satan, der bald als real existierend, bald als „Symbol" oder „Archetyp" aufgefasst wird; sei es als Studium satanistischer Schriften, insbesondere der Satanischen Bibel von LaVey (1969); sei es ritualistisch, wobei mitunter auch in schlagzeilenträchtiger Tagespresse sexueller Missbrauch angeprangert wird. Im Rahmen schwarzer Messen würden junge Frauen, mitunter schon (Klein-)Kinder geschändet (Hudson, 1990). Psychotherapeuten werden in den USA gelegentlich mit Patienten konfrontiert, die angeben, als Kinder in satanistischen Ritualen missbraucht worden zu sein. Bei diesen Patienten seien Multiple Persönlichkeitsstörungen häufiger (Fraser, 1990). Ob und wie weit solchen Behauptungen zu glauben ist, ob es sich um Phantasien, wenn nicht Suggestionen durch inkompetente „Kliniker" handelt, ist kontrovers (McCulley, 1994).

Auch satanistische Spiritualität kann eine adaptive Funktion erfüllen, so im Falle von Jugendlichen, die als Kinder sexuell missbraucht worden waren. Belitz und Schacht (1992) fanden, dass die von ihnen eingehend befragten zehn jugendlichen Satanisten durch die Verehrung des Bösen ihren Groll auf Gott, ihnen die Qual des Missbrauchs nicht erspart zu haben, abarbeiten konnten. Eine weitere Funktion satanistischer Spiritualität besteht darin, sich von vorherrschenden soziokulturellen Standards abzugrenzen bzw. gegen diese zu rebellieren. Ein von Lewis (2003) befragter Satanist meinte: „Ich denke, Rebellion ist der einzige Grund, warum Menschen zum Satanismus finden ... Sie wollen ein Gespür für ihr Selbst, ein Gefühl von Macht über ihr Leben ... Sie haben es satt, wie alle anderen auch zu sein."

5 Spiritualität in der Psychotherapie

„Es ist Zeit für einen Wandel. Die neuere Fachliteratur belegt, dass viele Klienten nur dann erfolgreich behandelt werden können, wenn ihre spirituellen Überzeugungen kompetent und sensibel in Rechnung gestellt werden." (Richards & Bergin, 1997, 6)

Für die Behandlung psychischer Probleme waren ursprünglich Schamanen zuständig, später Priester. In dem Maße, in dem sich Psychologie und Psychotherapie etablierten und expandierten – bis hin zu einer „Psycho-Gesellschaft", die an die Stelle der Religionen getreten sei –, wurde Seelsorgern immer weniger Kompetenz zugebilligt, psychisches Leiden zu lindern oder bestenfalls gar zu beseitigen (Kurtz, 1999). Mittlerweile ist es die Regel, dass Seelsorger pathologische Fälle an Therapeuten und Psychiater verweisen, Letztere aber ihre Patienten, selbst wenn sie religiöse und/oder spirituelle Probleme haben, kaum zu Seelsorgern schicken (Schreurs, 2002). Da führende Pioniere der Psychologie und Psychotherapie religionskritisch waren, wurden religiös-spirituelle Probleme vielfach aus der Klinischen Psychologie verbannt und es verwundert nicht, dass in Lehrbüchern wie dem von Davison und Neale (2002) Religiosität und Spiritualität nur beiläufig erwähnt werden und auch in Standardwerken zur Psychotherapie kaum auftauchen (Kriz, 2001). Spirituelle Praktiken können heilen, mitunter stärker als klassische Therapieformen. Wenn bei spirituellen Klienten die Spiritualität übersehen wird, vermindert dies den Erfolg der Therapie bzw. bewirkt eine solche mitunter das Gegenteil (Galanter, Larson & Rubenstone, 1991; Richards & Bergin, 1997).

Fallbeispiel

Wenn die spirituelle Komponente übersehen wird, sind die Folgen oft fatal. Gopaul-McNicol (1997) berichtet von einer Mutter, die, nachdem ihr Sohn verhaftet worden war, schuldbeladen und unentwegt davon redete, Gott habe zu ihr gesprochen. Sie war außerstande, den Haushalt zu führen. Der Psychiater, der wenig von Religion hielt, diagnostizierte Psychose mit depressivem Affekt. Er verordnete Psychopharmaka, die dämpften, aber nicht heilten. Die später hinzugezogene Therapeutin deutete den Ruf von Gott als spirituelles Bedürfnis und ermunterte die Patientin zu entsprechendem Engagement, speziell zum Gebet. Flankierend setzte sie Elemente der Rational-Emotiven Therapie ein. Zwölf Wochen später war sie in der Lage, selbständig für ihre Familie zu sorgen und sich um ihren Sohn zu kümmern.

Auch von säkularen Therapeuten ist zu erwarten, die spirituellen Überzeugungen in den therapeutischen Prozess zu integrieren und allfällige Vorurteile solchen Glaubensüberzeugungen gegenüber zurückzuhalten (Dein, 2004). Anderenfalls besteht die Gefahr der Gegenübertragung, wenn Therapeuten ihre eigenen Probleme mit Spiritualität/Religiosität in die Klienten projizieren und sich einem empathischen Verständnis derselben verschließen (Lannert, 1991).

Vorläufer der Integration. In den letzten Jahren haben sich, in den USA stärker als (bisher) in Europa, Psychotherapie und Spiritualität einander angenähert (Kahle, 2004; Miller, 1999; Richards & Bergin, 1997; Sperry & Shafranske, 2004; Utsch, 2005). Sie erproben Modelle der Integration, sei sie implizit, indem spirituelle Haltungen wie Achtsamkeit in die Therapie einfließen, sei sie explizit, indem in therapeutischen Sitzungen auch gebetet oder über spirituelle Anliegen gesprochen wird (Tan, 1996). Vorreiterrollen spielten Jung (1963), Fromm (1989) – der die Gemeinsamkeiten und Unterschiede zwischen Psychoanalyse und dem Zen-Buddhismus herausschälte – sowie Watts (1961), der schon vor dem Indienboom der späten 60er Jahre die Konvergenzen zwischen westlicher Therapie (speziell Klientenzentrierte Gesprächstherapie) und östlichen Religionen herausarbeitete.

Mittlerweile wird Psychotherapie, die früher oft darum bemüht war, Menschen von ihrer als verwirrend und infantilisierend eingestuften Religiosität abzubringen (Ellis, 1980), ausdrücklich als „spiritueller Prozess“ gewürdigt (Benner, 1991; West, 1998). Das Verhältnis von Therapie und Spiritualität bzw. Religiosität lässt sich Zinnbauer und Pargament (2000) zufolge vierfach gestalten:

(1) Ablehnung: Spirituelle Aspekte werden als nicht therapierelevant oder sogar als dysfunktional zurückgewiesen (klassische Religionskritik).

(2) Exklusivismus: Man lässt nur jene spirituellen Inhalte gelten, die orthodox sind. Dies vertreten vor allem evangelikale Therapeuten wie Bobgan und Bobgan (1987), die spirituelle Interventionen, sofern sie nicht in Übereinstimmung mit der Bibel stehen, als „Psychohäresie“ ausschließen. Gemäßigter sind Therapeuten, die in der Behandlung auf die Festigung des Glaubens abzielen.

(3) Konstruktivismus: Der/die Therapeut/in bemüht sich, die spirituellen Überzeugungen der Patienten als deren Konstruktionen zu verstehen, ohne sie zu werten.

(4) Pluralismus: Der/die Therapeuten würdigt solche spirituellen Konstruktionen in ihrer Vielfalt und im Kontext einer pluralistischen Lebenswelt.

Die Standpunkte 1 und 2 sind als ideologisch zurückzuweisen, der erste, weil spirituelle Überzeugungen keineswegs stets pathologisch, sondern – häufiger – der Gesundheit nützlich und dem Therapieverlauf förderlich sind. Der zweite, weil er Therapie für Missionierung funktionalisiert.

Was Sie in diesem Kapitel erwartet

Das folgende Kapitel geht den Fragen nach: Wie sind Therapeuten gegenüber Spiritualität/Religiosität eingestellt? Welche spirituellen Elemente werden in Therapien eingesetzt? Wirkt Psychotherapie mit spirituellen Komponenten anders, besser? Was bewirkt Spiritualität im eigens zu erörternden Zwölf-Stufenmodell der Anonymen Alkoholiker?

Speziell in diesem Kapitel ist die enorme Differenz zu bedenken, die zwischen den USA und Europa im Hinblick auf religionssoziologische Variablen besteht. Dennoch wird sich zeigen, dass zahlreiche Trends und Zusammenhänge auf den beiden Kontinenten vergleichbar sind – davon abgesehen, dass auch für den mitteleuropäischen Raum eine „Spiritualisierung der Psychotherapieszene" konstatiert wurde (Utsch, 2005, 136).

5.1 Die Einstellung von Psychologen und Psychotherapeuten

„Auf ihre ureigene Art sind möglicherweise viele Therapeuten religiöser, als gewisse Theologen und andere religiöse Eiferer ahnen bzw. wahrhaben wollen." (Jordahl, 1990, 49)

5.1.1 Religiös distanziert, aber der Spiritualität nicht abgeneigt

Psychologie, speziell die klassische Psychoanalyse, war über Jahrzehnte hinweg eine treibende Kraft der Religionskritik und tendierte dazu, spirituelle Phänomene zu pathologisieren. Dies ist einer der Gründe, warum Psychologen und Therapeuten signifikant weniger religiös sind. In einer Studie von Shafranske und Gorsuch (1984) in den USA gab ein Viertel der befragten klinischen Psychologen an, einer traditionellen Religionsgemeinschaft anzugehören, weit weniger als der Durchschnitt in der amerikanischen Gesamtbevölkerung. Auch eine Befragung von 111 amerikanischen Psychiatern wies diese als weniger religiös aus (Shafranske, 2000). Sie gaben jedoch zu 80 Prozent an, Spiritualität sei für sie wichtig.

Europäische Studien konstatieren den gleichen Trend. Jordahl (1990) befragte in der Bundesrepublik Psychiater und Therapeuten unterschiedlicher Schulrichtungen zu ihrer religiösen Einstellung. Nur 13 Prozent besuchten „regelmäßig" einen Gottesdienst. Aber gut drei Viertel erachteten für die volle Entwicklung der Persönlichkeit religiöse Erfahrungen als „notwendig", wobei solche nur für acht Prozent „am ehesten authentisch in der Kirche" möglich sind, mehr sehen sie im privaten Bereich. Psychiater in England gaben zu 73 Prozent keine religiöse Bindung an; aber nichtsdestoweniger befürworteten 92 Prozent, in die Behandlung spirituelle Elemente zu integrieren, sofern solche für die Klientel relevant sind. 61 Prozent meinten, Spiritualität könne vor psychischen Beeinträchtigungen schützen (Neeleman & King, 1993). Auch Psychotherapeuten in Bayern halten sich eher für gläubig und religiös als für kirchlich (Demling, Werthmüller & O'Connolly, 2001).

Die Offenheit für Spiritualität ist auch unter Psychotherapeuten in München stärker als die Zustimmung zu religiös-kirchlichen Glaubensinhalten (Ludwig & Plaum, 1998). 86 Prozent sind von der Realität außergewöhnlicher Bewusstseinszustände überzeugt, 58 Prozent glauben an „kosmische Energie" und an eine „Aura" des menschlichen Körpers, wohingegen der dreifaltige Gott nur für 23 Prozent plausibel ist (vgl. Walach & Hofmann, 2005). Hundt (2003) führte mit sechs Therapeuten biographische Interviews: Alle waren in einem christlichen Umfeld aufgewachsen, wandten sich von der Kirche ab und bauten sich ein spirituelles Weltbild mit östlichen Komponenten auf.

5.1.2 Spirituelle Therapeuten halten Spiritualität für therapeutisch relevanter

Dies ist konsistenztheoretisch verständlich. Bei 640 evangelikalen Psychotherapeuten in den USA korreliert die Stärke der persönlichen Spiritualität zu $r = .40$ mit der subjektiv eingeschätzten Relevanz derselben in der Therapie (Jones, Watson & Wolfram, 1992). Pastorale Berater stimmten dem Item „Mein religiöser Glaube stärkt meinen Glauben an das persönliche Wachstum und die Heilung meiner Klienten" mehrheitlich zu, die an staatlichen Kliniken arbeitenden Therapeuten zur Hälfte (Cooper-White, 2001). Psychotherapeuten in Franken wünschten doppelt so häufig, Spiritualität in die therapeutische Ausbildung zu integrieren, wenn sie sich als spirituell verstanden (Demling, Werthmüller & O'Connolly, 2001). Niederländische Therapeuten in kirchlichen Gesundheitsinstitutionen leuchten zu zwei Dritteln „oft" den religiös-weltanschaulichen Hintergrund ihrer Klienten aus, weil dies für den Therapieverlauf relevant sei, ihre Kollegen in staatlichen Einrichtungen dreimal seltener (Van Uden & Pieper, 2000).

Spiritualität in verschiedenen Therapierichtungen ist unterschiedlich ausgeprägt, obschon sich zunehmend eine eklektische Positionierung durchsetzt: Welche Therapietechnik zum Einsatz gelangt, wird aufgrund der konkreten Fälle entschieden (Richards & Bergin, 1997). Am spirituellsten sind die Jungianer, die auch ausnahmslos dafür plädieren, Therapie müsse spirituelle Aspekte thematisieren, gefolgt von existenziell-humanistischen Therapeuten (Shafranske & Gorsuch, 1984). Psychoanalytiker und Verhaltenstherapeuten hingegen sind signifikant weniger spirituell; Letztere neigen auch stärker dazu, mystische Erfahrungen ihrer Klienten zu pathologisieren, am seltensten tun dies Anhänger humanistisch-existenzieller Therapien, einschließlich transpersonalen (Allman et al., 1992). Therapeuten, für östliches Gedankengut und mystische Phänomene aufgeschlossen, gehören mehrheitlich humanistisch-existenziellen Richtungen an (Bilgrave & Deluty, 1998). Dies fanden auch Walach und Hofmann (2005) in ihrer großangelegten Befragung bundesdeutscher Therapeuten (N = 909).

Es gibt keine wertfreie Therapie, auch nicht im Hinblick auf Religiosität und Spiritualität, die in Therapien nicht neutralisiert werden können. Dass Therapie stets auf (impliziten) anthropologischen Vorausannahmen, speziell Menschenbildern fundiert ist, die sich auf die Deutung spiritueller Phänomene auswirken, ist mittlerweile, nach einer intensiven Diskussion in den USA (Richards & Bergin, 1997), konsensfähig und anerkannt (Bergin, Payne & Richards, 1996; Utsch, 2005).

5.1.3 Spirituelle Klienten bevorzugen spirituelle Therapeuten

Die geschilderten konsistenztheoretischen Mechanismen greifen auch bei Klienten. Spirituelle Männer und Frauen bevorzugen spirituelle Therapeuten (Worthington et al., 1996). Der INSPIRIT (vgl. Kap. 2.3.2) korrelierte bei 74 Patienten zu r = .66 mit der Erwartung, in der Therapie auch Spiritualität anzusprechen, weil diese der Heilung und dem Wachstum förderlich sei (Rose, 2001). Transpersonale und an Jung orientierte Therapeuten werden von Personen, die spirituelle Intensiverfahrungen machen, deswegen aufgesucht, weil ihre Erlebnisse hier nicht als psychotisch abgetan werden (Heise, 2005). Religiös-spirituelle Klienten neigen dazu, säkularen Therapeuten gegenüber misstrauisch zu sein (Greenberg & Witztum, 2001). Sofern sie doch bei solchen in Behandlung sind, sind sie – anfänglich – reservierter und schreiben ihnen geringere Kompetenzen zu (Guinee & Tracey, 1997). Ohnehin begeben sich religiöse Personen in der Regel erst viel später in eine Therapie als säkulare, zumeist erst, nachdem sie bei ihren spirituellen Leitern Rat gesucht haben. Säkulare Klienten hingegen bevorzugen ebenso eingestellte Therapeuten und neigen dazu, religiösen Therapeuten zu unterstellen, missionarisch wirken zu wollen und altmodisch zu sein (McMinn, 1991). Auch in einer im süddeutschen Raum durchgeführten Studie zeigte sich, „dass neben soziodemographischen Faktoren wie Geschlecht, Alter, Schulbildung der religiös-weltanschauliche Hintergrund einen statistisch hochsignifikanten Einfluss auf die Therapeuten- und Therapiewahl hat" (Kaiser, 2004). Frauen mit höherer Bildung, die der Kirche gegenüber reserviert, aber an Spiritualität interessiert sind, bevorzugen Mediziner und Therapeuten aus der alternativen Szene.

Weltanschauliche Kongruenz zwischen Therapeuten und der Klientel wirkt sich günstig auf den Therapieverlauf aus. Dies ist damit zu erklären, dass in Therapien auch Werte in das Beliefsystem von Klienten implementiert werden müssen, was umso leichter möglich ist, je passender diese sind. Das Ideal sei, wenn Therapeuten und Klienten den gleichen Glauben teilten. Richards und Potts (1995) belegen dies ex negativo, indem sie von einem christlichen Therapeuten berichten, der einem strenggläubigen jüdischen Patienten Jesus Christus als Vorbild nahe bringen wollte, worauf die therapeutische Beziehung fast zerbrach.

5.1.4 Transpersonale Psychotherapeuten

Transpersonale Psychologie, die sich selber als die „vierte Kraft" der Psychologie versteht, von „akademischen" Psychologen wie Ellis und Yeager (1989) jedoch als „Fanatismus" verunglimpft wird, hat eine eigene Therapierichtung hervorgebracht (Galuska, 2003; Kasprow & Scotton, 1999; Vaughan, 1990). Diese hat zum Ziel, dass Menschen einen „letzten Zustand" verwirklichen können, der unter anderem als „Gipfelerlebnis, Ekstase, mystische Erfahrung, kosmisches Bewusstsein, Transzendierung des Selbst" konkretisiert wird (Galuska, 2003, 7). Infolgedessen wird in der Therapie meditiert, die Lektüre spiritueller Bücher empfohlen, aktive Imagination praktiziert. Induziert sei transpersonale Therapie auch dann, wenn Menschen, oft aufgrund transpersonaler Erfahrungen, in spirituelle Krisen geraten. Von transpersonalen Psychotherapeuten wird erwartet, dass sie sich selbst auf spirituelle Pfade begeben (Vaughan, Wittine & Walsh, 1996). Von daher erstaunt wenig, dass sich das spirituelle Profil von transpersonalen Psychotherapeuten tiefgreifend von demjenigen anderer Therapierichtungen unterscheidet (Hutton, 1994).

Von den Kirchen weg hin zu transpersonaler Spiritualität, ist der Weg der meisten Transpersonalen Therapeuten. Bis auf vereinzelte Ausnahmen bekannten sie, sich bekehrt zu haben, speziell zum Buddhismus sowie zu mehr als einer spirituellen Tradition. Anders als Psychoanalytiker und kognitive Verhaltenstherapeuten deklarierte sich kein einziger als atheistisch oder agnostisch. Auch üben sie signifikant häufiger spirituelle Praktiken aus, womit mehr spirituelle Interventionen in der Therapie einhergehen (Hutton, 1994). 92 Prozent beteuern, spirituelle Intensiverfahrungen gemacht zu haben, speziell mit einer Kraft, die sie über sich selbst hinausgeführt habe. Die Psychoanalytiker bejahten dies zu 21 Prozent. Transpersonale Therapeuten bilden eine eigenständige Gruppe, zu der sich vor allem Personen mit spirituellen Sehnsüchten oder Problemen hingezogen fühlen.

Jungsche Therapeuten sind an spirituellen Phänomenen ebenfalls stärker interessiert. Dies ist verständlich, weil Jung (1963), der mit einem kollektiven Unbewussten rechnete, ein geistiger Vater der Transpersonalen Psychologie ist. Jungianer, von Jordahl (1990) befragt, registrierten zu 64 Prozent, dass ihre Klienten „manchmal Träume spezifisch religiösen Charakters" haben, die für die Therapie wichtig seien, Freudianer zu 22 Prozent. Ein Drittel der Jungianer ist überzeugt, bei mehr als 40 Prozent der Patienten sei das Hauptproblem religiöser Natur, aber bloß fünf Prozent der Freudianer.

5.2 Spirituelle Elemente in der Psychotherapie

„Es ist ein wirkliches Paradox, wenn in einer Zeit, in der über die intimen Details von Familiengeschichten und über Sexualität öffentlich diskutiert wird, die Diskussion der spirituellen Wege unterbunden werden sollte." (Lyall, 1995)

Ein Therapeut, der während der Behandlung die Hände faltet und zu beten beginnt – das erscheint hierzulande „absurd und peinlich" (Jordahl, 1990, 49). Anders hingegen in den USA: Hier ist es vielfach üblich, dass in Therapien gebetet, meditiert, in heiligen Texten gelesen wird (Überblick: Larson, Swyers & McCullough, 1997; Kelly, 1995). Spiritualität in der Therapie setzt die gängigen Verfahren nicht außer Kraft. Vielmehr lassen sich bewährte säkulare Techniken mit religiös-spirituellen Inhalten füllen. Aktiv imaginieren lässt sich auch zu spirituellen Motiven (Propst, 1988). Und einem Refraiming unterzogen werden können auch religiös-spirituelle Schemas (McMinn, 1991a). Ohnehin setzen Therapeuten – wenn überhaupt – spirituelle Interventionen eklektisch und bedarfsorientiert ein (Chamberlain, Richards & Scharman, 1996).

In Kapitel 5.2.1 wird jene achtsame, durch Verbundenheit und Zuversicht geprägte Haltung von Therapeuten anskizziert, die als „spirituell" gewürdigt wird. Ob es sinnvoll ist, in einer Therapie spirituell zu intervenieren, hängt von der religiös-spirituellen Einstellung der Klienten ab, die zu Therapiebeginn auszuloten ist (Kap. 5.2.2). Kapitel 5.2.3 skizziert empirische Ergebnisse zur Häufigkeit spiritueller Praktiken. Kapitel 5.2.4 konkretisiert die in der Psychotherapie eingesetzten spirituellen Interventionen, bevor mögliche Einwände gegen diese entkräftet werden (Kap. 5.2.5).

5.2.1 Spirituelle Haltung in der Therapie

Wie in jedem Beruf, so können auch Therapeuten mit unterschiedlicher Einstellung ihre tägliche Arbeit verrichten. Dies kann routinemäßig und als Job geschehen. Aber auch in jener Haltung, die zahlreiche Autoren (Karasu, 1999; Kelly, 1995; Utsch, 2005) als „spirituell" würdigen, unabhängig davon, ob die Therapeuten einer Religionsgemeinschaft angehören oder nicht.

Spirituelle Verbundenheit vertieft die Beziehung zwischen Therapeut und Klienten, deren Qualität den Behandlungsverlauf massiv beeinflusst (Grawe, 1998, 699). Ein Ingrediens von Spiritualität ist, mit allem Leben, insbesondere aber den Mitmenschen verbunden zu sein. Eine solche Haltung vertieft die Beziehung zu den Klienten und steigert Empathie, die begabte Therapeuten auszeichnet und dem Therapieverlauf förderlich ist.

Achtsamkeit ist ein weiteres Ingrediens von Spiritualität und kann durch meditative Praxis vertieft werden, was sich positiv auf den Therapieverlauf auswirkt. Rosenthal (1990) beschrieb den meditativen Therapeuten, der während den Sitzungen besonders wachsam und präsent ist, sensibel für subtilste Regungen bei den Gesprächspartnern und bei sich selbst.

Hoffnung und Zuversicht sind einer spirituellen Haltung wesentlich. Therapeuten, im Hinblick auf den Verlauf zuversichtlich sind, erzielen häufiger wünschenswerte Effekte (Kelly, 1995). Dies entspricht den metaanalytischen Ergebnissen von Grawe (1998), wonach eine erfolgreiche Aktivierung der Ressourcen der Patienten, die sich fortan selber mitverantwortlich fühlen, eine wichtige Voraussetzung für ein gutes Ergebnis ist. Ressourcen werden umso weniger aktiviert, wenn Therapeuten ihre Klienten als nicht-normal, krank, endogen depressiv etc. pathologisieren bzw. umso stärker, wenn sie ihnen Mut zusprechen, zu wachsen und wieder heil zu werden (Karasu, 1999).

5.2.2 Die Spiritualität bei Klienten einschätzen

Ob religiös, spirituell oder atheistisch eingestellt – Psychotherapeuten sind sich weitgehend einig, der religiös-spirituelle Hintergrund von Klienten sei auszuleuchten und es sei ihm Rechnung zu tragen. Als Gründe dafür listen Richards und Bergin (1997) auf:

- Therapeuten, die die Spiritualität ihrer Klienten kennen, sind zu mehr Empathie in der Lage.
- Insbesondere die Gottesbilder von Klienten verraten viel über ihre interpersonalen Beziehungen, speziell die zu den Eltern.
- Therapeuten können prüfen, ob sich Spiritualität bei den Patienten positiv oder negativ auswirkt.
- Sie können prüfen, ob spirituelle Ressourcen vorhanden sind, um für die Behandlung genutzt zu werden.
- Sie können prüfen, ob es sich beim psychischen Problem um eine spirituelle Krise, wie sie in der Lebensmitte gehäuft auftritt, handelt.

Drei von vier Therapeuten erachten es für grundsätzlich wichtig, Spiritualität im therapeutischen Prozess zu berücksichtigen, sowohl die eigene mögliche Gegenübertragung, als auch die der Klienten (Hickson, Housley & Wages, 2000). Die in Bayern befragten Therapeuten würden zu zwei Dritteln „Glaube/Religion“ zumindest gelegentlich thematisieren (Demling, Werthmüller & O’Connolly, 2001, 78). Konsens besteht auch darüber, dass weniger die spirituellen Inhalte zu beurteilen sind als vielmehr deren Auswirkungen auf die Psyche (Hodge, 2005).

Wie aber lässt sich die Spiritualität von Klienten einschätzen? Fragebögen ausfüllen zu lassen, ist nicht prinzipiell ausgeschlossen, aber bei depressiven Patienten wenig angezeigt. Chirban (2001) hat ein „Inventar zur religiösen und spirituellen Lebensgeschichte" erarbeitet, das er dann empfiehlt, wenn bemerkt wird, dass für die Klienten spirituelle Themen bedeutsam sind. Da diese zu den persönlichsten und intimsten Bereichen gehören, ist im Gespräch besonders behutsam vorzugehen und der/die Therapeut/in hat die Spiritualität des/der Klienten/in auch dann zu respektieren und wertzuschätzen, wenn sie eigenen Überzeugungen nicht entspricht: „Prägen Religiosität und Spiritualität Ihr alltägliches Leben? Inwiefern?"; „Wenn Sie sich hoffnungslos fühlen, was erneuert dann Ihre Hoffnung?"

Vergleichbare Leitfäden wurden für die Einschätzung von Spiritualität in medizinischen Settings entwickelt (Puchalski & Romer, 2000). Empfohlen wird auch, sich hinreichendes Wissen über den spirituellen Hintergrund von Klienten anzueignen, zumal wenn sie einer anderen (Welt-)Religion angehören (Richards & Bergin, 2000).

Eine Typologie der Religiosität/Spiritualität

Kelly (1995, 136–142) schlägt als Orientierungshilfe für Therapeuten eine Typologie vor, in die die mögliche Spiritualität von Klienten eingeordnet werden kann:

- Klienten, die mit einer Religion verbunden sind: Bei diesen seien Glaube und religiöse Lebensvorschriften auf jeden Fall zu bedenken.
- Klienten, die der Religion gegenüber loyal sind, bei denen Religiosität eher extrinsisch und weniger lebensrelevant ist.
- Spirituelle Klienten, die keiner Religion angehören, seien besonders ansprechbar für Themen wie Verbundenheit, Ganzheit, Meditation etc., weniger jedoch für traditionelle Religiosität.
- Spirituell-religiös offene Personen, denen zumindest entsprechende Sinnangebote gemacht werden können.
- Spirituell-religiös tolerante, aber indifferente Klienten.
- Personen, die weder spirituell noch religiös sind.
- Personen, die der Religion feindlich gesonnen sind. Bei diesen wären entsprechende Interventionen kontraproduktiv; vielmehr wäre zu prüfen, ob nicht pathogene Frömmigkeitsformen für die psychischen Beeinträchtigungen verantwortlich sind (Noll, 1989).

5.2.3 Häufigkeit spiritueller Interventionen in der Psychotherapie

Die Häufigkeit spiritueller Interventionen erfragten Ball und Goodyear (1991) bei christlichen Therapeuten und Richards und Potts (1995) bei mormonischen.

Beide Studien wiesen das Gebet als häufigste spirituelle Technik aus, gefolgt vom Lehren religiöser Konzepte, der Bezugnahme auf einen Bibeltext und der Ermunterung, zu verzeihen. Therapeutisch fragwürdig sei, den Patienten die Hände aufzulegen oder sie zu segnen. Auch war den Befragten daran gelegen, dass die Klienten außerhalb des Treatments Spiritualität praktizieren und in eine spirituelle Gemeinschaft hineinwachsen, die sie sozial unterstützt und trägt. Ganje-Fling und McCarthy (1991) fanden, dass spirituelle Leiter in ihren Beratungssitzungen häufiger Meditation und Gebet einsetzten als professionelle Psychotherapeuten. Zumindest vereinzelt griffen auch Letztere auf solche Praktiken zurück, was die Autoren in ihrer Intention bestärkt, dass spirituelle Anleitung, die geistiges Wachstum anzielt, und Psychotherapie, die psychische Reifung anstrebt, miteinander zu integrieren seien (bes. 116).

Deutsche Studien. In Deutschland wurden bisher nur wenige Studien über spirituelle Interventionen in therapeutischen Settings durchgeführt. Demling, Werthmüller und O'Connolly (2001) fanden, dass jeder fünfte bayerische Therapeut angab, insgeheim für seine Patienten gebetet zu haben, die Frauen deutlich häufiger als die Männer. Allerdings wurde diese Studie in traditionell christlichen Landstrichen (Würzburg und Umgebung) durchgeführt; in Brandenburg wären die Ergebnisse vermutlich anders ausgefallen. Aber auch für Europa gilt: Spirituelle Interventionen werden umso häufiger vorgenommen, je spiritueller sich die Therapeuten selbst verstehen. Niederländische Therapeuten in evangelikalen Institutionen gaben zu 41 Prozent an, sich in der Therapie „oft" auf biblische Personen und Geschichten zu beziehen; ihre Kollegen an staatlichen Einrichtungen nur vereinzelt (Van Uden & Pieper, 2000).

5.2.4 Konkrete Interventionen

Gebet als Therapie

Die häufigste spirituelle Intervention in Therapien ist das Gebet (West, 2000; Richards & Bergin, 1997), sei es, dass Therapeuten für ihre Patienten beten, sei es – allerdings weit seltener –, dass sie dies mit ihnen tun. Die von Galanter, Larson und Rubenstone (1991) befragten evangelikalen Psychiater halten das Gebet besonders bei Depressivität, Suizidalität, Trauer und Drogenproblemen für angezeigt, nicht aber bei schizophrenen Störungen. Auch müsse Gebet in der Therapie freiwillig sein, im Interesse des Klienten liegen und mit den Glaubensüberzeugungen beider kompatibel sein (Richards & Bergin, 1997). Als Therapieziel wird gelegentlich auch angestrebt, dass Klienten zu beten beginnen oder dies häufiger tun (Richards & Potts, 1995). Was dies zu bewirken vermag, zeigt ein von Richards und Bergin (1997, 271–275) präsentiertes Fallbeispiel:

Fallbeispiel

Clifford Swenson, klinischer Psychologe, behandelte ein Ehepaar: Janet, Innenraumdekorateurin, und Bill, Apotheker, der sich in die Selbstständigkeit gewagt hatte, aber um das finanzielle Überleben kämpfte. Konsultiert wurde der Psychologe zunächst von Janet, die sich, weil sie sich von Bill vernachlässigt fühlte, in eine Affäre mit einem älteren Arbeitskollegen gestürzt hatte. Sie beendete die Liaison und gestand sie auch Bill, der sich beherrschte – eine kurze Zeit funktionierte die Partnerschaft zufrieden stellend. Danach verliebte sie sich wieder in einen älteren Kollegen und fürchtete, der Versuchung nicht widerstehen zu können – und so die Ehe zu zerstören. Da massive Angstzustände auftraten, wandte sie sich an den Psychologen, der gesprächstherapeutisch darauf hinwirkte, Janets Selbstwertgefühl zu stärken und die Beziehung zu Bill zu optimieren. Als dieser in die Behandlung einbezogen wurde, gelang dies – zumindest kurzfristig. Denn das Ehepaar kam alsbald wieder mit den gleichen Problemen, die sich gesprächstherapeutisch reduzieren ließen. Doch ein Jahr später: schon wieder! Da der Therapeut, selber praktizierender Mormone, bemerkt hatte, dass Janet und Bill einer Freikirche angehörten, riet er ihnen, jeden Tag für einander zu beten und sich dabei das Beste zu wünschen. In seiner Praxis sah er sie nie wieder – aber im Park als glückliches Paar.

Therapeutische Mechanismen des Gebets. Worin könnte der therapeutische Mechanismus des Gebetes bestehen, speziell des persönlichen, meditativen oder bittenden Gebetes? Im Gebet kann sich der Mensch seiner wirklichen Lebenssituation bewusst werden und zu einer vertiefteren Selbsterkenntnis gelangen, wie sie in der kognitiven (Verhaltens-)Therapie als Voraussetzung für eine erfolgreiche Behandlung gilt (Propst, 1988). Er kann seine Befindlichkeit artikulieren und – zumindest teilweise – in den Griff kriegen, was ihn/sie wirklich bedrängt. Meisterhaft vermochten dies die alttestamentlichen Psalmisten, so einer, der in bodenlose Verzweiflung geriet: „Das Wasser geht mir bis an die Kehle. Ich versinke im tiefen Schlamm, wo kein Grund ist." (Ps 69, 2).

Artikulieren kann der Betende aber auch mögliche neue Gedanken und Bilder, woraus sich ein kognitives Refraiming, ja ein Wandel in der Lebensführung ergeben kann (Propst, 1988, 144). Auch ist das Gebet im Zusammenhang mit Kontrollmechanismen zu sehen. Gerade indem der/die Betende die Kontrolle an eine überlegene Instanz abtritt, bleibt sie erhalten: Kontrollgewinn durch Kontrollverzicht.

Religiös-spirituelle Imagination als Therapie

Aktive Imagination, besonders von Transpersonalen Psychotherapeuten eingesetzt, ähnelt den Visualisierungs- und Meditationstechniken, wie sie auch im

Buddhismus und Schamanismus praktiziert werden (Kasprow & Scotton, 1999). Der therapeutische Effekt bestehe darin, dass unbewusste Inhalte ins Bewusstsein einfließen, wodurch sich diesem neue Sichtweisen und Perspektiven eröffnen. Aktive Imagination wird auch in der kognitiven Verhaltenstherapie praktiziert (Propst, 1988). Bilder sind visuelle Gedanken und zeitigen vielfach stärkere Wirkungen, zumal im emotionalen Bereich. Frauen, die Opfer von Missbrauch geworden sind, waren oft erst dann in der Lage, über ihr Trauma zu reden, nachdem sie einen zulächelnden Jesus oder eine tröstende Maria imaginiert hatten (Propst, 1988).

Effektivitätsstudien. Bullis und Harrigan (1992) arbeiteten mit Personen, die Opfer von sexuellem Missbrauch geworden waren und sich in einer ausweglosen Depression fühlten. Die Therapeuten ermunterten sie, sich Jesus zu vergegenwärtigen, wie er sie durch ein Tor ins Licht begleite. Bei den meisten gingen die Symptome deutlich zurück. Richards, Owen und Stein (1993) arbeiteten mit Mormonen, die dermaßen nach Perfektionismus strebten, dass ihr Selbstwertgefühl bereits depressiv verdüstert war. In acht wöchentlich abgehaltenen Sitzungen wurden die Männer und Frauen über den unbedingten Wert jeder Person instruiert, aber auch zu religiösen Imaginationen motiviert, die eingebettet in Entspannungsübungen erfolgten. Der Posttest ergab eine signifikant geringere Depressivität nach Beck (2001), einen signifikant gestiegenen Selbstwert sowie mehr spirituelles Wohlbefinden.

Meditation als Therapie

Ob Meditation therapeutisch eingesetzt werden soll, ist umstritten (Piron, 2003). Engler (1986) und Welwood (1980) plädierten dafür, Menschen sollten erst dann mit meditativen Praktiken beginnen, wenn sie gefestigt seien: Innerlich leer werden könne nur, wer erfüllt (gewesen) sei. Dem steht entgegen, dass zahlreiche Autoren von positiven Wirkungen meditativer Praktiken berichten, insbesondere solcher, die Achtsamkeit (mindfulness) zum Ziel haben (Bishop, 2002). Unbestritten ist, dass meditative Entspannungstechniken Stress reduzieren bzw. ihm vorbeugen, unabhängig davon, ob Meditation aus spirituellen oder säkularen Motiven (bspw. Stressmanagement) praktiziert wird (Carrington, 1993; Vaitl & Petermann, 2004).

Mittlerweile hat sich auch im deutschen Sprachraum das auf Achtsamkeit gegründete Stress-Reduktions-Verfahren von Kabat-Zinn (1994) etabliert (Heidenreich & Michalak, 2003; Ott , 2004). In Gruppen von bis zu 30 Personen werden über einen Zeitraum von acht Wochen einmal wöchentlich ein- bis zweistündige Achtsamkeitsaufgaben durchgeführt, die zu Hause fortgesetzt werden. Die Effekte sind ermutigend. In einer der wenigen deutschen Studien (Majumdar, 2000) zeigte sich: Depressiv verstimmte und überbesorgte Studenten fühlten sich nach einem achtwöchigen Entspannungsprogramm zufriedener und verzeichneten weniger physische und psychische Beschwerden.

Fallbeispiel

Was Achtsamkeitsmeditation im Falle einer schweren Erkrankung zu leisten vermag, schildert authentisch McKenna (2000), bei dem im Alter von fünfzig Jahren ein Karzinom im Oberkiefer diagnostiziert wurde. Während der Chemotherapie geriet er in eine tiefe Depression, bis er regelmäßig zu meditieren begann: „Achtsamkeitsmeditation führt zu einer Haltung der Annahme und des Sich-Überlassens . . . Die Meditation disponierte mich zu einer tieferen Auseinandersetzung mit der Erfahrung der Schwächung, die die Krankheit und deren Behandlung meinem Körper und meiner Seele zufügten. Ich entwickelte eine tiefe Wertschätzung des Todes als integraler Bestandteil des Lebens und erfuhr als einzigartige Gelegenheit in diesem Leben, wie mein Glaube gestärkt wurde und dass das sich Überlassen eine Kraft ist, die alles verwandelt." (McKenna, 2000, 132).

Auch in den „Gesundes-Herz-Gruppen" von Freeman, Wolfson und Affolter (1998) werden meditative Entspannungstechniken, verbunden mit geleiteter Imagination, eingesetzt. Die Autoren berichten – kasuistisch – von teils sehr starken Effekten. Eine Patientin, nach dem frühen Tod ihres Mannes jahrelang wegen Borderline-Syndromen psychiatrisch behandelt, gewann in einer solchen Gruppe, die regelmäßig gemeinsam meditierte, ihr Selbstwertgefühl so weit zurück, dass sie den Todestag ihres Mannes nach 20 Jahren erstmals außerhalb einer Klinik verbringen konnte. Auch im Programm zum Rückgängigmachen von Herzerkrankungen (Reversing Heart Disease Programm) von Ornish (1990), das in den USA nationales Aufsehen erregte, spielen meditative Praktiken eine wichtige Rolle. Solche könnten helfen, das Herz für eine höhere Kraft, was immer diese auch sei, zu öffnen, wodurch sich die Herzarterien erweitern würden (Ornish, 1990; Richards & Bergin, 1997).

Mandalas. Eine traditionsreiche Form der Meditation ist die Betrachtung bzw. das Malen von Mandalas, was eine Fokussierung auf die Mitte bewirke. Ob die Meditation dieser kreisförmigen Gebilde die behaupteten therapeutischen Effekte erbringt, untersuchten Henderson et al. (2005) bei 19 Studierenden, die sich intensiv mit Mandalas befassten. Der Nachtest zeigte, dass sich der posttraumatische Stress im Vergleich zur Kontrollgruppe signifikant reduzierte.

Meditation schließt andere Therapieformen nicht aus. Auch verhaltenstherapeutische Maßnahmen können enorm profitieren, wenn sich im Bewusstsein qua Meditation „Klarheit, Einfachheit, Frieden, Fülle" u.Ä. ausbreiten (Piron, 2005). Grawe, Donati und Bernauer (1993) fanden in ihrer bekannten Metaanalyse zu Therapieeffekten, dass meditative Praxis sogar wirksamer ist als Autogenes Training oder progressive Muskelrelaxation. Es sei „unbegründet", dass Meditation als Therapiemethode im deutschen Kulturkreis bisher so wenig verbreitet sei.

Vergeben als Therapie

Richards und Bergin (1997) warnen zu Recht davor, in der Therapie zu früh dazu zu motivieren, Vergebung zu gewähren. Wenn die Wut auf den Übeltäter nicht hinreichend verarbeitet ist, die beschämende Verletzung nicht hinlänglich durchlitten wurde und vergeben wird, weil dies vom Codex der Religionsgemeinschaft vorgeschrieben ist, geschehe dies in unreifer Form. Die Folgen seien dysfunktional: Schmerz, Trauer, Schuld, vor allem aber Ärger und Zorn. In einer Interventionsstudie ermunterten Hebl und Enright (1993) 24 ältere Frauen, ihren Bezugspersonen, die sie verletzt hatten, zu verzeihen; im Nachtest zeigten sie geringere Depressivität und Ängstlichkeit. Vergebung zu erleichtern empfehle sich vor allem in Ehe- und Familientherapien (Walsh, 2003), weil Vergebung verletzte Beziehungen wieder stabilisieren, mitunter sogar neu ermöglichen könne.

Fallbeispiel

Sanderson und Linehan (1999, 206) schildern den Fall von „Miriam", die mit einem geachteten Kirchenleiter verheiratet war. Sie verehrte ihn und litt darunter, ihm nicht alles recht zu machen, wenn sie beispielsweise eine Türe zu laut schloss. Als sie erfährt, dass ihr Gatte eine Affäre eingegangen ist, bricht ihre Welt auseinander und es überwältigen sie Groll, Hass, Beschämung, Angst. Der Therapeut, den sie aufsucht, sieht in der Vergebung den einzig möglichen Weg, die Beziehung aufrecht zu erhalten und die starken Emotionen zu dämpfen. Die angemessene Intervention sei die, darüber Informationen anzubieten, was wohl geschehe, wenn sie verzeihe bzw. nicht verzeihe, und ihr einfühlsam zu erkennen zu geben, wie schmerzhaft der Prozess des Verzeihens zu sein pflege.

Weitere spirituelle Interventionen

Seit gut zwanzig Jahren führt Kehoe (1999) in einer psychiatrischen Klinik regelmäßige Gesprächsrunden durch, in denen die Patienten ermutigt werden, ihre spirituellen Überzeugungen und Zweifel zur Sprache zu bringen. Auch Personen mit schweren psychischen Beeinträchtigungen seien fähig, über ihren Glauben zu reflektieren und zu diskutieren. Sie bilanzierte, dass sich die spirituellen Gruppenprozesse auf die Teilnehmer sehr wohltuend auswirkten. Dies zumal dann, wenn sich ein Klima der Toleranz und der Akzeptanz von anderen Ansichten ausbreitete und die Teilnehmenden von den spirituellen Überzeugungen anderer lernen konnten.

Klinische Studien zeigten wiederholt, dass Menschen, speziell schwer Erkrankte, wenn sie den Sinn verlieren, in Hoffnungslosigkeit und Depression absinken und auch ihre körperliche Verfassung schlechter wird (Breitbart & Heller, 2002; vgl. Kap. 4.2.4). Auch steigt dann, zumal bei AIDS- und Krebspatienten, der Wunsch nach aktiver Sterbehilfe (Breitbart et al., 2000). Aufgrund des enormen Nutzens von Sinnerfahrungen versteht sich die Relevanz von sinnzentrierter Psychotherapie, wie sie u.a. von Breitbart et al. (2004) angewandt wird. Patienten erörterten in Gruppensitzungen von ein bis zwei Stunden Dauer, was sie in ihrem Leben als sinnhaft erfuhren bzw. erfahren. Nach acht Wochen Intervention habe sich kein einziger so geäußert: „Ich bin im Sterben, und da ist keine Hoffnung mehr" – vielmehr artikulierten sie Hoffnung über den Tod hinaus, insbesondere die, den anderen nicht zur Last zu fallen und nicht vergessen zu werden.

Rituale heilen. Jede Religion entwickelt(e) eine rituelle Diskussion. Auch in der oft esoterisch eingefärbten Spiritualitätsszene spielen Rituale eine wichtige Rolle (www.rituale.spirituelle-hilfe.com). Rituale sind stereotype symbolische Akte oder Interaktionen, durch die Werte und weltanschauliche Überzeugungen ausgedrückt werden und die eine integrierende, stabilisierende, kathartische Funktion erfüllen. Sie sind auch in Therapien integrierbar, davon abgesehen, dass auch die diversen Psychotherapien ihre eigenen Rituale hervorgebracht haben.

Fallbeispiel

Wie sehr Rituale den therapeutischen Prozess unterstützen können, zeigte Bewley (1995) in mehreren Fallstudien, unter anderem der von Paula. Diese Frau, Mitte Vierzig, geriet jeweils vor Weihnachten in eine schwere Depression, als deren Ursache sich die unvollständig geleistete Trauer wegen des Todes ihres Vaters herausstellte. Bewley (1995) ermunterte ihre Klientin dazu, ein Ritual auszuüben, mit dem sie ihren Vater ehren könne. Sie errichtete ihm einen kleinen Hausaltar, an dem sie regelmäßig – Rituale leben von Wiederholung – seine Lieblingsmusik hörte, für ihn betete und ihn als Lebenden imaginierte, worauf sich die Depression abschwächte.

5.2.5 Mögliche Einwände gegen Spiritualität in der Therapie

Nach den bisherigen Ausführungen ist es ein Leichtes, die üblichen Einwände gegen spirituelle Interventionen in therapeutischen Settings zu entkräften. Solche Einwände hat West (2000) aufgelistet. Als Erstes denjenigen der klassischen psychologischen Religionskritik. Nach allem, was bisher über die möglichen positiven Auswirkungen von Spiritualität/Religiosität auf Psyche und Körper ausgeführt wurde, braucht darauf nicht näher eingegangen zu werden. Weitere Vorbehalte betreffen die Wertfreiheit, spirituelle Indoktrination und nicht zu letzt die Frage der Überforderung der Therapeuten.

Spirituelle Interventionen seien in der Therapie nicht angebracht, weil diese weltanschaulich neutral erfolgen müsse. Aber: Wertfreiheit gibt es nicht, nicht in der akademischen Psychologie und schon gar nicht in der Therapie, weil diese stets von normativen Annahmen darüber, was und wie der Mensch sei und worin psychische Gesundheit bestehe, lebt (Richards & Bergin, 1997; Utsch, 2005).

Wer Spiritualität in Therapien einfließen lasse, könne kaum verhindern, den Patienten das eigene spirituelle Weltbild aufzuoktroyieren. Dass Therapeuten indoktrinieren, eher subtil als explizit, ist niemals auszuschließen. Aber: Bei Therapeuten mit hoher Empathie ist das Risiko gering. Gerade humanistische und analytische Therapieformen, welche der Spiritualität gewogener sind, bedenken die subjektiven Reaktionen der Therapeuten und deren eigene Ansichten kritisch als mögliche Gegenübertragung (West, 2000).

„Wenn Klienten ihre Spiritualität erörtern wollen – recht und schön, aber ich bin doch kein Theologe“ (West, 2000, 118). Aber: Dem ist entgegenzuhalten, dass Therapeuten oft mit Problemen konfrontiert werden, die sie nicht selber erfahren haben – beispielsweise Suizidversuche. Und dennoch müssen und können sie sich therapeutisch damit befassen! Darüber hinaus lässt sich religiös-spirituelles Basiswissen aneignen, sofern es – wie weithin üblich – in der Ausbildung nicht geschehen ist (bspw. Richards & Bergin, 2000). Ohnehin betreffen zahlreiche spirituelle Fragen letztlich alle Menschen, so die Frage nach dem Sinn oder nach einem Leben nach dem Tod.

5.3 Wirken spirituelle Therapien besser?

„Genau gleich, wie Therapeuten ein Training benötigen, um ihre Fähigkeiten und ihre Sensibilität im Hinblick auf Geschlecht, Rasse und andere Aspekte der Diversifizität zu verbessern, ebenso sind sie auch ethisch verpflichtet, ihre Fähigkeiten und Sensibilität im Hinblick auf jene Klienten zu optimieren, die religiös und spirituell sind.“ (Richards & Bergin, 1997, 6)

5.3.1 Die schwierige Erforschung von Therapieeffekten

Sind Therapien bei religiös-spirituellen Personen wirksamer, wenn in den Sitzungen auch spirituelle Themen zur Sprache kommen? Eine hochkomplexe Thematik! Denn wie effektiv Therapien sind, ist zwar höchst aufwändig evaluiert worden – bisher am gründlichsten von Grawe, Donati und Bernauer (1993) –, aber die Ergebnisse sind heterogen und umstritten. Eine kaum zu bewältigende Schwierigkeit ist die, alle Variablen, die in eine Therapie einwirken, zu kontrollieren.

Lambert (1992) prägte, nachdem er hunderte Effektivitätsstudien gesichtet hatte, die bekannte Formel, Effekte von Therapien seien zu 40 Prozent auf außertherapeutische Faktoren zurückzuführen, 30 Prozent auf die Beziehung zum/zur Therapeuten/in, 15 Prozent auf die Techniken und 15 Prozent auf den Placeboeffekt, wobei auch der Erwartungseffekt der Klienten massiv zu Buche schlage.

5.3.2 Widersprüchliche Ergebnisse

Die Forschungslage ist unbefriedigend (Richards & Potts, 1995). Auch beziehen sich die meisten Studien auf traditionelle Religiosität. In einer der ersten Überblicksdarstellungen fand McCullough (1999), religiös-spirituelle Beratungsprogramme linderten depressive Verstimmungen nicht wirksamer und nachhaltiger als Standardprogramme. Pecheur und Edwards (1984) behandelten leicht depressive Studenten, eine Gruppe mit christlich aufgefüllter kognitiver Therapie, die andere säkular – es ließen sich keine nennenswerten Unterschiede im (moderaten) Therapieerfolg nachweisen.

Johnson et al. (1994) zeigten bei Klienten, die an leichter Depression litten, dass eine mit christlichen Inhalten aufgefüllte Rational-Emotive Therapie den gleichen Effekt zeitigte wie ein säkulares Treatment. Die antireligiöse Position des Begründers dieser Therapie, Ellis (1980) – christliche Glaubensüberzeugungen erschwerten die Therapie –, sei widerlegt. Johnson und Ridley (1992) behandelten Studenten mit depressiven Symptomen, eine Gruppe mit christlich eingefärbter Rational-Emotiver Therapie, die andere säkular. In beiden Gruppen sank die Depressivität. Das christliche Treatment reduzierte aber zusätzlich irrationale Glaubensüberzeugungen. Ellis (1980) zufolge hätte dies deshalb nicht eintreten dürfen, weil er religiös-spirituelle Überzeugungen als emotionalen Wirrwarr verunglimpfte.

Die Studie von Propst et al. (1992) ist eine der gründlichsten Arbeiten und in ihren Ergebnissen bemerkenswert. Propst (1988; 1996) ist kognitive Verhaltenstherapeutin und prüfte mit ihren Mitarbeitern drei Fragen:

(1) Reduziert kognitive Verhaltenstherapie mit einem religiösen Treatment depressive Symptome stärker als eine säkulare Standardversion?

(2) Wie wirken die beiden Therapieformen im Vergleich zu üblicher pastoraler Beratung?

(3) Wirkt kognitive Verhaltenstherapie mit religiöser Ausrichtung gleich, wenn sie von spirituellen oder sich nicht als religiös verstehenden Therapeuten durchgeführt wird?

Selbstverständlich wurde gewährleistet, dass zu Beginn der Intervention das Ausmaß der depressiven Verstimmung (Beck, 2001) und weitere abhängige Variablen (soziale Anpassung etc.) in den insgesamt vier Gruppen (religiöse kognitive Therapie, Standardvariante, pastorale Beratung, Kontrollgruppe) statistisch vergleichbar waren. Nach 18 Sitzungen zeigte sich: Die religiöse Variante, in der reichlich zu spirituellen Imaginationen ermuntert wurde – beispielsweise: „Ich kann mir Christus vorstellen, wie er mich in eine zukünftige schwierige Situation hineinbegleitet, die ich zu bewältigen versuche" – zeitigte die stärksten Effekte, und zwar bei Depressivität, sozialer Anpassung und Symptombelastung. Nahezu gleich stark wirkte die klassische pastorale Beratung, geringfügig schwächer die Standardversion.

Das unerwartetste Ergebnis konstatierten Propst et al. (1992) bei der Frage 3. Es war nicht der Fall, dass spirituelle Therapeuten stärkere Effekte erzielten, im Gegenteil. Gerade die säkularen Psychologen, die ein religiöses Treatment anwendeten, bewirkten eine signifikant stärkere Reduktion von Depressivität. Propst et al. (1992) taten sich mit einer Erklärung schwer und vermuteten u.a., dass die nicht religiösen Therapeuten von den Klienten gleichwohl als religiös wahrgenommen wurden, dies umso mehr, als das Experiment in einer kirchlich gebundenen Klinik durchgeführt wurde.

Religiös kognitive Verhaltenstherapie untersuchten Hawkins, Tan und Turk (1999). 18 christliche Patienten widmeten sich in den Gruppensitzungen gesundem Denken, der Entspannung, dem Umgang mit Emotionen – und dies stets mit biblischen Bezügen. Bei den elf Angehörigen in der Kontrollgruppe unterblieb dies. In beiden Gruppen wurde Depressivität (Beck, 2001) geringer, in der christlichen Gruppe noch nachhaltiger. Auch stieg in ihr das spirituelle Wohlbefinden. Eine wertkongruente, in diesem Fall christliche Therapie sei effektiver als säkulare kognitive Verhaltenstherapie.

Breitbart und Heller (2002) arbeiteten mit zwei Gruppen von Aids- und Karzinompatienten. In der Experimentalgruppe wandten sie sinnorientierte Psychotherapie an und brachten Spiritualität als Verbundensein mit etwas Größerem als dem eigenen Selbst zur Sprache. Die Kontrollgruppe erhielt Ratschläge, wie trotz der Krankheit der Alltag gemeistert werden könne. In der Experimentalgruppe stieg das Wohlbefinden deutlich, auch artikulierten die Teilnehmenden einen tragfähigeren Lebenssinn und artikulierten mehr Hoffnung.

Spirituelle oder säkulare Vergebung. Hart et al. (2002) intendierten bei ehemaligen schweren Alkoholikern, die wegen ihrer Trunksucht noch immer massiven Groll gegen sich selber hegten, die Vergebungsbereitschaft zu erhöhen. In einer Gruppe setzten sie ein säkulares Treatment ein, das sich an die Vergebungstherapie von Enright und Fitzgibbons (2000) anlehnte, in der zweiten ein spirituelles Treatment, das vom 12-Stufen-Modell der Anonymen Alkoholiker inspiriert war. In beiden Gruppen stieg die generelle Bereitschaft, zu verzeihen. Die Mitglieder der spirituellen Gruppe zeigten sich aber williger, ihrem bisher ärgsten Übeltäter zu verzeihen.

Studien im europäischen Raum zur Effizienz spiritueller Psychotherapie sind dünn gesät. Grawe, Donati und Bernauer (1993) konstatierten, dass zahlreiche Therapierichtungen, die eine besondere Affinität zu Spiritualität aufweisen, (noch) nicht methodisch einwandfrei evaluiert wurden, so die von Assagioli (1992) inaugurierte Psychosynthese, die Transzendenztherapie (Dürckheim, 1993) sowie die Jungsche Analyse. Zwischenzeitlich liegt zu Jungscher Psychotherapie eine Effektivitätsstudie vor, gemäß der sie bei drei Vierteln der Patienten erfolgreich sei (Keller, 1997). An der Studie problematisch ist die Qualität der Daten: Subjektive Einschätzungen durch die Therapeuten, die unweigerlich dazu neigen, ihre Arbeit als effizient zu beurteilen.

Eine der wenigen Vergleichsstudien führten Schowalter u.a. (2003) durch, und zwar mit zwei psychosomatischen Fachkliniken in der Bundesrepublik, zum einen die in Egenhausen, die religiöse, speziell freikirchliche Praktiken anbietet (Andachten, Bibellesen); zum anderen das St. Franziska Stift in Bad Kreuznach. Bei den Patienten in der religiösen Fachklinik (N = 280) zeigte sich ein moderater Rückgang in der Symptombelastung, der aber, in gleicher Stärke, auch bei den 185 behandelten Männern und Frauen in Bad Kreuznach festgestellt wurde. Als hochsignifikant stellte sich in der „freikirchlichen" Klinik die Zunahme des spirituellen Wohlbefindens heraus. Die Autoren erklärten dies als Effekt der intensiveren spirituellen Praxis und zogen den Schluss, die Integration religiöser Elemente in die Psychotherapie sei im Hinblick auf die Symptome nicht unbedingt von Vorteil, jedoch sehr wohl im Hinblick auf das spirituelle Wohlbefinden von entsprechend eingestellten Menschen.

5.4 Die Spiritualität im 12-Stufen-Programm der Anonymen Alkoholiker (AA)

„Die Gründer der Anonymen Alkoholiker beginnen mit der ihren Erfahrungen entsprechenden Prämisse, dass die Lösung der Krankheit spirituell ist, ebenso aber auch die Ursache derselben: ein Mangel an Spiritualität." (Ringwald, 2003, 32)

Er könne jederzeit mit dem Trinken aufhören, beteuerte mir unlängst ein Bekannter. Allerdings behauptete er dies auch schon vor zwanzig Jahren. Seither trank er täglich seine fünf Liter Bier, mit fatalen Folgen: Übergewicht, besorgniserregende Blut- und Leberwerte, Verlust des Arbeitsplatzes, Scheidung, dauerhafter Führerscheinentzug. Vielleicht wird er irgendwann jene Erfahrung machen, die ihn dazu motivieren könnte, sich dem Therapieprogramm der AA zu unterziehen (Hart, 1998; Murken, 1994; Tonigan, Toscova & Connors, 1999): Dass er eben doch nicht aufhören könne, sondern in der Gewalt einer höheren Macht stehe, die stärker ist als er. Dies widerfuhr im Jahre 1934 dem New Yorker Börsenmakler Bill Wilson, den sein Arzt wegen der Trunksucht bereits aufgegeben hatte. In seiner Verzweiflung wandte er sich an einen befreundeten Alkoholiker, den Arzt Dr. Bob, dem er in einem fünfstündigen Gespräch freimütig gestand, wie schwach er gegenüber der Sucht sei. Aber gerade dieses offene Reden erfuhren beide als hilfreich. Diese Nacht, in der ein Alkoholiker zu einem anderen ging, nicht um mit ihm zu trinken, sondern um zu reden, gilt als Geburtsstunde der AA, die sich in den USA zügig ausbreiteten. 1953 entstand in München die erste deutschsprachige AA-Gruppe, um sich von hier aus flächendeckend weiter zu verbreiten. Mittlerweile besuchen in den USA jede Woche um die 15 Millionen Menschen Treffen der AA (Booth & Martin, 1998), nicht nur wegen Alkoholproblemen, sondern auch wegen gestörtem Essverhalten und weiteren Suchterkrankungen: Nikotin, Pillen, Kokain, Glücksspiel etc. In Österreich, einem Land von acht Millionen Einwohnern, sterben jährlich um die 200 Menschen wegen Rauschgift, um die 1.000 bei Verkehrsunfällen, aber 8.400 an den direkten Folgen von Alkoholmissbrauch.

Als Erstes werden im Folgenden die zwölf Stufen dieses Therapieprogramms beschrieben und ihre spirituellen Aspekte herausgearbeitet (Kap. 5.4.1). Anschließend sind die Ergebnisse von Effektivitätsstudien auszubreiten, die mehrheitlich im angelsächsischen Raum durchgeführt wurden und dem AA-Therapieprogramm überwiegend positive Wirkungen bescheinigen (Kap. 5.4.2).

5.4.1 Die 12 Stufen und ihre spirituellen Komponenten

Sich einer höheren Macht anheim geben und vom Ich absehen – das sind konsensfähige Komponenten von Spiritualität, die im Therapieprogramm der AA zentral sind. In Bill Wilsons Hauptwerk „Das blaue Buch" (AADS, 1989) werden im fünften Kapitel die zwölf Stufen beschrieben.

(1) Wir gaben zu, dass wir dem Alkohol gegenüber machtlos sind – und unser Leben nicht mehr meistern konnten.
(2) Wir kamen zu dem Glauben, dass eine Macht, größer als wir selbst, uns unsere geistige Gesundheit wieder geben kann.
(3) Wir fassten den Entschluss, unseren Willen und unser Leben der Sorge Gottes – wie wir ihn verstanden – anzuvertrauen.
(4) Wir machten eine gründliche und furchtlose Inventur in unserem Inneren.
(5) Wir gaben Gott, uns selbst und einem anderen Menschen gegenüber unverhüllt unsere Fehler zu.
(6) Wir waren völlig bereit, all diese Charakterfehler von Gott beseitigen zu lassen.
(7) Demütig baten wir ihn, unsere Mängel von uns zu nehmen.
(8) Wir machten eine Liste all jener Personen, denen wir Schaden zugefügt hatten und wurden willig, ihn bei allen wieder gutzumachen.
(9) Wir machten bei diesen Menschen alles wieder gut – wo immer es möglich war –, es sei denn, wir hätten dadurch sie oder andere verletzt.
(10) Wir setzten die Inventur bei uns fort, und wenn wir Unrecht hatten, gaben wir es sofort zu.
(11) Wir suchten durch Gebet und Besinnung die bewusste Verbindung zu Gott – wie wir ihn verstanden – zu vertiefen. Wir baten ihn nur, uns Seinen Willen erkennbar werden zu lassen und uns die Kraft zu geben, ihn auszuführen.
(12) Nachdem wir durch diese Schritte ein spirituelles Wachen erlebt hatten, versuchten wir, diese Botschaft an Alkoholiker weiterzugeben und unser tägliches Leben nach diesen Grundsätzen auszurichten.

Sich einer höheren Macht anheim zu geben, ist Inhalt der ersten drei Stufen. Die höhere Macht, von der in Stufe 3 die Rede ist, wird zwar als „Gott" bezeichnet, aber nicht näher und schon gar nicht konfessionell konkretisiert. Die AA wollen keine Religion sein, sondern offen für die unterschiedlichsten Bekenntnisse (Reinert, 1998). Ihr Programm wurde auch in andere religiöse Traditionen implementiert, so von Imani (1992) in die islamische, was umso nahe liegender ist, als „Islam" Ergebung in Allah ist.

Diese Macht befinde sich außerhalb des Individuums und sei auf jeden Fall stärker. Mit ihr eine Beziehung aufzubauen, sei die Aufgabe der Therapie, die ausdrücklich als „spirituell" gilt (Hart, 1998; Mathew et al., 1996). Spiritualität sei der „Schlüssel für die Heilung" (Warfield & Goldstein, 1996), dies umso mehr, als Alkoholismus auch auf spirituelle Defizite zurückgeführt wird (dazu Booth & Martin, 1998; Ringwald, 2003). Tonigan, Toscova und Connors (1999) stellten die drei ersten Stufen in Beziehung zu jenem spirituellen Copingstil, gemäß dem Bewältigung als Ergebung (surrender) geschieht (Pargament, 1997). Die Stufen 4 bis 10 erfordern die verstärktere Aktivität der Person, spirituelle Erweckung geschieht auf den beiden letzten Stufen. Diese erinnern an jenen Bewältigungsstil, den Pargament (1997) als „kooperativ" bezeichnet: Zusammenarbeit zwischen dem Menschen und dem höheren Wesen. Empirische Überprüfungen ergaben, dass AA an den Sitzungen mehrheitlich die geschilderten Erfahrungen machen, so zu 100 Prozent die, dem Alkohol gegenüber „machtlos" zu sein (Stufe 1), zu 94 Prozent die, sich gründlich selbst zu besinnen (Stufe 4), und zu 100 Prozent zu beten und zu meditieren (Brown & Peterson, 1994). Nicht verifizieren ließ sich, dass Personen auf den drei ersten Stufen den religiösen Copingstil der Ergebung bevorzugen, die auf höheren Stufen hingegen den kooperativen Copingstil.

5.4.2 Effektivitätsstudien

Der Erfolg bei den AA sei stärker als in staatlichen Entzugsanstalten (Miller, 1998). 35 Prozent bleiben weniger als ein Jahr trocken, 35 Prozent zwischen einem und fünf Jahren, und gut 30 Prozent länger als fünf Jahre (Booth & Martin, 1998, 186).

Mehrfach untersucht wurde, ob Spiritualität intensiver wird bzw. welche Effekte sie im Behandlungsprozess zeitigt, aber auch, welche Schritte dieses Programms besonders wirksam sind. Erwiesenermaßen sind es nicht nur die spirituellen Schritte – Reinert (1998) referiert Studien, gemäß denen stärkere Ergebung mit „längerem Trockensein" einhergeht –, sondern auch die Stufen 4 und 5, auf denen Selbstprüfung zu leisten ist. Selbst Verhaltenstherapeuten räumten dies ein (Miller, 1978). Mathew et al. (1996) untersuchten bei 62 anonymen Alkoholikern, die seit mindestens sechs Monaten trocken waren, ob sich ihre Spiritualität im Entwöhnungsprozess verändert hatte. Wie erwartet, gaben mehr

Befragte an, in ihrer Entwöhnung, die dem 12-Stufen-Programm folgte, spiritueller geworden zu sein. Die von den Autoren eingeräumte Schwäche dieser Studie ist, dass sie auf retrospektiven Daten beruht. Zulässig ist nur der Schluss, dass in subjektiver Sicht die Entwöhnung mit mehr Spiritualität einherging, und weniger mit mehr Religiosität, was in einer Stichprobe von 236 AA auch Pardini et al. (2000) registrierten.

Kaskutas et al. (2003) befragten 587 AA zu Beginn der Behandlung, ein Jahr später und abschließend nach drei Jahren: Diejenigen, die in diesem Zeitraum eine spirituelle Erweckung erlebten, waren am häufigsten trocken. Die Wahrscheinlichkeit, eine spirituelle Erweckung zu erleben, sei in AA-Gruppen doppelt so hoch wie in säkularer Behandlung, und zwar sowohl für spirituelle als auch nicht-spirituelle Personen (Kaskutas, 1999). Le, Ingvarson und Page (1995) verweisen jedoch darauf, die Mitgliedschaft in einer AA sei zwar freiwillig, aber an die Bedingung geknüpft, mit dem Trinken aufhören zu wollen. Es lasse sich nicht trennscharf unterscheiden, was gemessen wird: Die Effektivität des AA-Programms oder die Motivation der Teilnehmenden, von der Flasche wegzukommen.

Dass das AA-Programm faktisch Effekte zeitigt, belegt eine der bisher aufwendigsten Studien, die längsschnittlich angelegt war. Worth, Westphal und Tonigan (2003) untersuchten, wie sich spirituell-religiöse Variablen (spirituelles Wohlbefinden, Vergebung etc.) über einen Zeitraum von zehn Jahren in drei unterschiedlichen Gruppen veränderten, und zwar bei:

- AA, die zehn Jahre lang regelmäßig an den Meetings teilnahmen,
- AA, die dies zwischen einem und drei Jahren praktiziert hatten,
- Entwöhnte, die mit AA nichts zu tun hatten.

Die subjektiv eingeschätzte Gottesnähe wurde bei den regelmäßigen AA am engsten, bei der Gruppe 3 hingegen blieb sie gleich; bei den früheren Teilnehmern an AA-Meetings wuchs sie mittelmäßig.

Die Ergebnisse lassen zwei Interpretationen zu: Entweder ist die Spiritualität der regelmäßigen Teilnehmer aufgrund des 12-Stufen-Programms gewachsen. Oder: Die AA nahmen deswegen regelmäßig und über eine so lange Zeit an den Meetings teil, weil sie sich von den dort besprochenen spirituellen Überzeugungen angesprochen fühlten. Die Quote derer, die die Therapie abbrechen – auch wegen Schwierigkeiten mit dem dort vermittelten spirituellen Weltbild, das auch Animositäten (Sektiererei) auf sich zog – müsse als „hoch“ eingeschätzt werden (Tonigan, Toscova & Connors, 1999, 128).

Studien im deutschen Sprachraum sind rar. Die Ausnahme bildet Murken (1994), der bei 303 AA der Frage nachging, wie sich Religiosität/Spiritualität sowie das Involviertsein in der Gruppe auf die seelische Gesundheit auswirken. Zunächst bestätigte sich die Annahme, dass zwischen christlicher Religiosität und überkonfessioneller Spiritualität differenziert werden kann. Erstere verzeichnete weniger Zustimmung: Die „höhere Macht“, der das weitere Leben anheim zugeben sei, ist für 20 Prozent der christliche Gott, aber für 57 Prozent die Selbsthilfegruppe, die für viele (über-)lebenswichtig ist. (Murken, 1994). Entgegen den Hypothesen fand Murken (1994) keine direkten Auswirkungen von Religiosität/Spiritualität auf die psychische Gesundheit. Bestätigen ließ sich jedoch, dass Personen, je spiritueller sie waren, ihren Alkoholismus als umso gravierender einschätzten. Murken (1994, 109) zog den Schluss, bei den AA liege weniger ein direkter Einfluss von Spiritualität auf das Wohlbefinden vor; vielmehr trage sie „durch motivationale und psychodynamische Prozesse dazu bei, den Weg der Selbsthilfe und Genesung zu beschreiten. Diese Vermutung wird unterstützt durch die hohe subjektive Bedeutsamkeit, die die Anonymen Alkoholiker der Spiritualität zuschreiben, wie dies in Anmerkungen zum Fragebogen zum Ausdruck kam."

6 Ausblick

Das Buch erhebt nicht den Anspruch, alle psychologischen Aspekte des Menschheitsphänomens Spiritualität aufgegriffen zu haben. Schwerpunkte gesetzt wurden zu den Aspekten: empirische Zugänge (quantitativ und qualitativ), Entwicklung (klassisch empirisch und transpersonal), Effekte auf Gesundheitsvariablen (physische und psychische) sowie Therapie.

Es hätte den Rahmen gesprengt, wenn beispielsweise auch die erzieherischen Aspekte von Spiritualität zur Sprache gebracht worden wären. Ebenfalls stärker hätte der differentialpsychologische Aspekt gewichtet werden können.

Nichtsdestoweniger hat sich gezeigt: Die psychologischen Anstrengungen am Phänomen Spiritualität sind enorm. Kaum ein anderes Thema hat in den letzten Jahren eine solche Intensivierung erfahren. Auch im deutschen Sprachraum steigt das Interesse an spirituellen Phänomenen, nicht nur wegen der wiederholt nachgewiesenen günstigen Effekte auf psychologisch relevante Variablen wie Wohlbefinden, Gesundheit etc., sondern weil Spiritualität offensichtlich ein universales Phänomen ist, das den technologischen und wissenschaftlichen Revolutionen der letzten Jahrzehnte nicht nur standgehalten hat, sondern im Bewusstsein vieler Zeitgenossen lebensbedeutsamer geworden ist. Für die psychologische Forschung ergeben sich daraus die folgenden Desiderate.

Die meisten psychologischen Studien zu „Spiritualität" wurden im angelsächsischen Raum durchgeführt; die dortigen sozioreligiösen Kontexte weichen aber in mancherlei Hinsicht von dem stärker säkularisierten Mitteleuropa ab. Von daher ergibt sich das Desiderat nach einer eigenständigen, vor Ort durchgeführten psychologischen Erforschung spiritueller Phänomene (Utsch, 2005), die umso nachhaltiger in Angriff genommen werden kann, wenn entsprechende institutionelle Strukturen wie Institute, Lehrstühle etc. geschaffen werden. Angesichts der leeren Kassen der öffentlichen Hand scheint dies illusorisch; zu prüfen aber wäre, ob der volkswirtschaftliche Nutzen, der aus einer stärkeren Spiritualisierung der Lebens- und Arbeitswelt erwachsen könnte, diese Investitionen nicht aufwiegen würde (Utsch, 2005).

Wie Kapitel 2 dieses Buches gezeigt hat, besteht nach wie vor kein Konsens darüber, was „Spiritualität" ist. Angesichts der Vielfalt spiritueller Phänomene ist es nicht wünschenswert, eine abschließende Definition festzulegen, weil eine solche immer auch de-finiert, d.h. ausgrenzt; vielmehr ist im Sinne von Arbeitsdefinitionen zu kommunizieren, was jeweils unter „Spiritualität" verstanden wird.

Traditionelle psychologische Forschungsmethoden, speziell quantitative, erweisen sich gegenüber zahlreichen spirituellen Phänomenen als unzureichend bzw. erfassen allenfalls deren Oberfläche. Angezeigt ist infolgedessen ein Methodenpluralismus, insbesondere auch qualitative und phänomenologische Zugänge. Und nicht zuletzt sollte auch das unmittelbare Erfahrungswissen, wie es beispielhaft durch meditative Praxis gewonnen werden kann, als legitime Quelle psychologischer Erkenntnisse anerkannt werden. Damit geht einher, auch solche Phänomene (etwa transpersonale), die nicht direkt beobachtbar oder messbar sind, als psychologisch legitime Forschungsthemen anzuerkennen, bevor diese vorschnell als „spekulativ" oder „esoterisch" abgetan werden.

Um spirituelle Phänomene angemessen untersuchen zu können, ist es vorteilhaft, wenn sich Psychologen selber auf spirituelle Pfade begeben, was von Transpersonalen Psychologen ausdrücklich gefordert wird. Dies kann innerhalb etablierter Religionsgemeinschaften geschehen, aber auch außerhalb von ihnen, oftmals sogar leichter und freier, insbesondere dann, wenn Autoritätsstrukturen und (kirchen-)rechtliche Bestimmungen ausschließend wirken. Damit entfällt die Barriere, die zumal die katholische Theologie gegen die – angeblich gottlose und materialistische – Psychologie aufgerichtet hatte, was bei zahlreichen Psychologen auch zu Widerständen nicht nur gegen die Kirchen, sondern gegenüber Religiosität/Spiritualität generell geführt hatte.

Eine Psychologie der Spiritualität muss interdisziplinär betrieben werden und ist gleichsam ein Brückenschlag: Zwischen einem genuin psychologischen Pfeiler und einem religionswissenschaftlichen. Wünschenswert wäre die Arbeit in interdisziplinären Teams, wie sie im angelsächsischen Forschungsbetrieb Standard sind.

Und schließlich: Sich mit Spiritualität – ursprünglich Geist – zu beschäftigen, begeistert!

Literatur

Eine ausführlichere Bibliographie findet sich auf der Homepage des Verfassers: www.uni-salzburg.at/pth/relp/anton.bucher

AADS (1989). Anonyme Alkoholiker (1989). Zwölf Schritte und zwölf Traditionen. O.O.

Achterberg, J. et al. (2004). Mind-body interventions. www.naturalhealth-village.com/reports/rpt2oam/mindbody.htm

Adair, M.N. et al. (1991). New behavioral strategies for enhancing immune function. AIDS: Patient Care 5, 297–300.

Adams, T. (2001). Spiritual emergency or emergence. www.astern-healingarts.com/Articles/ SpiritEmerge.html

Ai, A.L., Peterson, C. & Huang, B. (2003). The effect of religious-spiritual coping on positive attitudes of adult Muslim refugees from Kosovo and Bosnia. International Journal for the Psychology of Religion 13, 29–47.

Ai, A.L. et al. (2002). Private prayer and optimism in middle-aged and older patients awaiting cardiac surgery. The Gerontologist, 42, 70–81.

Albani, C. et al. (2002). Psychometrische Überprüfung der Skala „Transpersonales Vertrauen“ (TPV) in einer repräsentativen Bevölkerungsstichprobe. Transpersonale Psychologie und Psychotherapie, 8, 86–98, 274–284.

Albani, C. et al. (2005). Religiosität und transpersonales Vertrauen als Ressource im Alter. In P. Bäurle u.a. (Hrsg.), Spiritualität und Kreativität in der Psychotherapie mit älteren Menschen. Bern u.a.: Huber.

Aldrigde, P. (2001). Prayer and spiritual healing in medical settings. International Journal of Healing, and Caring 1–11.

Alexander, C.N. (1994). Training and preventing alcohol, nicotine, and drug abuse through Transcendental Meditation: A review and statistical meta-analysis. Alcoholism Treatment Quarterly, 11, 13–87.

Alexander, C.N., Rainforth, M. & Gelderloos, P. (1991). Transcendental meditation, self actualization, and psychological health: A conceptual overview and statistical meta-analysis. Journal of Social Behavior and Personality, 6 (no. 5), 189–248.

Allen, J.M. (2004). Linking spirituality and violence prevention in school counseling. Professional School Counseling, 7, 351–355.

Allman, L.S. et al. (1992). Psychotherapist's attitudes toward clients reporting mystical experiences. Psychotherapy, 29, 564–569.

Alper, M. (1996). The „God“ part of the brain. A scientific interpretation of human spirituality and God. New York: Rogue Press.

Alper, M. (2002). The evolutionary origins of spiritual consciousness. In R. Joseph (Ed.), Neurotheology. Brain, science, spirituality, religious experience. San Jose: University Press, 293–304.

Anandarajah, M.D. & Hight, E. (2001). Spirituality and medical practice: Using the hope question as a practical tool for spiritual assessment. American Family Physician, 63, 81–88.

Andresen, J. (2000). Meditation meets behavioural medicine. The story of experimental research on meditation. In J. Andresen & R.K. Forman (Eds.), Cognitive models and spiritual maps. Charlottesville: Imprint Academic, 17–73.

Anthony, D., Ecker, B. & Wilber, K. (1987). Introduction: The spiritual seeker's dilemma. In D. Antony, B. Ecker & K. Wilber (Eds.), Spiritual choices. New York: Paragon House Publishers, 1–32.

Antonovsky, A. (1979). Health, stress, and coping. San Francisco: Jossey-Bass.

Appelle, S., Lynn, S.J. & Newmann, L. (2004). Alien abduction experiences. In E. Cardeña, J.J. Lynn & S. Krippner (Eds.), Varieties of anomolous experiences. Examining the scientific evidence (3. Aufl.). Washinngton DC: American Psychological Association, 253–282.

Ardelt, M. (2003). Effects of religion and purpose in life on elder's subjective well-being and attitudes toward death. Journal of Religious Gerontology, 14, 55–77.

Argyle, M. (1999). Causes and correlates of happiness. In D. Kahneman et al. (Eds.), Well-being. The foundation of hedonic psychology. New York: Russel Sage Foundation, 353–373.

Argyle, M. (2000). Psychology and religion. An introduction. New York: Routledge.

Assagiolo, R. (1990). Selbst-Verwirklichung und psychologische Störungen. In S. Grof & C. Grof (Hrsg.), Spirituelle Krisen. Chancen der Selbstfindung. München: Kösel, 55–83.

Assagioli, R. (1992). Psychosynthese und transpersonale Entwicklung. Paderborn: Jungfermann.

Atchley, R.C. (1993). Spiritual development and wisdom: A Vedantic perspective. In R. Kastenbaum (Ed.), Encyclopaedia of adult development. Phoenix: Oryz Press, 479–483.

Atchley, R.C. (1996). The continuity of the spiritual self. In M.A. Kimble et al. (Eds.), Aging, spirituality, and religion. A handbook. Minneapolis: Fortress Press, 68–73.

Atchley, R.C. (1997). Everyday mysticisms: Spiritual development in later adulthood. Journal of Adult Development, 4, 123–134.

Atwater, P.M. (1999). Children of the new millenium. Near-death experiences and the evolution of the humankind. New York: Three Rivers Press.

Augustinus, A. (1950). Bekenntnisse. Zürich: Artemis.

Auhagen, A.E. (Hrsg.) (2004). Positive Psychologie. Anleitung zum „besseren“ Leben. Weinheim: Beltz.

Aurobindo, S. (1972). Stufen der Vollendung (2. Aufl.). Weilheim: Otto Wilhelm Barth Verlag.

Bäurle, P. et al. (Hrsg.) (2005). Spiritualität und Kreativität in der Psychotherapie mit älteren Menschen. Bern u.a.: Huber.

Baider, L. et al. (1999). The role of religious and spiritual beliefs in coping with malignant melanoma: An Israeli sample. Psycho-Oncology, 8, 27–35.

Bailey, L.W. & Yates, J. (Eds.) (1996). The near death experience: A reader. New York: Routledge.

Ball, R.A. & Goodyear, R.K. (1991). Self reported professional practices of Christian psychotherapists. Journal of Psychology and Christianity 10, 144–153.

Bandura, A. (1997). Self-efficacy, the exercice of control. New York: Freeman.

Bandura, A. (2003). On the psychosocial impact and mechanism of spiritual modeling. International Journal for the Psychology of Religion 13, 167–174.

Barbour, I.G. (1990). Religion in an age of science: The Gifford Lectures 1989–1991. San Francisco: Harper & Row.

Barret, R. & Barzan, R. (1996). Spiritual experiences of gay men and lesbians. Counseling and Values 41, 4–15.

Barrett, W. (1986). Death-bed visions. The psychical experiences of the dying. Wellingborough: The Aquarian Press (erstmals 1926).

Barušs, I. (2003). Alterations of consciousness. An empirical analysis for social scientists. Washington DC: American Psychological Association.

Batten, M. & Oltjenbruns, K.A. (1999). Adolescent sibling bereavement as a catalyst for spiritual development: a model for understanding. Death Studies 23, 529–546.

Bauer, W. & Farran, C.J. (2005). Meaning in life and psycho-spiritual functioning. A comparison of breast cancer survivors

and healthy women. Journal of Holistic Nursing 23, 172–190.
Baugh, R.J. (1988). Gaining control by giving up control. Strategies for coping with powerlessness. In W.R. Miller & J.E. Martin (Eds.), Behavior therapy and religion. Integrating spiritual and behavioural approaches to change. Newbury Park: Sage Publications, 125–138.
Baumann, P.J. (1998). Marital intimacy and spiritual well-being. Journal of Pastoral Care 52, 133–145.
Beck, A.T. (2001). Kognitive Therapie der Depression (2. Aufl.). Weinheim: Beltz.
Beery, T.A. et al. (2002). Spirituality in persons with heart failure. Journal of Holistic Nursing 20, 5–25.
Beile, H. (1998). Religiöse Emotionen und religiöses Urteil. Eine empirische Studie über Religiosität bei Jugendlichen. Ostfildern: Schwabenverlag.
Belitz, J. & Schacht, A. (1992). Satanism as a response to abuse. The dynamics and treatment of satanic involvement in male youths. Adolescence 27, 855–872.
Bellingham, R. et al. (1989). Connectedness: Some skills for spiritual health. American Journal of Health Promotion 4, 18–24.
Belschner, W. (1998). Fragebogen zur Integralen Gesundheit (FIG). Transpersonale Arbeitspapiere Nummer 1. Universität Oldenburg: Psychologie.
Belschner, W. (2000). Transpersonales Vertrauen – Manual zur Skala. Transpersonale Berichte. Universität Oldenburg, AE Gesundheits- und Klinische Psychologie.
Belschner, W. (2001). Tun und Lassen. Ein komplementäres Konzept der Lebenskunst. www.uni-oldenburg.de/tps/Publikationen/Tun_und_Lassen/tunundlassen01.pdf
Belschner, W. (2003). Ergebnisse der empirischen Forschung zur Transpersonalen Psychotherapie. In J. Galuska (Hrsg.), Den Horizont erweitern. Die transpersonale Dimension in der Psychotherapie. Berlin: Leutner, 93–135.
Belschner, W. & Galuschka, J. (1999). Empirie spiritueller Krisen. Erste Ergebnisse aus dem Projekt RESCUE. Transpersonale Psychologie und Psychotherapie 1, 78–94.
Belschner, W. & Gottwald, P. (Hrsg.) (2000). Gesundheit und Spiritualität. Transpersonale Studien 1. Oldenburg: Universitätsverlag.
Belzen, J.A. van (1997). Spiritualität verstehen. Bericht einer Pilotuntersuchung in Taizé. Archiv für Religionspsychologie 22. Göttingen: Vandenhoeck & Ruprecht, 182–199.
Benner, D.G. (1991). Counselling as a spiritual process. Oxford: Clinical Theology Association.
Benor, D.J. (2001). Healing Research. Volume I: Spiritual Healing: Scientific validation of a healing revolution. Southfield MI: Vision Publications.
Benson, H. (1997). Heilung durch Glauben. München: Heyne.
Benson, P.L. (1997a). Spirituality and the adolescent journey. Reclaiming Children and Youth 5, 206–209.
Benson, P.L., Roehlkepartain, E.C. & Rude, S.P. (2003). Spiritual development in childhood and adolescence: Toward a field of inquiry. Applied Developmental Science 7, 205–213.
Benson, P.L. et al. (2004). Adolescent spirituality. www.childtrends.org/Files/AdolescentSpirituality-paper.pdf
Bentall, R.P. (2004). Hallucinatory experiences. In E. Cardeña, J.J. Lynn & S. Krippner (Eds.), Varieties of anomolous experiences. Examining the scientific evidence (3. Aufl.). Washington DC: American Psychological Association, 85–120.
Berenbaum, H., Kerns, J. & Raghavan (2004). Anomalous experiences, pecularity, and psychopathology. In E. Cardeña, J.J. Lynn & S. Krippner (Eds.), Varieties of anomolous experiences. Examining the scientific evidence (3. Aufl.). Washington DC: American Psychological Association, 25–46.
Berger, P. (1980). Der Zwang zur Häresie. Religion in der pluralistischen Gesellschaft,. Frankfurt/M.: Fischer.
Bergin, A.E. (1983). Religiosity and mental health: A critical reevaluation and meta-

analysis. Professional Psychology. Research and Practice 14, 170–184.
Bergin, A.E. & Jensen, J. (1990). Religiosity of psychotherapists: A national survey. Psychotherapy 27, 3–7.
Bergin, A.E, & Payne, S.R. (1993). Proposed agenda for a spiritual strategy in personality and psychotherapy. In E.L. Worthington (Ed.), Psychotherapy and religious values. Grand Rapids, MI: Baker, 243–260.
Bergin, A.E., Payne, S.R. & Richards, P.S. (1996). Values in psychotherapy. In E.P. Shafranske (Ed.), Religion and the clinical practice of psychology. Washington DC: American Psychological Association, 297–325.
Berkel, L.A. (2004). Gender role attitudes, religion, and spirituality as predictors of domestic violence attitudes in white college students. Journal of College Student Development 45, 119–133.
Berkel, J. & deWaard, F. (1983). Morality pattern and life expectancy of Seventh-Day Adventists in the Netherlands. International Journal of Epidemiology 12, 455–459.
Bernardi, L. et al. (2001). Effect of rosary prayer and yoga mantras on autonomic cardiovascular rhythms: Comparative study. British Medical Journal 325, 1446–1449.
Beutler, J.J. et al. (1988). Paranormal healing and hypertension. British Medical Journal, 1491–1494.
Bewley, A.R. (1995). Re-Membering spirituality. Use of sacred rituals in psychotherapy. Women and Therapy 16, 201–213.
Bianchi, E. (1982). Aging as spiritual journey. New York: Crossroad.
Bilgrave, D.P. & Deluty, R.H. (1998). Religious beliefs and therapeutic orientations of clinical and counseling psychologists. Journal of the Scientific Study of Religion 37, 329–349.
Binder, M. & Wolf-Braun, B. (1995). Geistheilung in Deutschland. Teil I: Ergebnisse einer Umfrage zum Selbstverständnis und zur Arbeitsweise Geistiger Heiler und Heilerinnen in Deutschland. Zeitschrift für Parapsychologie und Grenzgebiete der Psychologie 3/4, 145–177.
Birren, J.E. (1990). Spiritual maturity in psychological development. Journal of Religious Gerontology 7, 41–54.
Bishop, S.R. (2002). What do we really know about mindfulness-based stress reduction. Psychosomatic Medicine 64, 71–84.
Bobgan, M. & Bobgan, D. (1987). Psychoheresy: The psychological seduction of Christianity. Santa Barbara: East Gate.
Bösch, J. (2002). Wissenschaftliche Grundlagen des geistig-energetischen Heilens. Schweizerisches Medizinisches Forum 21, 511–516; 22: 533–538; auch www.medicalforum.ch
Bösch, J. (2005). Die spirituelle Kraft zwischen Therapierenden und Klienten. In P. Bäurle u.a. (Hrsg.), Spiritualität und Kreativität in der Psychotherapie mit älteren Menschen. Bern u.a.: Huber, 250–258.
Bolletino, R.C. (2001). A model of spirituality for psychotherapy and other fields of mind body medicine. Advances in Mind-Body Medicine 17, 90–107.
Booth, J. & Martin, J.E. (1998). Spiritual and religious factors in substance use, dependence, and recovery. In H. Koenig (Ed.), Handbook of religion and health. New York: Academic Press, 175–200.
Boovy, T.E. (1999). Spirituality: A concept analysis. www.Uncc.edu/srhardin/foundations/spiritboovy.htm
Bouckaert, L. (2003). Spirituality as a public affair. Ethical Perspectives 10, 106–117.
Boucouvalas, M. (2000). The transpersonal orientation as a framework for understanding adult development and creative process. In M.E. Miller & S. Cook-Greuter (Eds.), Creativity, spirituality, and transcendence: Paths to integrity and wisdom in the mature self. Stanford: Ablex Publishing, 209–228.
Bouyer, L. (1965). Einführung in die christliche Spiritualität. Mainz: Matthias-Grünewald-Verlag.
Bowlby, J. (2001). Frühe Bindung und kindliche Entwicklung (4. Aufl.). München: Reinhardt.

Boyatzis, C.J. (2004). The co-construction of spiritual meaning in parent-child communication. In D. Rathcliff (Ed.), Children's spirituality: Christian perspectives, research, and applications. Eugene OR: Wipf & Stock, 182–200.

Boyatzis, C., Dollahite, D.C. & Marks, L.D. (2005). The family as a context for religious and spiritual development in children and youth. In E.C. Roehlkepartain et al. (Eds.), The handbook of spiritual development in childhood and adolescence. Thousand Oaks, CA: Sage, 297–309.

Bracke, P.I. & Thoresen, C.E. (1996). Reducing Type A behaviour patterns: A structured-group approach. In R. Allan & S.S. Scheidt (Eds.), Heart and mind. The practice of cardia psychology. Washington DC: American Psychological Association, 255–290.

Brady, M.J. et al. (1999). A case for including spirituality in quality of life measurement in oncology. Psycho-Oncology 8, 417–428.

Bragdon, E. (1991). Spirituelle Krisen. Wendepunkte im Leben. Freiburg i.Br.: Bauer.

Bragdon, E. (1993). A sourcebook for helping people with spiritual problems. Aptos CA: Lightening Up Press.

Braud, W.G. (1992). Human interconnectedeness. Research indications. ReVision: A Journal of Consciousness and Transformations 14, 140–148.

Braud, W.G. (1994). Empirical explorations of prayer, distant healing, and remote mental influence. Journal of Religion and Psychical Research 17, 62–73. Abrufbar auch: www.integral-inquiry.com/docs/649/empirical.pdf

Braud, W.G. (2003). Transpersonal images: Implications for health. In A.A. Sheikh (Ed.), Healing images. The role of imagination in health. Amityville NY: Baywood Publishing, 448–470.

Braud, W.G. & Anderson, R. (Eds.) (1998). Transpersonal research methods for the social sciences. Honouring human experience. Thousand Oaks: Sage.

Breitbart, W. & Heller, K.S. (2002). Reframing hope: Meaning-centered care for patients near the end of life. An interview with William Breitbart. Innovations in End-of-Life Care, 4(6), www2.edc.org/lastacts/archives/archivesNov02/featureinn.asp

Breitbart, W. et al. (2000). Depression, hopelessness, and desire for hastened death in terminally ill patients with cancer. Journal of the American Medical Association 284, 2907–2911.

Breitbart, W. et al. (2004). Psychotherapeutic interventions and the end of the life: A focus on meaning and spirituality. Canadian Journal of Psychiatry 49, 366–376.

Brennan, M. (2002). Spirituality and psychosocial development in middle-age and older adults with vision loss. Journal of Adult Development 9, 31–46.

Bridges, L. & Moore, K. (2002). Religion and spirituality in childhood and adolescence. Washington, DC: Child Trends.

Britton, W.B. & Bootzin, R.R. (2004). Near-death experiences and the temporal lobe. Psychological Science 15, 254–258.

Brody, H. & Brody, D. (2002). Der Placebo-Effekt. Die Selbstheilungskräfte unseres Körpers. München: dtv.

Brosschot, J.F. et al. (1998). Experimental stress and immunological reactivity: a closer look at perceived uncontrollability. Psychosomatic Medicine 60, 359–361.

Brown, D.P. (1988). Die Stadien der Meditation in kulturübergreifender Perspektive. In K. Wilber & J. Engler (Hrsg.), Psychologie der Befreiung. Bern u.a.: Scherz, 229–294.

Brown, R.J., Elkins, T. & Larson, D.B (1997). Factors influencing views of patients with gynecologic cancer about and-life-decisions. American Journal of Obstetrics and Gynecology, 176, 166–172.

Brown, H.P. & Peterson, J.H. (1991). Assessing spirituality in addiction to treatment and follow-up: Development of the Brown-Peterson Recovery Progress Inventory (B-PRPI). Alcoholism Treatment Quarterly 8, 21–50.

Bucher, A.A. (1994). Alter Gott zu neuen Kindern? Neuer Gott von alten Kindern? Was sich 343 Kinder unter Gott vorstellen. In V. Merz (Hrsg.), Alter Gott für neue Kinder. Fribourg: Paulusverlag, 79–100.

Bucher, A.A. (1997). Braucht Mutter Kirche brave Kinder? Religiöse Reifung contra kirchliche Infantilisierung. München: Kösel.

Bucher, A. (2001). Religionsunterricht zwischen Lernfach und Lebenshilfe. Eine empirische Untersuchung zum katholischen Religionsunterricht in der Bundesrepublik Deutschland (3. Aufl.). Stuttgart: Kohlhammer.

Bucher, A.A. (2004). Psychobiographien religiöser Entwicklung. Glaubensprofile zwischen Individualität und Universalität. Stuttgart: Kohlhammer.

Bucke, R.M. (1975). Die Erfahrung des kosmischen Bewusstseins. Eine Studie zur Evolution des menschlichen Geistes. Freiburg i.Br.: Aurum Verlag.

Büssing, A., Ostermann, T. & Matthiesen, P.F. (2005). Spirituelle Bedürfnisse krebskranker Menschen. Einstellung und Praxis. Zeitschrift für Onkologie 37, 13–22.

Bullis, R.K. & Harrigan, M.P. (1992). Religious denominational policies on sexuality. Families in Society: The Journal of Contemporary Human Services, 304–312.

Burke, P.C. (1999). Spirituality: A continually evolving component in women's identity development. In L.E. Thomas & S.A. Eisenhandler (Eds.), Religion, belief, and spirituality in late life. New York: Springer, 113–136.

Burkhardt, M.A. (1994). Becoming and connecting: Elements of spirituality for women. Holistic Nursing Practice 8, 12–21.

Burkhardt, M.A. & Nagai-Jacobson, G.N. (1994). Reawakening spirit in clinical practice. Journal of Holistic Nursing 12, 9–21.

Burkhardt, M.A. & Nagai-Jacobson, G.N. (2001). Spirituality: Living our connectedness. Southwestern: Delmar Thomson Learning

Buss, D.M. (2004). Evolutionary psychology. The new science of mind (2. Aufl.). Boston: Pearson Edcation.

Butler, S.M. et al. (2003). Is prayer good for your health? A critique of the scientific research. Heritage Lectures No. 816, September 15, 1–24.

Byrd, R.C. (1988). Positive therapeutic effects of intercessory prayer in a coronary care unit population. Southern Medical Journal 81, 826–829.

Caird, D. (1987). Religiosity and personality: Are mystics introverted, neurotic, or psychotic. British Journal of Social Psychology 26, 345–346.

Campbell, J. (1993). Mythen der Menschheit. München: Kösel.

Caras, C. (2003): Religiosity/spirituality, and subjective wellbeing. Thesis at the Deakin University, School of Psychology, Melbourne: http://acqol.deakin.edu.au/theses/Caras%20_thesis.pdf

Cardeña, E., Lynn, J.J. & Krippner, S. (Eds.) (2004). Varieties of anomalous experiences. Examining the scientific evidence (3. Aufl.). Washington DC: American Psychological Association.

Cardeña, E., Lynn, J.J. & Krippner, S. (2004a). Anomalous experience in perspective. In E. Cardeña, J.J. Lynn & S. Krippner (Eds.), Varieties of anomalous experiences. Examining the scientific evidence (3. Aufl.). Washington DC: American Psychological Association, 3–21.

Carr, D.M. (1998). Rethinking sex and spirituality. The song of songs and its readings. Sounding 81, 413–436.

Carrington, P. (1993). Modern forms of meditation. In P.M Lehrer & R. Woolfolk (Eds.), Principles and practice of stress management. New Yorlk: Guilford, 139–168.

Carson, V.B., Soeken, K. & Grimm, P. (1988). Hope and its relationship to spiritual well-being. Journal of Psychology and Theology 16, 159–167.

Carson, V. et al. (1990). Hope and spiritual well-being. Essentials for living with

AIDS. Perspectives in Psychiatric Care 26 (2); 28–34.
Castellaw, L.S., Wicks, M.N. & Martin, J.C. (1999). Spirituality in white older women with arthritis. www.graduateresearch.com/wicks.htm
Cha, K.Y., Wirth, D.P. & Lobo, R.A. (2001). Does prayer influence the success of in vitro fertilization-embryo transfer. Report of a masked, randomised trial. Journal of Reproductive Medicine 46, 781–787.
Chamberlain, R.B., Richards, P.S. & Scharman, J.S. (1996). Using spiritual perspectives and interventions in psychotherapy: A qualitative study of experienced AMCAP therapists. Association of Mormon Counselors and Psychotherapists Journal 22, 29–74.
Chibnall, J.T. et al. (2002). Psychosocial-spiritual correlates of death distress in patients with life-threatening medical conditions. Palliative Medicine 16, 331–338.
Chirban, J.T. (1988). Entwicklungsstadien im orthodoxen Christentum der Ostkirche. In K. Wilber & J. Engler (Hrsg.), Psychologie der Befreiung. Bern u.a.: Scherz, 295–323.
Chirban, J.T. (2001). Assessing religious and spiritual concerns in psychotherapy. In T.G. Plante & A.C. Sherman (Eds.), Faith and health. Psychological perspectives. New York & London: Guilford Press, 265–290.
Chiu, L. (2000). Lived experience of spirituality in Taiwanese women with breast cancer. Western Journal of Nursing Research 22, 29–53.
Chiu, L. et al. (2004). An integrative review of the concept of spirituality in the health sciences. Western Journal of Nursing Research 26, 405–428.
Clark, T.W. (2002). Spirituality without faith. The Humanist 62, 30.
Clark, R. (2004). Religiousness, spirituality, and IQ: Are they linked? Exploration: An Undergraduate Research Journal 7, 35–46.
Clarke, I. (Ed.) (2001). Psychosis and spirituality. Exploring the new frontier. London: Whurr Publishers.
Clarke, C. (2004) : What is „spirituality“. www.scispirit.com/spirituality.htm
Cloninger, C.R., Svrakic, D.M. & Przybeck, T.R. (1993). A psychobiological model of temperament and character. Archives of General Psychiatry 50, 975–990.
Coe, J.H. (2000). Musings on the dark night of the soul: Insights from St. John of the Cross on a developmental spirituality. Journal of Psychology and Theology 28, 293–307.
Cohen, S., Underwood, L.G. & Gottlieb, B.H. (2000). Social support measurement and intervention: A guide for health and social scientists. New York: Oxford University Press.
Cole, B.S. & Pargament, K.I. (1999). Spiritual surrender: A paradoxical path to control. In W.R. Miller (Ed.), Integrating spirituality into treatment. Resources for practitioners. Washington DC: American Psychological Association, 179–198.
Coleman, C.L. (2003). Spirituality and sexual orientation: relationship to mental well-being and functional health status. Journal of Advances Nursing, 43, 457–464.
Coleman, C.L. & Holzemer, W.L. (1999). Spirituality, psychological well-being, and HIV symptoms for African Americans living with HIV disease. Journal of the Association of Nurses in Aids Care, 10, 42–50.
Coles, R. (1991). The spiritual life of children, Boston: Houghton Mifflin.
Colling, W. (1998). Subtle energy: Awakening to the unseen forces in our lives. New York: Warner Books.
Cook, S.W. et al. (2000). College student's perceptions of spiritual people and religious people. Journal of Psycholgy and Theology 28, 125–137.
Cooper-White, P. (2001). The use of self in psychotherapy: A comparative study of pastoral counsellors and clinical social workers. The American Journal of Pastoral Counseling 4 (4), 5–35.
Cortright, B. (1997). Psychotherapy and spirit. Theory and practice in transpersonal psychotherapy. New York: State University of New York Press.

Costa, P.T. jr. & McCrae, R.R. (1992). Revised NEO personality inventory: Professional manual. Odessa, FL: Psychological Assessment Resources.
Coward, D.D. (1991). Self-transcendence and emotional well-being in women with advanced breast cancer. Oncology Nursing Forum, 18, 857–863.
Coward, D.D. & Kahn, D.L. (2004). Reduction of spiritual disequilibrium by women newly diagnosed with breast cancer. Oncology Nursing Forum, 31, 24–31.
Coward, D.D. & Reed, P. (1996). Self-transcendence. A resource for healing at the end of life. Issues in Mental Health Nursing, 17, 275–288.
Cressy, J. (1996). Mysticism and the Near-Death-Experience. In L.W. Bailey & J. Yates (Eds.), The Near-Death Experience. A reader. New York & London: Routledge, 369–384.
Crowther, M.R. et al. (2002). Rowe and Kahn's model of successful aging revisited: Positive spirituality – the forgotten factor. The Gerontologist, 42, 613–620.
Csiernik, R. & Adams, D.W. (2002). Spirituality, stress and work. Employee Assistance Quarterly, 18, 29–37.
Curbow, B. et al. (1993). Personal changes, dispositional optimism, and psychological adjustment to bone marrow transplantation. Journal of Behavioral Medicine, 16, 423–443.
Cysarz, D. & Büssing, A. (2005). Cardiorespiratory synchronization during Zen meditation. European Journal of Applied Physiology. www.springerlink.com/app/home/contribution.asp?wasp=c978a91e38cf4313a7

Daaleman, T.P., Kuckelman, C.A. & Frey, B.B. (2001). Spirituality and well-being: an exploratory study of the patient perspective. Social Science and Medicine, 53, 1503–1511.
Daaleman, T.P. & Frey, B.B. (2004). The Spirituality Index of Well-being: A new instrument for health-related quality of life research. Annals of Family Medicine, 2, 499–503.
Danner, D.D., Snowdon, D.A. & Friesen, W.V. (2001). Positive emotions in early life and longevity: Findings from the nun study. Journal of Personality and Social Psychology, 80, 804–813
Dass, R. (1990). Versprechen und Fallgruben auf dem spirituellen Weg. In S. Grof & C. Grof (Hrsg.), Spirituelle Krisen. Chancen der Selbstfindung. München: Kösel, 204–226.
Davis, P.H. (2001). Beyond nice. The spiritual wisdom of adolescent girls. Minneapoliy: Augsburg Fortress.
Davis, B. (2005). Mediators of the relationship between hope and well-being in older adults. Clinical Nursing Research, 14, 253–272.
Davis, J., Lockwood, L. & Wright, C. (1991). Reasons for not reporting peak experiences. Journal of Humanistic Psychology, 31, 86–94.
Davison, G.C. & Neale, J.N. (2002). Klinische Psychologie. Ein Lehrbuch (6. Aufl.). Weinheim: Psychologie Verlagsunion.
Davies, J. (1977). The Transcendental Meditation programm and progressive relaxation: Comparative effects on trait anxiety and self actualization. In D.W. Orme-Johnson & J.T. Farrow (Eds.), Scientific Research on the Transcendental Meditation Programm. Collected Papers, Vol. I. New York: M.E.R.U Press, 449–452.
De Albenis, A.P. & Holmes, J. (2000). Meditation: Concepts, effects and uses in therapy. International Journal of Psychotherapy, 5, 49–59.
Dein, S. (2004). Working with patients with religious beliefs. Advances in Psychiatric Treatment, 10, 287–295.
Deister, T. (2000). Krankheitsverarbeitung und religiöse Einstellungen. Ein Vergleich zwischen onkologischen, kardiologischen und HIV-Patienten. Mainz: Matthias Grünewald.
Demling, J.H. Werthmüller, M. & O'Connolly, T.A. (2001). Psychotherapie und Religion. Eine repräsentative Umfrage unter fränkischen Psychotherapeuten.

Psychotherapie, Psychosomatik, Medizinische Psychologie, 51, 76–82.
De Wit, H.F. (1999). The spiritual path. An introduction to the psychology of spiritual traditions. Pittsburg: Duqesce University Press.
Dezerotes, D. (2000). Evaluation of yoga and meditation trainings with adolescent sex offenders. Child and Adolescent Social Work Journal, 17, 97–113.
Dillon, M., Wink, P. & Fay, K. (2003). Is Spirituality detrimental to generativity? Journal for the Scientific Study of Religion, 42, 427–442.
Dörr, A. (2002). Religiosität und psychische Gesundheit. Zur Zusammenhangsstruktur spezifischer religiöser Konzepte. Hamburg: Verlag Dr. Kovac.
Dörr, A. (2004). Religiöses Coping als Ressource bei der Bewältigung von Life Events. In C. Zwingmann & H. Moosbrugger (Hrsg.), Religiosität: Messverfahren und Studien zu Gesundheit und Lebensbewältigung. Münster: Waxmann, 261–275.
Dollahite, D.C. (1998). Faith, fathering, and spiritualiy. The Journal of Men's Studies, 7, 3–15.
Donahue, M.J. (1998). There is no true spirituality apart from religion. Paper presented an the annual convention of the American Psychological Association. Chicago.
D'Onofrio, B.M. et al. (1999). Understanding biological and social influences on religious affiliation, attitudes, and behaviours: A behaviour-genetic perspective. Journal of Personality, 67, 953–984.
Doolittle, B. & Farrell, M. (2004). The association between spirituality and depression in an urban clinic. Primary Care Companion Journal of Clinical Psychiatry, 6, 114–118
Dossey, L. (1989). The importance of modern physics for modern medicine. In A.H. Sheikh, & K.S. Sheikh (Eds.), Eastern and western approaches to healing. Ancient wisdom and modern knowledge. New York u.a.: John Wiley & Sons, 395–423.
Dossey, L. (1993). Healing words. The power of prayer and the practice of medicine. San Francisco: Harper Collins Publishers.
Dossey, L. (1994). Healing, energy, and consciousness. Into the future or a retreat to the past. Subtle Energies, 5, 1–33.
Dossey, L. (1997). Prayer is good medicine: How to reap the healing benefits of prayer. San Francisco: Harper.
Dossey, L. (2000). Prayer and medical science. A commentary on the prayer study by Harris et al. and a response to critics. Archives of Internal Medicine, 160, 1735–1738.
Doster, J.A. et al. (2002). Spirituality and cardiovascular risk. Journal of Religion and Health, 41, 69–79.
Doswell, W.M., Kouyate, M. & Taylor, J. (2003). The role of spirituality in preventing early sexual behavior. American Journal of Health, 18, 195–202.
Dowling, E. & Scarlett, G. (Eds.) (2005). Encyclopedia of spiritual and religious development. Thousand Oaks: Sage
DSM IV (2001). Diagnostisches und Statistisches Manual Psychischer Störungen, deutsche Bearbeitung und Einleitung von H. Saß u.a. (3. Aufl.). Göttingen: Hogrefe.
Dürckheim, K. (1993). Von der Erfahrung der Transzendenz. Freiburg i.Br.: Herder.
Dürr, P. u.a. (1997). Gott, der Mensch und die Wissenschaft. Augsburg: Pattloch.
Dwyer, J.W., Clarke, L.L. & Miller, M.K. (1990). The effect of religious concentration and affiliation on country cancer mortality rates. Journal of Health and Social Behavior, 31, 185–202.

Eagar, M. & Potgieter, E. (2002). Exploring the contours of mind and consciousness through magico-spirital techniques. In R. Joseph (Ed.), Neurotheology. Brain, science, spirituality, religious experience. San Jose: University Press, 397–408.
Eckehart, Meister (1963). Deutsche Predigten und Traktate. Herausgegeben und übersetzt von Josef Quint. München: Hanser.

Eeles, J., Lowe, T. & Wellman, N. (2003). Spirituality or psychosis – An exploration of the criteria that nurses use to evaluate spiritual-type experiences reproted by patients. International Journal of Nursing Studies, 40, 197–206.

Eisenhandler, S.A. (1999). Reading between the lines: Aspects of transcendence and spirituality in one group. In L.E. Thomas & S.A. Eisenhandler (Eds.), Religion, belief, and spirituality in late life. New York: Springer, 59–70.

Eliade, M. (1998). Die Religionen und das Heilige. Elemente der Religionsgeschichte. Frankfurt/M.: Insel.

Elkins, D.N. (1995). Psychotherapy and spirituality: Toward a theory of the soul. Journal of Humanistic Psychology, 35, 78–98.

Elkins, D.N. (1998). Beyond religion: A personal program for building a spiritual life outside the walls of traditional religion. Wheaton: Quest Books.

Elkins, D.N. (1999). Spirituality. Psychology Today, September, 45–48, http://cms.psychologytoday.com/articles/pto-199990901-000036.html

Elkins, D.N. et al. (1988). Toward a humanistic-phenomenological spirituality. Definition, description, and measurement. Journal of the Humanistic Psychology, 28 (4), 5–18.

Ellermann, C.R. & Reed, P. (2001). Self-transcendence and depression in middle-age adults. Western Journal of Nursing Research, 23, 698–713.

Elliot, B. (2005). Spirituality and cults: An integrally imformed analysis. www.integralscience.org/spiritualitycults.pdf

Ellis, A. (1980). Psychotherapy and atheistic values: A response to A.E. Bergin's „Psychotherapy and religious issues“. Journal of Consulting and Clinical Psychology, 48, 635–639.

Ellis, A. (1983). The case against religiosity. New York: Institute for Rational-Emotive Therapy.

Ellis, A. (1984). The place of meditation in cognitive behaviour therapy and rational emotive therapy. In D. Shapiro & R.N. Walsh (Eds.), Meditation. Classic and contemporary perspectives. New York: Aldine, 671–673.

Ellis, A. (2000). Can Rational Emotive Therapy (REBT) be effectively used with people who have devout beliefs in God and religion? Professional Psychology: Research and Practice, 31, 9–33.

Ellis, J.B. & Smith, P.C. (1991). Spiritual well-being, social desirability, and reasons for living: Is there a connection? The International Journal of Social Psychiatry, 37, 57–63.

Ellis, A. & Yeager, R. (1989). Why some therapies don't work: The dangers of transpersonal psychology. New York: Prometheus.

Ellison, C.W. (1994). Spiritual Well-being Scale, San Francisco: Harper & Row.

Ellison, C.W. & Smith, J. (1991). Toward an integrative measure of health and well-being. Journal of Psychology and Theology, 19, 35–49.

Emmons, R.A. (1999). The psychology of ultimate concerns. Motivation and spirituality in personality. New York & London: Guilford Press.

Emmons, R.A. (2000). Is spirituality an intelligence? Motivation, cognition, and the psychology of ultimate concern. The International Journal for the Psychology of Religion, 10, 3–26.

Emmons, R.A. & McCullough, M.E. (2003). Counting blessings versus burdens: An experimental investigation of gratitude and subjective well-being in daily life. Journal of Personality and Social Psychology, 84, 377–389.

Emmons, R.A. & Shelton, C.S. (2001). Gratitude and the science of positive psychology. In C.R. Snyder & S.J Lopez (Eds.), Handbook of positive psychology. New York: Oxford University Press, 459–471.

Engel, K. (1999). Meditation. Geschichte, Systematik, Forschung, Theorie (2. Aufl.). Frankfurt/M.: Peter Lang.

Engler, J. (1986). Therapeutic aims in psychotherapy and meditation. In K.W. Wilber, J. Engler & D.Brown (Eds.),

Transformations of Consciousness. Boston: Shambala, 17–51.
Enright, R.D. & Fitzgibbons, R.P. (2000). Helping clients forgive. Washington DC: American Psychological Association.
Erikson, E. (1973). Identität und Lebenszyklus. Frankfurt/M.: Suhrkamp.
Everson, S.A. et al. (1996). Hopelessness and risk of mortality and incidence of myocordial infarction and cancer. Psychosomatic Medicine, 58, 113–121.
Eysenck, H.J. & Eysenck, S.B.G. (1991). Eysenck personality scales (EPS Adult). London: Hodder & Stoughton.

Fahlberg, L.L. & Fahlberg, L.A. (1991). Exploring spirituality and consciousness with an expanded science: Beyond the ego with empiricism, phenomenology, and contemplation. American Journal of Health Promotion, 5, 273–281.
Fallding, H. (1999). Towards a definition of term 'spiritual'. Journal of Christian Education, 42 (3), 21–36.
Farran, C.J. (2003). Spirituality in multicultural caregivers of persons with Dementia. Dementia, 2, 353–377.
Faulkner, J.L. & Harding, S.E. (2004). Spirituality: the key between life satisfaction and body satisfation. www.psych.hanover.edu/research/Thesis04/Faulkner&Harding.ppt
Feher, S. & Maly, R. (1999). Coping with breast cancer in later life. The role of religious faith. Psycho-Oncology, 8, 408–416.
Fehr, T. (2001). Advaita Meditation. IPPM: Institut für Persönlichkeitspsychologie und Meditation. www.theofehr.de/Advaita-Meditation/Kurzinfo_Advaita-Meditation.pdf
Fehr, T. (2002). Der gesundheitliche Nutzen von Meditationstechniken mit spiritueller Zielrichtung. In W. Belschner u.a. (Hrsg.), Transpersonale Forschung im Kontext. Oldenburg: Bibliotheks- und Informationssysteme der Universität Oldenburg, 351–392.
Fehr, T. (2002a). Die modifizierende Wirkung sozialer Erwünschtheit in der psychologischen Selbstbeschreibung Praktizierender spiritueller Techniken am Beispiel der Transzendentalen Meditation. Report Psychologie, 27, 22–31.
Fehr, T., Nersthcimer, S. & Tober, S. (1977). Study of personality changes resulting from the Transcendental Meditation program: Freiburger Personality Inventory. In D.W. Orme-Johnson & J.T. Farrow (Eds.), Scientific Research on the Transcendental Meditation Programm. Collected Papers, Vol. I. New York: M.E.R.U Press, 420–424.
Fehring, R.J, Brennan, P.F. & Keller, M.L. (1987). Psychological and spiritual well-being in college students. Research in Nursing & Health, 10, 391–398.
Fehring, R.J., Miller, J.F. & Shaw, C. (1997). Spiritual well-being, religiosity, hope, depression, and other mood stets in elderly people coping with cancer. Oncology Nursing Forum, 24, 663–671.
Fisher, J.W. (2000). Being human, becoming whole: Understanding spiritual health and well-being. Journal of Christian Education, 43, 37–52.
Fisher, J.W., Francis, L.J. & Johnson, P. (2002). The personal and social correlates of spiritual well-being among primary school teachers. Pastoral Psychology, 51, 3–11.
Fitz, G.C. (1996). Impasse and dark night. In J.W. Conn (Ed.), Woman's spirituality. Resources for Christian development (2. Aufl.). New York: Paulist Press, 410–435.
Flammer, A. (2002). Entwicklungspsychologie der Adoleszenz. Die Erschließung innerer und äußerer Welten. Bern: Huber.
Fleming, R. (2001). Depression and spirituality in Australian aged care house. Journal of Religious Gerontology, 13, 107–116.
Folkman, S. et al. (1992). Stress, coping, and high-risk sexual behaviour. Health Psychology, 11, 218–222.
Fontana, D. (2003). Psychology, religion, and spirituality. Malden: BPS Blackwell.

Forman, R. (2004). Grassroots spirituality. What it is. Why it is here. Where it is going. Exeter: Imprint Academic.

Fowler, J.W. (1988). Faith development and spirituality. In Ch. Kao (Ed.), Maturity and the quest for spiritual meaning. New York: University Press of America, 19–40.

Fowler, J.W. (1991). Stufen des Glaubens. Die Psychologie der menschlichen Entwicklung und die Suche nach Sinn. Gütersloh: Gerd Mohn.

Fox, M. (2002). Religion, spirituality, and the Near-death experience. New York: Routledge.

Frank, J.D. (1961). Persuasion and healing. Baltimore MD: The John Hopkins Press.

Frankl, V.E. (1984). Der leidende Mensch. Anthropologische Grundlagen der Psychotherapie. Bern u.a.: Huber.

Fraser, G.A. (1990). A satanic ritual abuse: A cause of multiple personality disorder: Journal of Child and Youth Care, Special Issue, 55–65.

Freedman, S. & Enright, R.D. (1996). Forgiveness as an intervention goal with incest survivors. Journal of Consulting and Clinical Psychology, 64, 983–992.

Freeman, D.W., Wolfson, R. & Affolter, H.-U. (1998). Spiritual dimensions of a Mind-Body Group for people with severe mental illness. In R.D. Fallot (Ed.), Spiritualty and religion in recovery from mental illness. San Francisco: Jossey-Bass, 57–67.

Freud, S. (1974). Studienausgabe 9: Fragen der Gesellschaft. Ursprünge der Religion. Frankfurt/M.: Fischer.

Frey, B.B., Daaleman, T.P. & Peyton, V. (2005). Measuring a dimension of spirituality for health research. Validity of the Spiritual Index of Well-being. Research on Aging, 27, 556–577.

Frey, B.B. et al. (2004). Cognitive spirituality and hope in Catholic high schools students. Catholic Education: A Journal of Inquiry and Practice, 7, 479–491.

Frick, E. (2002). Glauben ist keine Wunderdroge. Hilft Spiritualität bei der Bewältigung schwerer Krankheit? Herder Korrespondenz, 56, 41–46.

Fromm, E. (1989). Gesamtausgabe Band VI: Religion, hrsg. von R. Funk. München: dtv.

Fry, P.S. (2000). Religious involvement, spirituality and personal meaning for life: Existential predictors of psychosocial wellbeing in community-residing and institutional care elder. Aging and Mental Health, 4, 375–387.

Fryback, P.B. & Reinert, B.R. (1999). Spirituality and people with potentially fatal diagnoses. Nursing Forum, 34, 13–22.

Fuchs-Heinritz, W. (2002). Religion. In Deutsche Shell (Hrsg.), Jugend 2000, Band 1. Opladen: Leske + Budrich 157–180.

Fuller, R.C. (2001). Spiritual, but not religious. Understanding unchurched America. New York: Oxford University Press.

Funk, J. (2000). Inspired creativity. In M.E. Miller & S. Cook-Greuter (Eds.), Creativity, spirituality, and transcendence: Paths to integrity and wisdom in the mature self. Stamford: Ablex Publishing Corporation, 55–72.

Galanter, M., Larson, D. & Rubenstone, E. (1991). Christian psychiatry: The impact of evangelical belief on clinical practice. American Journal of Psychiatry, 148, 90–95.

Galton, F. (1872). Statistical inquiries into the efficacy of prayer. Fortnightly Review, 12, 125–135.

Galuska, J. (Hrsg.) (2003). Den Horizont erweitern. Die transpersonale Dimension in der Psychotherapie. Berlin: Leutner.

Galuska, J. (2003a). Religiöse und spirituelle Störungen. In J. Galuska (Hrsg.), Den Horizont erweitern. Die transpersonale Dimension in der Psychotherapie. Berlin: Leutner, 182–203.

Gangl, J. (2004). Der Einfluss der Bindungsstile auf die Religiosität bzw. Spiritualität. Unveröffentlichte Diplomarbeit am Fachbereich Psychologie der Universität Salzburg.

Ganje-Fling, M.A. & McCarthy, P.R. (1991). A comparative analysis of spiritual direction and psychotherapy. Journal of Psychology and Theology, 19, 103–117.

Garbarino, J. (1999). Lost boys: Why our sons turn violent and how we can save them. New York: Free Press.
Garroutte, E.M. et al. (2003). Spirituality and attempted suicide among American Indians. Social Science and Medicine, 56, 1571–1579.
Genia, V. (2001). Evaluation of the spiritual well-being scale in a sample of college students. International Journal for the Psychology of Religion, 11, 25–33.
George, L.K. et al. (2000). Spirituality and health: What we know, what we need to know. Journal of Social and Clinical Psychology, 19, 102–116.
George, L.K., Ellison; C.G. & Larson, D.B. (2002). Explaining the relationship between religious involvement and health. Psychological Inquiry, 13, 190–200.
Giacalone, R.A. & Jurkiewicz, C.L. (Eds.) (2003). The handbook of workplace spirituality and organizational performance. New York: M.E. Sharpe.
Gibson, L.M. & Parker, V. (2003). Inner resources as predictors of psychological well-being in middle income African American breast cancer survivors. Cancer Control, 10 (5), 52–59.
Gibbons, P. (2001). Spirituality at work: Definitions, measures, asssumptions, and validity claims. In: J. Biberman & M. Whitty (Eds.): Work and Spirit: A Reader of New Spiritual Paradigms for Organizations, Scranton: University of Scranton Press, 111–131.
Gins, K. (1992). Experimentell-meditative Versenkung in Analogie zur klassisch christlichen Mystik. Frankfurt/M.: Peter Lang.
Girgensohn, K. (1930). Der seelische Aufbau des religiösen Erlebens. Eine religionspsychologische Untersuchung auf experimenteller Grundlage. Gütersloh: Bertelsmann.
Gmut, M. & Tschopp, A. (1987). Factors determing the success of nicotine withdrawal: 12 year followup of 532 smokers after suggestion therapy (by a faith healer). International Journal of the Addiction, 22, 1189–1200.
Goldbourt, U., Yaari, S. & Medale, J.H. (1993). Factors predictive of long-term coronary heart disease mortality among 10'059 male Israeli civil servants and municipal employees: A 23–year mortality follow-up in the Israeli Ischemic hert disease study. Cardiology, 82,100–121.
Goldsmith, M. (1997). Knowing me, knowing God. Exploring your spirituality with Myers-Briggs. Nashville: Abingdon Press.
Goleman, D. (1976). Meditation and consciousness: An Asian approach to mental health. American Journal of Psychotherapy, 30, 41–54.
Gollnick, J. (2005). Religion and spirituality in the life cycle. New York et al.: Peter Lang.
Gomez, R. & Fisher, J.W. (2003). Domains of spiritual well-being and development and validation of the spiritual well-being questionnaire. Personality and Differences, 35, 1975–1991.
Gomez, R. & Fisher, J.W. (2005). Item response theory analysis of the spiritual well-being questionnaire. Personality and Individual Differences, 38, 1107–1121.
Gopaul-McNicol, S.A. (1997). The role of religion in psychotherapy: A cross-cultural examination. Journal of Contemporary Psychotherapy, 27, 34–48.
Gorsuch, R.L. (1995). Religious aspects of substance abuse and recovery. Journal of Social Issues, 51, 65–83.
Gorsuch, R.L. & Miller, W.R. (1999). Assessing spirituality. In W.R. Miller (Ed.), Integrating spirituality into treatment. Washington DC: American Psychological Association, 47–64.
Grad, B. (1965). Some biological effects of laying-on of hands: A Review of experiments with animal and plants. Journal of the American Society for Psychical Research, 59, 95–127.
Granqvist, P. & Hagekull, B. (2001). Seeking security in the New Age: On attachment and emotional compensation. Journal for the Scientific Study of Religion, 40, 527–545.
Grawe, K., Donati, R. & Bernauer, F. (1993). Psychotherapie im Wandel. Von

der Konfession zur Profession. Göttingen: Hogrefe.
Grawe, K. (1998). Psychologische Therapie. Göttingen: Hogrefe.
Greeley, A.M. (1975). The sociology of the paranormal. A reconnaissance. Beverly Hills/London: Sage Publications.
Greenberg, D. & Witztum, E. (1991). Problems in the treatment of religious patients. American Journal of Psychotherapy, 45, 554–565.
Greenwell, B. (1998). Kundalini. Erfahrungen mit der geheimnisvollen Urkraft der Erleuchtung, Bergisch Gladbach: Lübbe.
Greenwood, S.F. (1995). Transpersonal theory and religious experience. In R.W. Hood jr. (Ed.), Handbook of religious experience, Birmingham Alab.: Religious Education Press, 495–519.
Greyson, B. (1997). The near-death experience as a focus of clinical attention. Journal of Nervous and Mental Disease, 185, 327–334.
Greyson, B. (2004). Near-Death experiences. In E. Cardeña, J.J. Lynn & S. Krippner (Eds.), Varieties of anomolous experiences. Examining the scientific evidence (3. Aufl.). Washinngton DC: American Psychological Association, 315–352.
Greyson, B. & Harris, B. (1990). Beratung für Menschen mit Nah-Todeserfahrungen. In S. Grof & C. Grof (Hrsg.), Spirituelle Krisen. Chancen der Selbstfindung. München: Kösel, 236–251.
Griffin, D.R. (1997). Parapsychology, philosophy, and spirituality. A postmodern exploration. New York: State University of New York Press.
Grof, S. (1993). Geburt, Tod und Transzendenz. Neue Dimensionen in der Psychologie. Reinbek: Rowohlt.
Grof, S. (2001). Das Abenteuer der Selbstentdeckung. Heilung durch veränderte Bewusstseinszustände. Ein Leitfaden (4. Aufl.). Reinbek: Rowohlt.
Grof, S. (2003). Außergewöhnliche Bewusstseinszustände. In S. Grof et al. (Hrsg.), Wir wissen mehr als unser Gehirn. Die Grenze des Bewusstseins überschreiten. Freiburg i.Br.: Herder, 7–35.
Grof, S. & Grof, C. (Hrsg.) (1990). Spirituelle Krisen. Chancen der Selbstfindung. München: Kösel.
Grof, S. & Grof, C. (1990a). Spirituelle Krisen und Bewusstseinsentwicklung. In S. Grof & C. Grof (Hrsg.), Spirituelle Krisen. Chancen der Selbstfindung. München: Kösel, 22–54.
Grom, B. (1992). Religionspsychologie. München & Göttingen: Kösel/Vandenhoeck & Ruprecht.
Gross, W. (Hrsg.) (1994). Psychomarkt – Sekten – Destruktive Kulte. Bonn: Deutscher Psychologen Verlag.
Group fort he Advancement of Psychiatry (1976). Mysticism: Spiritual quest or mental disorder. New York: Group for the Advancement of Psychiatry.
Guinee, J.P. & Tracey, T.J. (1997). Effects of religiosity and problem type on counsellor descripting ratings. Journal of Counseling and Development, 76, 65–73.

Haase, J.E. et al. (1992). Simultaneous concept analysis of spiritual perspective, hope, acceptance, and self-transcendence. IMAGE: Journal of Nursing Scholarship, 24, 141–147.
Hall, B.A. (1998). Patterns of spirituality in persons with advances HIV disease. Research in Nursing & Health, 21, 143–153.
Hall, T.D. & Edwards, K.J. (2002). The spiritual assessment inventory: A theistic model and measure for assessing spiritual development. Journal for the Scientific Study of Religion, 41, 341–357.
Halstaed, M. (2005). How metaphors structure our spiritual understanding. In C. Ota & C. Erricker (Eds.), Spiritiual education. Literary, empirical and pedagogical approaches. Brighton: Sussex Academic Press, 137–153.
Haluza-Delay, R. (2000). Green fire and religious spirit. Journal of Experiential Education, 23, 143–149.
Hamel, S. et al. (2002). Temporal stability of the transcendent actualization inventory. Perceptual and Motor Skills, 94, 449–452.

Hamer, D. (2004). The God gene: How faith is hardwired into our genes. New York: Doubleday Books.
Hamilton, D.M. & Jackson, M.H. (1998). Spiritual development: Paths and processes. Journal of Instructional Psychology, 25, 262–270.
Hardy, A. (1979). The spiritual nature of man. A study of contemporary religious experience. Oxford: Clarendon Press.
Harpur, T. (2002). Finding the still point: A spiritual response to stress. Kelowna: Northstone Publishing.
Harris, K.A. & Purrone, K. (2002). Definitions and discomfort: Towards an integration of spirituality in multicultural counseling. http://kaharris.iweb.bsu.edu/DefDiscomfEssay.htm
Harris, W.S. et al. (1999). A randomized, controlled trial of the effects of remote, intercessory prayer on outcomes in patients admitted to the coronary care unit. Archives of Internal Medicine, 159, 2273–2278.
Hart, H. (1997). Conceptual understanding and knowing other-wise: Reflection on rationality and spirituality in philosophy. In J.H. Olthuis (Ed.), Knowing otherwise: Philosophy at the threshold of spirituality. New York: Fordham University Press, 19–53.
Hart, K.E. (1998). A spiritual interpretation of the 12–steps of AA. The Addictions Newsletter. The American Psychological Association, Division 50: Special Issue: Spirituality in addiction and recovery.
Hart, T. (2003). The secret spiritual world of children. Makawao: Inner Ocean.
Hart, T. (2005). Spiritual experiences and capacities of children and youth. In E.C. Roehlkepartain et al. (Eds.), The handbook of spiritual development in childhood and adolescence. Thousand Oaks, CA: Sage Publications, 163–177.
Hart, K.E. et al. (2002). Testing two forgiveness programs. Paper presented at the Association for the Advancement of Behavior Therapy, Reno, November 14–17, 2002. http://website.lineone.net/~andrewhdknock/TwoPrograms.htm
Harte, J.L., Eifert, G.H. & Smith; R. (1995). The effects of running and meditation on beta-endorphin, corticotrophin-releasing hormone amd cortisol in plasma and on modd. Biological Psychology, 40, 251–265.
Hawker, P. (2000). Secret affairs of the souls. Ordinary people's extraordinary experiences of the sacred. Kelowna: Northstone Publishing.
Hawkins, R.S., Tan, S.Y. & Turk, A.A. (1999). Secular versus Christian inpatient cognitive-behavioral therapy programs: Impact on depression and spiritual well being. Journal od Psychology and Theology, 27, 309–331.
Hay, D. & Hunt, K. (2000). Understanding the spirituality of people who don't go to church. A report on the findings of the adults' spirituality project at the University of Nottingham. University of Nottingham.
Hay, D. & Nye, R. (1998). The spirit of the child. London: Fount.
Hay, D. & Socha, P. (2005). Spirituality as natural phenomenon: Bringing biological and psychological perspevtives together. Zygon, 40, 589–612.
Hay, D., Nye, R. & Murphy, R. (1996). Thinking about childhood spirituality: review of research and current directions. In L.J. Francis, W.K. Kay & W.S. Campbell (Eds.), Research in religious education. Macon: Smyth & Helwys Publishing, 47–71.
Hay, D., Reich, K.H. & Utsch, M. (2005). Spiritual development: Intersection and divergence with religious development. In E.C. Roehlkepartain et al. (Eds.), The handbook of spiritual development in childhood and adolescence. Thousand Oaks, CA: Sage Publications, 46–59.
Hayes, S.C. (2002). Acceptance, mindfulness, and science. Clinical Psychology: Science and Practice, 9, 101–106.
Hays, J. et al. (2001). The spirituality history scale in four dimensions (SHS-4): Validity and reliability. The Gerontologist, 41, 239–249.

Hebl, J. & Enright, R. (1993). Forgiveness as a psychotherapeutic goal with elderly females. Psychotherapy, 30, 658–667.

Hedayat-Diba, Z. (2002). Psychotherapy with muslims. In P.S. Richards & A.E. Bergin (Eds.), Psychotherapy and religious diversity. Washington DC,: American Psychological Association, 289–314.

Heidenreich, T. & Michalak, J. (2003). Achtsamkeit („mindfulness") als Therapieprinzip in Verhaltenstherapie und Verhaltensmedizin. Verhaltenstherapie, 13, 264–274.

Heim, T.A. & Rye, M.S. (2002). Forgiveness and mental health: An exploration of Jewish and Christian approaches. Journal of Religion & Abuse, 4, 29–50.

Heinrichs, J. (1993). Art.: Frömmigkeit/Spiritualität. In R. Dunde (Hrsg.), Wörterbuch der Religionspsychologie, Gütersloh: Gerd Mohn, 111–117.

Heise, P. (2005). Über den Sinn und Unsinn oder die Notwendigkeit von transpersonaler Therapie. In W. Belschner, H. Piron & H. Walach (Hrsg.), Bewusstseinstransformation als individuelles und gesellschaftliches Ziel. Münster: Lit, 174–209.

Helg, F. (2000). Psychotherapie und Spiritualität. Östliche und westliche Wege zum Selbst. Düsseldorf: Patmos.

Hellstern, C. (2000). Indische Spiritualität. In E. Möde (Hrsg.), Spiritualität der Weltkulturen. Graz: Styria, 11–38.

Helminiak, D.A. (1987). Spiritual development. An interdisciplinary study. Chicago: Loyola University Press.

Helminiak, D.A. (1996). The human core of spirituality. Mind as psyche and spirit. New York: State University of New York Press.

Helminiak, D.A. (1998). Sexuality and spirituality: A humanistic account. Pastoral Psychology, 47, 119–126.

Hempelmann, R. u.a. (2001). Panorama der neuen Religiosität. Sinnsuche und Heilversprechen zu Beginn des 21. Jahrhunderts. Gütersloh: Gütersloher Verlagshaus.

Henderson, P. et al. (2005). The healing nature of Mandalas: Empirical study of active imagination. www.jungianstudies.org/conferences/texas/papers/HenPMasNRosDSkillT.pdf

Heron, J. (1998). Sacred science: Person-centered inquiry into the spiritual and the subtle. Roos-on-Wye, UK: PCCS Books.

Herth, K.A. (1990). Fostering hope in terminally-ill people. Journal of Advanced Nursing, 15, 1250–1259.

Hickson, J., Housley, W. & Wages, D. (2000). Counselor's perceptions of spirituality in the therapeutic process. Counseling and Values, 45, 58–66.

Higginbotham, J. & Higginbotham, R. (2002). Paganism: An introduction to earth-centered religions. St. Paul: Llewellyn Publications.

Highfield, M.F. (1992). Spiritual health of oncology patients: nurse and patient perspectives. Cancer Nursing, 15, 1–8.

Hill, P.C. & Hood, R.W. jr. (Eds.) (1999). Measures of religiosity. Birmingham, Alab.: Religious Education Press.

Hill, P.C. & Pargament, K.I. (2003). Advances in the conceptualization and measurement of religion and spirituality: Implications for physical and mental health research. American Psychologist, 58, 64–74.

Hill, P.C. et al. (2000). Conceptualizing religion and spirituality: Points of commonality, points of departure. Journal for the Theory of Social Behaviour, 30, 51–77.

Hitt, J. (1999). This is your brain on God. www.wired.com/wired/archive/7.11/persinger_pr.html

Hodge, D.R. (2000). Spirituality: toward a theoretical framework. Social Thought, 19/4, 1–20.

Hodge, D.R. (2001). Spiritual genograms. A generational approach to assessing spirituality. Families in Society, 82, 35–48.

Hodge, D.R. (2003). The intrinsic spirituality scale: A new six-item instrument for assessing the salience of spirituality as a motivational construct. Journal of Social Service Research, 30, 41–61.

Hodge, D.R. (2005). Spiritual assessment in marital and family therapy: A methodological framework for selecting from among six qualitative assessment tools. Journal of Marital and Family Therapy, 31, 341–350.
Hodge, D.R., Cardenas, P. & Montoya, H. (2001). Substance use: Spirituality and religious participation as protective factors among rural youth. Social Work Research, 25 (9), 153–161.
Hoffmann, E. (1992). Visions of innocence. Spiritual and inspirational experiences of childhood. Boston & London: Shambhala.
Hoffmann, E. (1998). Peak experiences in childhood: An exploratory study. Journal of Humanistic Psychology 38, 209–220.
Hoge, D.R. (1972). A validated intrinsic religious motivation scale. Journal for the Scientific Study of Religion, 11, 369–376.
Hoge, D.R. (1996). Religion in America. The demographic of belief and affiliation. In E.P. Shafranske (Ed.), Religion and the clinical practice of psychology. Washington DC: American Psychological Association, 21–42.
Holder, D.W. et al. (2000). The association between adolescent spirituality and voluntary sexual activity. Journal of Adolescent Health, 26, 295–302.
Holland, J.C. et al. (1999). The role of religious and spiritual beliefs in coping with malignant melanoma. Psycho-Oncology, 8, 14–26.
Hood, R.W. jr. (1975). The construction and preliminary validation of a measure of reported mystical experience. Journal for the Scientific Study of Religion, 14, 29–41.
Hood, RR.W. jr. (1992). Sin und guilt in faith traditions: Issues for self-esteem. In J.F. Schumaker (Ed.), Religion and mental health. New York: Oxford University Press, 110–121.
Hood, R.W. Jr. et al. (2001). Dimensions of the Mysticism Scale: Confirming the three-factor structure in the United States and Iran. Journal for the Scientific Study of Religion, 40, 691–705.
Hood-Morris, L.E. (1996). A spiritual well-being model: Use with older women who experience depression. Issues in Mental Health Nursing, 17, 439–455.
Horn, M.J. et al. (2005). Sexuality and spirituality: The Embodied Spirituality Scale. Theology and Sexuality, 12, 81–101.
Horne, S. & Lease, S. (2002). Lesbian, Gay, Bisexual and transgendered (LGBT) religion ans spirituality study. http://info.nyacyouth.org/blog/viewtopic.php?p=30446&sid=24f7ad69bd28f71cb2a2 128647e9c39c
House, R. (2001). 'Psychopathology', 'psychosis' and the Kundalini: 'Postmodern' perspectives on unusual subjective experience. In I. Clarke (Ed.), Psychosis and spirituality. Exploring the new frontier. London: Whurr Publisher, 107–125.
Howell, J.D. (1997). ASC Induction Techniques, spiritual experiences, and commitment to New Religious Movements. Sociology of Religion, 58, 141–164.
Huber, S. (1996). Dimensionen der Religiosität. Skalen, Messmodelle und Ergebnisse einer empirisch orientierten Religionspsychologie. Freiburg u. Bern: Universitätsverlag und Verlag Hans Huber.
Hudson, P.S. (1990). Ritual child abuse: A survey of symptoms and allegations. Journal of Child and Youth Care, Special Issue, 27–53.
Hundt, U. (2003). Psychotherapie und Spiritualität. Eine qualitative Studie über die Integration spiritueller Konzepte und Methoden in die psychotherapeutische Arbeitsweise. Journal für Psychologie, 11, 368–386.
Hungelman, J. (1996). Focus on spiritual well-being: Harmonious interconnectedness of mind-body-spirit use of the JAREL spiritual well-being scale. Geriatric Nursing, 17, 262–266.
Hummer, R.A. et al. (1999). Religious involvement and U.S. adult mortality. Demography, 36, 273–285.
Hundt, U. (2000). Westliche Psychotherapie und östliche Spiritualität. Wege zur Integration. Berlin: Verlag für Wissenschaft und Bildung.

Hutton, M.S. (1994). How transpersonal psychotherapists differ from other practioners: An empirical study. The Journal of Transpersonal Psychology, 26, 139–174.
Hutson, S.R. (2000). The race: Spiritual healing in modern Western subcultures. Anthropological Quarterly, 73, 35–49.
Huxley, A. (1987). Die ewige Philosophie. München: Piper.

Imani, Z.P. (1992). Milatti Islami: The Path of Peace. Baltimore: Milatti Islami Program.
Imoda, F. (1998). Human development. Psychology and mystery. Leuven: Peeters.
Ingersoll, R.E. (1994). Spirituality, religion, and counseling: Dimensions and relationships. Counseling and Values, 38, 98–111.
Ingersoll, R.E. (1998). Refining dimensions of spiritual wellness: A cross-traditional approach. Counseling and Values, 42, 156–165.
Ingersoll-Dayton, B. & Krause, N. (2005). Self-forgiveness. A component of mental health in later life. Research on Aging, 27, 267–289.
Irwin, R.R. (2002). Human development and the spiritual life. How consciousness grows toward transformation. New York: Kluwer Academic/Plenum Publishers.

Jackson, M. & Fulford, K.W. (1997). Spiritual experience and psychopathologgy. Philosophy, Psychiatry and Psychology, 1, 41–65.
Jacobs, J.L. (2000). The spiritual self-in-relation. Empathy and the construction of spirituality among Spanish crypto-Jews. Journal for the Scientific Study of Religion, 39, 53–63.
Jacobson, E. (1939) Variation of blood pressure with skeletal muscle tension and relaxation. Annals of Internal Medicine, 12, 1194–1212.
James, W. (1979). Die Vielfalt religiöser Erfahrungen. Eine Studie über die menschliche Natur. Olten & Freiburg i.Br.: Walter (erstmals 1902).
Jaxon-Bear, E. (2001). Das spirituelle Enneagramm. Neun Pfade der Befreiung. München: Goldman.
Jean Paul (1910). Jean Paul Friedrich Richters Levana nebst pädagogischen Stücken aus seinen übrigen Werken. Mit Richters Biographie herausgegeben von Dr. Karl Lange. Langensalza: Hermann Beyer & Söhne.
Jenkins, R.A. & Pargament, K.I. (1995). Religion and spirituality as resources for coping with cancer. Journal of Psychosocial Oncology, 13, 51–74.
Jernigan, H.L. (2001). Spirituality in older adults: A cross-cultural and interfaith perspective. Pastoral Psychology, 49, 413–437.
Jewell, A. (2004). Aging, spirituality, and well-being. London: Jessica Kingsley.
Johannes Klimakos (2000). Klimax oder die Himmelsleiter. Übersetzt von Mönch Georgios Makedos. Athen: Berg-Sinai-Stiftung.
Johannes vom Kreuz (1995). Die dunkle Nacht der Seele. Vollständige Neuübersetzung. Hrsg. und übersetzt von Ulrich Dobhan. Freiburg i.Br.: Herder.
Johnson, C.M. (2001). Connections between sexual self-esteem and spiritual orientation in women. Thesis at the Faculty of Graduate Studies, Trinity Western University. www.twu.ca/cpsy/Documents/thesis/Carole%20Thesis.pdf
Johnson, T.J., Kristeller, J.L. & Sheets, L.S. (2004). Religiousness and spirituality in college students: Separate dimensions with unique and common correlates. www.collegevalues.org/pdfs/Johnson.pdf
Johnson, W.B. & Ridley, C.R. (1992). Brief Christian and nonChristian rational-emotive therapy with depressed Christian clients: An exploratory study. Counseling & Values, 36, 220–229.
Johnson, W.B. et al. (1994). The comparative efficacy of Christian and secular rationaL-emotive therapy with Christian Clients. Journal of Psychology and Theology, 22, 130–140.
Jones, S.L., Watson, E.J. & Wolfram, T.J. (1992). Results of the Rech conference survey on religious faith and professional

psychology. Journal of Psychology and Theology, 20, 147–158.
Jordhal, D. (1990). Psychotherapeuten denken religiös. Eine überraschende Bilanz. Olten: Walter.
Joseph, R. (2000). The transmitter to God. The limbic system, the soul, and spirituality. San Jose: University of California Press.
Joseph, R. (2002). After-death, astral projection, judgment day and the second death. In R. Joseph (Ed.), Neurotheology. Brain, science, spirituality, religious experience. San Jose: University Press, 357–385.
Joseph, R. (2002b). Paleolithic spiritual evolution. In R. Joseph (Ed.), Neurotheology. Brain, science, spirituality, religious experience. San Jose: University Press, 315–356.
Josephson, B.D. (1991). Biological utilization of quantum nonlocality. Foundations of Physics, 21, 197–207.
Joshi, M.M. (1998). Die Bedeutung von Wissenschaft und Spiritualität für den Weltfrieden. www.here-now4u.de/die_bedeutung_von_wissenschaft.htm
Joy of Satan (2004). Spiritual Satanism. www.angelfire.com/empire/serpentis666/TRADITIONAL.html
Jung, C.G. (1958). Ein moderner Mythos. Von Dingen, die am Himmel gesehen werden. Zürich: Rascher.
Jung, C.G. (1963). Gesammelte Werke XI: Zur Psychologie westlicher und östlicher Religion. Olten & Freiburg i.Br.: Walter
Jung, C.G. (1964). Zwei Schriften über Analytische Psychologie. Gesammelte Werke, 7, Zürich / Stuttgart: Rascher.

Kabat-Zinn, J. (1993). Mindfulness meditation: Health benefits of an ancient Buddhistic practice. In D. Goleman & J. Gurin (Eds.), Mind-Body medicine, Yonkers. New York: Consumer Report Books.
Kabat-Zinn, J. (1994). Gesund und stressfrei durch Meditation. Bern. Scherz.
Kabat-Zinn, J. (1995). Gesund durch Meditation. Das große Buch der Selbstheilung. München: Barth.
Kabat-Zinn, J. et al. (1992). Effectiveness of a meditation-based stress reduction programm in the treatment of anxiety disorders. American Journal of Psychiatry, 149, 936–943.
Kaczorowski, J.M. (1989). Spiritual wellbeing and anxiety in adults diagnosed with cancer. The Hospice Journal, 5, 105–115.
Kahle, P.A. (2004). The power of spirituality in therapy. Integrating spiritual and religious beliefs in mental health practice. Binghamton NY: Haworth Press.
Kaiser, P. (2004). Einfluss des religiös-weltanschaulichen Hintergrundes von Patienten auf die Präferenz von Heilerpersönlichkeiten und Therapiespektrum. www.medizin-ethik.ch/publik/einfluss_religios.htm
Kaldor, P. et al. (2004). Spirituality and wellbeing in Australia. NCLS Research. Occasional Paper 6. www.ncls.org.au/download/doc3416/NCLSOccasionalPaper6-Spiritualityand Wellbeing.pdf
Kallus, K.W. (1995). Der Erholungs-Belastungsfragebogen (EBF). Frankfurt: Swets & Zeilinger.
Karasu, B.I. (1999). Spiritual psychotherapy. American Jourrnal of Psychotherapy, 53, 143–162.
Kark, J.D. et al. (1996). Does religious observance promote health? Mortality in secular vs. religious kibbutzim in Israel. American Journal of Public Health, 86, 341–346.
Kaskutas, L. (1999). The role of religion and spirituality, and AA involvement in sustained sobriety: NIAAA 6 the Fetzer Institute: Conference Summary: Studying spirituality and alcohol, NIAAA: Bethesda.
Kaskutas, L.A. et al. (2003). The role of religion, spirituality and Alcoholics Anonymous in sustained sobriety. Alcoholism Treatment Quarterly, 21, 1–16.
Kasprow, M.C. & Scotton, B.W. (1999). A review of transpersonal theory and its application to the practice of psychotherapy. Journal of Psychotherapeutic Practice and Research, 8, 12–23.

Kass, J.D. et al. (1991). Health outcomes and a new index of spiritual experiences. Journal for the Scientific Study of Religion, 30, 203–211.
Kazanjian, M.A. (1997). The spiritual and psychological explanations for loss experience. In. The Hospice Journal, 12, 17–27.
Kegan, R. (1986). Die Entwicklungsstufen des Selbst. Fortschritte und Krisen im menschlichen Leben. München: Peter Kindt.
Kehoe, N.C. (1998). Religious-issues group therapy. In R.D. Fallot (Ed.), Spirituality and religion in recovery from mental illness. San Francisco: Jossey-Bass, 45–55.
Kehoe, N.C. (1999). A therapy group on spiritual issues for patients with chronic mental illness. Psychitaric Services, 50, 1081–1083.
Keller, W. (1997). Research and Jungian psychotherapy – Outcomes studies, part II. In M. Mattoon (Ed.), Open Questions in Analytical psychology. Proceedings of the Thirteenth International Congress for Analytical Psychology, Zürich 1995. Einsiedeln: Daimon, 641–645.
Kelly, E.W. jr. (1995). Spirituality and religion in counseling and psychotherapy. Diversity in theory and practice. Alexandria: American Counseling Association.
Kennedy, J.E. (2004). The roles of religion, spirituality, and genetics in paranormal belief. www.findarticles.com/p/articles/mi_m2843 /is_2_28/ai
Kennedy, J.E., Davis, R.C. & Taylor, B.G. (1998). Changes in spirituality and well-being among victims of sexual assault. Journal for the Scientific Study of Religion, 37, 322–328.
Kennedy, J.E. & Kanthamani, H. (1995). An exploratory study of the effects of paranormal and spiritual experiences on people's lives and well-being. The Journal for the American Society for Psychical Research, 89, 249–264.
Kennedy, J.E. & Kanthamani, H. (1995a). Association between anomalous experiences and artistic creativity and spirituality. The Journal for the American Society for Psychical Research, 89, 333–343.
Kim, Y. & Seidlitz, L. (2002). Spirituality moderates the effect of stress on emotional and physical adjustment. Personality and Individual Differences, 32, 1377–1390.
Kimble, M.A. et al. (2004). Aging, spirituality, and religion. A handbook. Minnesota: Augsburg Fortress Pub.
King, U. (2002). Spirituality and the society in the new millennium, Brighton: Sussex Academic Press.
King, D.E. & Bushwick, B. (1994). Beliefs and attitudes of hospital inpatients about faith healing and prayer. Journal of Family Practice, 39, 349–352.
King, M.B., Speck, P. & Thomas, A. (1999). The effect of spiritual beliefs on outcome from illness. Social Science and Medicine, 48, 1291–1299.
Kirk, K.M., Eaves, L.J. & Martin, N.G. (1999). Self-transcendence as a measure of spirituality in a sample of older Australien twins. Twin Research, 2, 81–87.
Klöcker, M. (1991). Katholisch – von der Wiege bis zur Bahre. Eine Lebensmacht im Zerfall? München: Kösel.
Koenig, H.G. (1994). Aging and God. Spiritual pathways to mental health in midlife and later years. New York: Haworth Pastoral Press.
Koenig, H.G. (1995). Research on religion and aging: An annotated bibliography. Westport C.T.: Greenwood Press.
Koenig, H.G. (Ed.) (1998). Handbook of religion and mental health. San Diego CA: Academic Press.
Koenig, H.G. (1999). The healing power of faith. New York: Simon & Schuster.
Koenig, H.G. (2001). The healing power of faith. How belief and prayer can help you triumph over disease. New York: Simon & Schuster
Koenig, H. & Cohen, H.J. (2002). The link between religion and health: Psychoneuroimmunology and the faith factor. Oxford: Oxford University Press.
Koenig, H.G. & Larson, D.B. (2001). Religion and mental health: evidence for an association. International Review of Psychiatry, 13, 67–78.

Koenig, H.G., McCullough, M.E. & Larson, D.B. (Eds.) (2001). Handbook of religion and health. Oxford/New York: Oxford University Press.
Koenig, H.G. et al. (1998). The relationship between religious activities and cigarette smoking in older adults. Journal of Gerontology (medical science), 53 A, 426–434.
Koenig, H. et al. (1999). Religion, spirituality, and medicine: A rebuttal to sceptics. International Psychiatry in Medicine, 29, 123–131.
Koenig, H.G. et al. (1999a). Does religious attendance prolong survival? A six-year follow-up study of 3,968 older adults. Journal of Gerontology: Medical Sciences, 54, 370–376.
Kohlberg, L. (1995). Die Psychologie der Moralentwicklung. Frankfurt/M.: Suhrkamp.
Kohls, N.B. (2004). Außergewöhnliche Erfahrungen – Blinder Fleck der Psychologie? Eine Auseinandersetzung mit außergewöhnlichen Erfahrungen und ihrem Zusammenhang mit geistiger Gesundheit. Münster: Lit.
Kornfield, J. (1995). Frag den Buddha – und geh den Weg des Herzens. München: Kösel (am. Original: A Path with heart. A guide through the perils and promises of spiritual life. New York: Bantam).
Koury, A.T. (2000). Spiritualität des Islam. In E: Möde (Hrsg.), Spiritualität der Weltkulturen. Graz: Styria, 229–255.
Krippner, S. & Welch, P. (1992). Spiritual dimensions of healing. New York: Irvington.
Kristeller, J.L. & Hallet, B. (1999). Effects of a meditation-based intervention in the treatment of binge eating. Journal of Health Psychology, 4, 357–363.
Kriz, J. (2001). Grundkonzepte der Psychotherapie (5. Aufl.). Weinheim: Psychologie Verlags Union.
Kruse, A. (2005). Zur Religiosität und Spiritualität im Alter. In P. Bäurle et al. (Hrsg.), Spiritualität und Kreativität in der Psychotherapie mit älteren Menschen. Bern u.a.: Huber, 49–63.
Kurtz, E. (1999). The historical context. In W.R. Miller (Ed.), Integrating spirituality into treatment. Washington D.C.: American Psychological Association, 19–46.
Kutz, I., Borysenko, J.Z., & Benson, H. (1985). Meditation and Psychotherapy: A rationale for the integration of dynamic psychotherapy, the relaxation response, and mindfulness meditation. American Journal of Psychiatry, 142, 1–8.

Lackinger, E. (2005). Einfluss der Religiosität bzw. Spiritualität auf die Konstrukte der positiven Psychologie Optimismus, Vertrauen, Vertrauen in der Partnerschaft, Verzeihen und Glück. Unveröffentlichte Diplomarbeit am Fachbereich Psychologie der Universität Salzburg.
Lademann-Priemer, G. (1998). Warum faszinieren Sekten? Psychologische Aspekte des Religionsmissbrauchs. München: Claudius.
Laing, R.D. (1990). Transzendentale Erfahrung im Verhältnis zu Religion und Psychose. In S. Grof & C. Grof (Hrsg.), Spirituelle Krisen. Chancen der Selbstfindung. München: Kösel, 84–99.
Lambert, M.J. (1992) Implications of outcome research for psychotherapy integration. In J.C. Norcross & M.R. Goldfried (Eds.), Handbook of psychotherapy integration. New York: Basic Books, 94–129.
Lambert, Y. (2004). A turning point in religious evolution in Europa. Journal of Contemporary Religion, 19, 29–45.
Lamport, M.A. (1990). Adolescent spirituality: Age of conversion and factors of development. Christian Education Journal, 10/3, 17–30.
Landis, B.J. (1996). Uncertainty, spiritual well-being, and psychosocial adjustment to chronic illness. Issues in Mental Health Nursing, 17, 217–231.
Lannert, J. (1991). Resistance and countertransference issues with spiritual and religious clients. Journal of Humanistic Psychology, 31, 68–76.
Larimore, W.L., Parker, M. & Crowther, M.P. (2002). Should clinicians incorpora-

te positive spirituality into their practices? What does the evidence say? Annals of Behavioral Medicine, 24, 69–73.

Larson, D.B. & Larson, S.S. (2003). Spirituality's potential relevance to physical and emotional health: a brief review of the quantitative research. Journal of Psychology and Theology, 31, 37–51.

Larson, D.B., Swyers, J.P. & McCollough, M.E. (1997). Scientific research on spirituality and health: A consensus report. Rockville, MD: National Institute for Healthcare Research.

Larson, D.B. et al. (1989). The impact of religion on men's blood pressure. Journal of Religion and Health, 28, 265–278.

Larsson, G. et al. (1994). Health and loss of a family member: Impact of Sense of Coherence. International Journal of Health Sciences, 5, 5–11.

Lasch, C. (1995). Das Zeitalter des Narzissmus. Hamburg: Hoffmann & Campe.

Laszlo, E. (1995). The interconnected universe: Conceptual foundation of transdisciplinary unified theory. New York: World Scientific Publishing & Co.

Laubmeier, K.K., Zakowski, S.G. & Bair, J.P. (2004). The role of spirituality in the psychological adjustment to cancer: a test of the transactional model of stress and coping. International Journal of Behavioral Medicin, 11, 48–55.

LaVey, A.S. (1969). The Satanic Bible. New York: Avon.

Lawler, K.A. & Younger, J.W. (2002). Theobiology: An analysis of spirituality, cardiovascular responses, stress, mood, and physical health. Journal of Religion and Health, 41, 347–362.

Lawrence, R. (2002). Four fatal flaws in recent spirituality research. Journal of Health Care Chaplaincy, 12, 125–130.

Lazarus, A. (1979). Psychiatric problems precipitated by Transcendental Meditation. Psychology Reports, 39, 60.

Le, C., Ingvarson, E.P. & Page, R.C. (1995). Alcoholics Anonymous and the counseling profession: Philosophies in conflict. Journal of Counseling and Development, 33, 603–609.

Ledbetter, M.F. et al. (1991). An evaluation of the construct validity of the spiritual well-being scale: A confirmatory factor analytic approach. Journal of Psychology and Theology, 19, 94–103.

Lessing, L. (1993). New Age & Co. Einkauf im spirituellen Supermarkt. München: Knesebeck.

Leuchter, A.F. et al. (2002). Changes in brain function of depressed subjects during treatment with placebo. The American Journal of Psychiatry, 159, 122–129.

Levin, J.S. (1994). Religion and health: is there an association, is it valid, and is it causal? Social Science and Medicine, 38, 1475–1482.

Levin, J.S. (1996). How prayer heals? A theoretical model. Alternative Therapies Health Medicine, 2, 66–73.

Levin, S. (1998). From psychosomatic to theosomatic: The role of spirit in the next new paradigm. Subtle Energies and Energy Medicine, 9, 1–26.

Levin, J.S. (2001). God, faith, and health. Exploring the spirituality-healing connection. New York: John Wiley and Sons.

Levin, J.S. (2002). Is depressed affect a function of one's relationship with God? Findings from a study of primary care patients. International Journal of Psychiatry in Medicine, 32, 379–393.

Levin, J.S. (2003). Spiritual determinants of health and healing. An epidemiologic perspective on salutogeneric mechanism. Alternative Therapies in Health and Medicine, 9, 48–57.

Levin, J.S., Chatters, L.M. & Taylor, R.J. (1995). Religious effects on health status and life satisfaction among black Americans. Journal of Gerontology: Social Scienes, 50, 154–163.

Levine, S. (1999). Children's cognition and the foundation of spirituality. International Journal of Children's Spirituality, 4, 121–140.

Levinson, D. (1979). Das Leben des Mannes. Werdenskrisen, Wendepunkte, Entwicklungschancen. Köln: Kiepenheuer & Witsch.

Lewis, J.R. (2003). Who serves Satan? A demographic and ideological profile. http://users.cybercity.dk/~ccc44406/smwane/Lewis.html
Liebert, E. (1996). Changing life patterns. In J.A. Conn (Ed.), Woman's spirituality. Ressources for Christian development (2. Aufl.). New York: Paulist Press, 349–361.
Liebert, E. (2000). Changing life patterns: Adult development and spiritual direction, expanded edition. St. Louis: Chalice Press.
Loehlin, J.C. et al. (1998). Heritabilities of common and measure-specific components of the Big Five personality factors. Journal of Research in Personality, 32, 431–453.
Loevinger, J. (1976). Ego Development. San Franciso: Jossey-Bass.
Love, P.G. (2002). Comparing spiritual development and cognitive development. Journal of College Student Development, 43, 357–373.
Ludwig, M. & Plaum, E. (1998). „Glaubensüberzeugungen" bei Psychotherapeutinnen/Psychotherapeuten. Zeitschrift für Klinische Psychologie, Psychiatrie und Psychotherapie, 46, 58–83.
Lukoff, D. (1990). Divine madness: Schamanistic initiatory crisis and psychosis. Shaman's Drum, 22, 24–29.
Lukoff, D. (2000). DSM–IV Religious and spiritual problems. Internet Guided Learning. www.spiritualcompetency.com/dsm4/dsmrsproblem.pdf
Lukoff, D., Lu, F.G. & Turner, M. (1995). Cultural considerations in the assessment and treatment of religious and spiritual problems. The Psychiatric Clinics of North America, 18, 467–485.
Lukoff, D., Lu, F.G. & Turner, M. (1998). From spiritual emergency to spiritual problem: The transpersonal roots of the new DSM–IV category. Journal of Humanistic Psychology, 38, 2, 21–50.
Lyall, D. (1995). Counselling in the pastoral and spiritual context. Buckingham: Open University Press.
Macaskill, A. (2005). Defining forgiveness: Christian clergy and general population perspectives. Journal of Personality, 73, 1237–1265.
MacDonald, D.A. (2000). Spirituality: Description, measurement, and relation to a five factor model of personality. Journal of Personality, 68, 153–197.
MacDonald, D.A., Friedman, H.L. & Kuentzel, J.G. (1999). A survey of measures of spiritual and transpersonal constructs. The Journal of Transpersonal Psychology, 31, 137–154.
MacDonald, D.A et al. (1995). A survey of measures of transpersonal constructs. The Journal of Transpersonal Psychology, 27, 171–235.
MacKinlay, E. (2001). The spiritual dimension of aging. London & Philadelphia: Jessica Kingsley Publishers.
MacKnee, C.M. (1997). Sexuality and spirituality: In search of common ground. Journal of Psychology and Christianity, 16, 210–221.
Maercker, A. & Langner, A. (2001). Persönliche Reifung (personal growth) durch Belastungen und Traumata: Validierung zweier deutschsprachiger Fragebogenversionen. Diagnostica, 47, 153–162.
Mäulen, B. (1989). Seelsorge und Sucht. In www.aerztegesundheit.de/sucht9.htm
Mager, A. (1945). Mystik als seelische Wirklichkeit. Eine Psychologie der Mystik. Graz: Pustet.
Mahedy, W. (1986). Out of the night. The spiritual journey of Vietnam vets. New York: Ballantine.
Mahoney, A. & Pargament, K.I. (2004). Sacred changes: Spiritual conversion and transformation. Journal of Clinical Psychology, 60, 481–492.
Mahoney, A. et al. (1999). Marriage and the spiritual realm: The role of proximal and distal religious constructs in marital functioning. Journal of Family Psychology, 13, 321–338.
Majumdar, M. (2000). Meditation und Gesundheit. Eine Beobachtungsstudie, Essen: KVC Verlag.

Majumdar, M. et al. (2002). Does mindfulness meditation contribute to health? Outcome evaluation of a German sample. Journal of Alternative and Complementary Medicine, 8, 719–730.

Malone, K. (2004). Narcissism and spiritual materialism: The New Age legacy. www.engaged-zen.org/articles/Kobutsu-New_Age_Legacy.html

Maltby, J., Day, L. & Barber, L. (2004). Forgiveness and mental health variables: Interpreting the relationship using an adaptational-continuum model of personality and coping. Personality and Individual Differencies, 37, 1629–1641.

Markale, J. (1989). Die Druiden. Gesellschaft und Götter der Kelten. München: Goldmann.

Marler, P.L. & Hadaway, C.K. (1993). Toward a typology of Protestant „marginal members“. Review of Religious Research, 35, 34–54.

Marler, P.L. & Hadaway, C.K. (2002). „Being religious“ or „being spiritual“ in America: A zero-sum proposition? Journal for the Scientific Study of Religion, 4, 289–300.

Martin, J.E. & Carlson, C.R. (1988). Spiritual dimensions of health psychology. In W.R. Miller & J.E. Martin (Eds.), Behavior therapy and religion. Integrating spiritual and behavioral approaches to change. Newbury Park: Sage Publications, 57–110.

Mascaro, N., Rosen, D.H. & Morely, L.C. (2004). The development, construct validity, and clinical utility of the Spiritual Meaning Scale. Personality and Individual Differences, 37, 845–860.

Maslow, A. (1970). Religion, values, and peak experiences. New York: Viking.

Maslow, A. (1973). Psychologie des Seins. Ein Entwurf. München: Kindler.

Mason, M. (2004). Methods für exploring primordial elements of youth spirituality. Paper presented at the annual meeting of the Association fort he Sociology of Religion, San Francisco, August 14, 2004. www.hirr.hartsem.edu/sociology/sociology_online_articles_mason.html

Massion, A.O. et al. (1995). Meditation, melatonin and breast/prostata cancer: Hypotheses and preliminary data. Medical Hypotheses, 44, 39–46.

Mathew, R.J. et al. (1996). A retrospective study of the concept of spirituality as understood by recovering individuals. Journal of Substance Abuse Treatment, 13, 67–73.

Maton, K.I. (1989). The stress buffering role of spiritual support: Cross sectional and prospective investigations. Journal for the Scientific Study of Religion, 28, 310–323.

Matsuba, M.K. & Walker, L.J. (2004). Extraordinary moral commitment. Young adults working for social organizations. Journal of Personality, 72, 413–436.

Matthews, D.A. (2000). Glaube macht gesund. Spiritualität und Medizin. Freiburg i.Br.: Herder.

Matthews, D.A. & Clark, C. (1998). The faith factor – proof of the healing power of prayer. New York: Penguin Group.

McCulley, D. (1994). Satanic ritual abuse: A question of memory. Journal of Psychology and Theology, 22, 167–172.

McCullough, M.E. (1995). Prayer and health. Conceptual issues, research review, and research agenda. Journal of Psychology and Theology, 23, 15–29.

McCullough, M.E. (1999). Research on religious-accommodative counselling: Review and meta-analysis. Journal of Counselling Psychology, 46, 92–98.

McCullough, M.E. (2004). Spiritual and religious factors in depression: the state of the science. www.psy.miami.edu/faculty/mmccullough/religion/rel_dep.ppt

McCullough, M.E., Emmons, R.A. & Tsang, J.A. (2002). The grateful disposition: A conceptual and empirical topography. Journal of Personality and Social Psychology, 82, 112–127.

McCullough, M.E. & Larson, D.B. (1999). Religion and depression: a review of the literature. Twin Research, 2, 126–136.

McCullough, M.E., Pargament; K.I. & Thoresen, C.E (Eds.) (2000). Forgiveness:

Theory, research, and practice. New York: Guilford.
McCullough, M.E. & Worthington, E.L. (1995). Promoting forgiveness: A comparison of two brief psychoeducational group interventions with a waiting list control. Counseling and Values, 40, 55–68.
McCullough, M.E. & Worthington, E.L. (1999). Religion and the forgiving personality. Journal of Personality, 67, 1141–1164.
McCullough, M.E., Worthington, E.L. & Rachal, K.C. (1997). Interpersonal forgiving in close relationships. Journal of Personality and Social Psychology, 73, 321–336.
McDonald, B. (2003). We are totally connected: Creating spirituality through environmental commitment. The Cyril O. Houle Scholars in adult and continuing education program. Global research perspectives: Volume III, compiled by R.M Cervero, B.C. Courtenay & M.-T. Hixon, Athens, Georgia: University of Georgia, 138–153.
McDonald, B. (2003a). The soul of environmental activists. International Journal of Wilderness, 9 (2), 14–17.
McKenna, J.J. (2000). Healing images: Art and meditation in recovery from cancer. In M. Melvin & S. Cook-Greuter (Eds.), Creativity, spirituality and transcendence. Stanford: Ablex Publishing, 125–147.
McKenzie, R. (2003). Spiritual care in NHS Scotland. A non-religious perspective. Scottish Journal of Health-Care Chaplaincy, 6, 24–29.
McMillen, J.C. & Fisher, R.H. (1998). The perceived benefit scales: Measuring perceived positive life changes after negative events. Social Work Research, 22, 173–186.
McMinn, M.R. (1991). Religious values, sexist language, and perception of therapists. Journal of Psychology and Christianity, 10, 132–136.
McMinn, M.R. (1991a). Cognitive therapy techniques in Christian counselling. Dallas TX: Word.
McNeill, J.J. (1995). Freedom, glorious freedom: The spiritual journey to the fullness of life for gays, lesbians and everybody else. Boston: Beacon Press.
Mehnert, A., Rieß & Koch, U. (2003). Die Rolle religiöser Glaubensüberzeugungen bei der Krankheitsbewältigung maligner Melanome. Verhaltenstherapie und Verhaltensmedizin, 24, 147–166.
Meraviglia, M.G. (1999). Critical analysis of spirituality and its empirical indicators: Prayer and meaning in life. Journal of Holistic Nursing, 17, 18–33.
Meyer, R.A. (2000). Spirituality can impact creativity. Innovative Leader, 9 (1), 12–18.
Mill, A. & Lynn, S.J. (2004). Past-Life Experiences. In E. Cardeña, J.J. Lynn & S. Krippner, S. (Eds.), Varieties of anomalous experiences. Examining the scientific evidence (3. Aufl.). Washington DC: American Psychological Association, 283–314.
Miller, P.M. (1978). Behavior medification and AA: An unlikely combination. Behavior Therapy, 9, 300–301.
Miller, J.F. (1985). Assessment of loneliness and spiritual well-being in chronically ill and healthy adults. Journal of Professional Nursing, 12, 79–85.
Miller, W.R. (1998). Researching the spiritual dimension of alcohol and other drug problems. Addiction, 93, 979–990.
Miller, W.R. (Ed.) (1999). Integrating spirituality into treatment. Resources for practitioners. Washington DC: American Psychological Association.
Miller, M.E. (1999). Religious and ethical strivings in the later years: Three paths to spiritual maturity and integrity. In L.E. Thomas & S.A. Eisenhandler (Eds.), Religion, belief, and spirituality in late life. New York: Springer, 35–58.
Miller, M.E. & Cook-Greuter, S. (Eds.) (1994). Transcendence and mature thought in adulthood. The further reaches of adult development. Lanham: Rowman & Littlefield.
Miller, W.R. & C'Debaca, J. (2001). Quantum change: When epiphanies and sudden insights transform ordinary lives. New York: Guilford.

Miller, J.J., Fletcher, K. & Kabat-Zinn, J. (1994). Three-year-follow-up and clinical implications of a mindfulness meditation-based stress reduction intervention in the treatment of anxiety disorders. General Hospital Psychiatry, 17, 192–200.

Miller, L.D. & Greenwald, S.C. (2000). Religiosity and substance use and abuse among adolescents in the National Co-Morbity survey. Journal of the American Academy of Child and Adolescent Psychiatry, 39, 1190–1197.

Miller, J.P. & Nozawa, A. (2002). Meditating teachers: a qualitative study. Journal of In-Service Education, 28, 179–192.

Miller, W.R. & Thoresen, C.E. (1999). Spirituality and health. In W.R. Miller (Ed.), Integrating spirituality into treatment. Resources for practitioners. Washington DC: American Psychological Association, 3–18.

Miller, W.R. & Thoresen, C.E. (2003). Spirituality, religion, and health. An emerging research field. American Psychologist, 58, 24–35.

Mills, A. & Lynn, S.J. (2004). Past-life experiences. In E. Cardeña, J.J. Lynn & S. Krippner (Eds.), Varieties of anomolous experiences. Examining the scientific evidence (3. Aufl.). Washington DC: American Psychological Association, 283–313.

Mittroff, I. & Denton, E. (1999). A spiritual audit of corporate America. A hard look at spirituality, religion, and values in the workplace. San Francisco: Jossey-Bass.

Moberg, D.O. (Ed.) (1979). Spiritual well-being. Sociological perspectives. Washington D.C.: University Press of America.

Moberg, D.O. (1984). Subjective measures of spiritual well-being. Review of Religious Research, 25, 352–359.

Moberg, D.O. (2001). The reality and centrality of spirituality. In D. Moberg (Ed.), Aging and spirituality. Spiritual dimensions of aging theory, research, practice and policy. New York: The Haworth Press, 3–20.

Moberg, D.O. (2001a). Research on spirituality. In D.O. Moberg (Ed.), Aging and Spirituality. Spiritual dimensions of aging theory, research, practice and policy. New York: The Haworth Press, 55–69.

Moberg, D.O. (2002). Assessing and measuring spirituality: Confronting dilemmas of universal and particular evaluative criteria. Journal of Adult Development, 9, 47–60.

Mohan, Y. & Roy, G. (2004). Spiritual well-being: an empirical study with yogic perspectives. Internet-Zeitschrift für Kulturwissenschaften Nr. 15, August 2004: www.inst.at/trans/15Nr/03_8/yohan15.htm

Monroe, M.H. (2003). Primary care physician preferences regarding spiritual behavior in medical practice. Archives of Internal Medicine, 163, 2751–2756.

Moody, R.A. (1989). Licht von drüben. Neue Fragen und Antworten. Reinbeck: Rowohlt.

Morgenthaler, S.K. (Ed.) (1999). Exploring children's spirituality. Foundational issues, River Forest IL: Pillars Press.

Moss, D. (Ed.) (1999). Humanistic and transpersonal psychology. A historical and biographical sourcebook. Westport: Greenwood Press.

Murken, S. (1994). Religiosität, Kontrollüberzeugung und seelische Gesundheit bei anonymen Alkoholikern: eine empirische Studie. Frankfurt/M.: Peter Lang.

Murken, S. (1998). Soziale und psychische Auswirkungen der Mitgliedschaft in neuen religiösen Bewegungen unter besonderer Berücksichtigung der sozialen Integration und psychischen Gesundheit. Deutscher Bundestag (Hrsg.), Neue religiöse und ideologische Gemeinschaften und Psychogruppen. Hamm: Hoheneck, 298–354.

Murphy, M. (1992). The future of the body: Explorations in the further evolution of human nature. Los Angeles: Jeromy Tarcher.

Murphy, M. & Donovan, S. (1997). The physical and psychological effects of meditation. A review of contemporary research with a comprehensive bibliography 1931–1996 (2. Aufl.). Sausalito: Institute of Noetic Sciences.

Murray-Swank, N.A., Pargament, K.I. & Mahoney, A. (2005). At the crossroads of sexuality and spirituality: The sanctification of sex by College students. International Journal for the Psychology of Religion, 15, 199–219.

Musgrave, C. (1997). The Near-Death Experience: A Study of Spiritual Transformation. Journal of Near-Death Studies, 15, 187–201.

Musick, M.A. (1996). Religion and subjective health among black and white elders. Journal of Health and Social Behavior, 37, 221–237.

Myers, D.G. (2000). The American paradox: Spiritual hunger in a land of plenty. New Haven: Yale University Press.

Naess, A. (1984). Notes on the politics of the deep ecology movement. Graduate School of Environmental Science (Ed.), Sustaining Gaia. Contributions to another world view. Clayton: Monash University, 178–198.

Nagai-Jacobson, Mg. & Burkhardt, M.A. (1989). Spirituality: cornerstone of holistic nursing practice. Holistic Nursing Practice, 3 (3), 18–26.

Nager, F. (2005). Von der Vielfalt des Heilens. www.medizin-ethik.ch/publik/vielfalt_heilen.htm

Narayanasamy, A. (1999). A review of spirituality as applied to nursing. International Nursing Studies, 36, 117–125.

Neeleman, J. & King, M.B. (1993). Psychiatrists' religious attitudes in relation to their clinical practice. A survey of 231 psychiatrist. Acta Psychiatrica Scandinavia, 88, 420–424.

Neill, C.M. (1999). The role of personality and religious social activity on the life satisfaction of older widowed women. Sex Roles, 40, 319–329.

Nelson, P.L. & Hart, T.: A survey of recalled childhood spiritual and non ordinary experiences: Age, rate and psychological factors associated with their occurence. http://66.160.135.235/acrobat/survey_childhood_exp.pdf

Nelson, C.J., Rosenfeld, B. & Breitbart, W. (2002). Spirituality, religion, and depression in the terminally ill. Psychsomatics, 43, 213–220.

Newberg, A. & Iversen, J. (2002). On the „neuro" in neurotheology. In R. Joseph (Ed.), NeuroTheology. Brain, science, spirituality, religious experience. San Jose: University Press, 251–268.

Newberg, A. & Newberg, S.K. (2005). A neuropsychological perspective on spiritual development. In E.C. Roehlkepartain et al. (Eds.), The handbook of spiritual development in childhood and adolescence. Thousand Oaks, CA: Sage, 183–196.

Newberg, A., d'Aquili & Rause, V. (2003). Der gedachte Gott. Wie Glaube im Gehirn entsteht. München/Zürich: Piper.

Niederman, R. (1999). Spirituality Research. The conceptualization of a model of spirituality. Doctoral Dissertation at the School of Social Work at the University of Georgia. Summary: www.geocities.com/randynied/home.html

Nixon, G. (2001). Using Wilber's transpersonal model of psychological and spiritual growth in alcoholism treatment. Alcoholism Treatment Quarterly, 19, 79–95.

Noble, K.D. (2000). Spiritual intelligence: a new frame of mind. Advanced Development, 9, 1–29.

Noermann, P.E. (2001). Cultural variation in the placebo effect. Ulcers, anxiety, and blood pressure. Medical Anthropology Quarterly, 14, 51–72.

Noll, W. (1989). Wenn Frommsein krank macht. Planegg: Socio medico Verlag.

Nosek, M.A. & Hughes, R.B. (2001). Psychospiritual aspects of sense of self in women with physical disabilities. Journal of Rehabilitation, 67, 20–25.

Nye, R. (1999). Relational consciousness and the spiritual life of children: Convergence with children's theory of mind. In K.H. Reich, F.K. Oser & W.G. Scarlett (Eds.), Psychological studies on spiritual and religious development. Lengerich: Papst, 57–82.

Obrecht, A.J. (1999). Die Welt der Geistheiler. Die Renaissance magischer Weltbilder. Wien: Böhlau.
Obrecht, A.J. (Hrsg.) (2000). Die Klienten der Geistheiler. Vom anderen Umgang mit Krankheit, Krise, Schmerz und Tod. Wien: Böhlau.
O'Connor, T.J. et al. (1997). Making the most and making sense: Ethnographic research on spirituality in palliative care. The Journal of Pastoral Care, 51, 25–36.
Ogata, A., Ikeda, M. & Kuratsune, M. (1984). Mortality among Japanese Zen priests. Journal of Epidemology and Community Health, 38, 161–168.
Ogata, A. & Miyakawa, I. (1998). Religious experiences in epileptic patients with a focus on ictusrelated episodes. Psychiatry and Clinical Neurosciences, 52, 321–325.
O'Laoire, S. (1997). An experimental study of the effects of distant, intercessory prayer on self-esteem, anxiety, and depression. Alternative Therapies in Health and Medicine, 3 (6); 38–53.
Oman, D. & Driskill, J.D. (2003). Holy name repetition as a spiritual exercice and therapeutic technique. Journal of Psychology and Christianity, 22, 5–19.
Oman, D. & Thoresen, C.E. (2005). Religion, spirituality, and children's physical health. In E.C. Roehlkepartain et al. (Eds.), The handbook of spiritual development in childhood and adolescence. Thousand Oaks, CA: Sage, 399–415.
Oman, D. et al. (2002). Religious attendance and cause of death over 31 years. International Journal of Psychiatry in Medicine, 32, 69–89.
Orme-Johnson, D. (1987). Medical care utilization and the Transcendental Meditation program. Psychosomatic Medicine, 49, 493–507.
Ornish, D. (1990). Dr. Dean Ornish's program for reversing heart disease: The only system scientifically proven to reverse heart disease without drugs and surgery. New York: Ballantine Books.
Ornish, D. (1998). Love and survival. The scientific basis for the healing power of intimacy. New York: Harper & Collins.
Oser, F. (2002). Mystische und psychologische Stufen der religiösen Entwicklung: inkompatibel, analog, ergänzungsbedürftig? Ein spekulativer Vergleich. In W. Simon (Hrsg.), meditatio. Beiträge zur Theologie und Religionspädagogik der Spiritualität. Münster: Lit-Verlag, 67–80.
Oser, F. & Gmünder, P. (1996). Der Mensch – Stufen seiner religiösen Entwicklung. Ein strukturgenetischer Ansatz (4. Aufl.). Gütersloh: Gerd Mohn.
Oser, F., Scarlett, G. & Bucher, A. (2006). Religious and spiritual development throughout the lifespan. In W. Damon & R.M. Lerner (Eds.), Handbook of Child Psychology. New York: John Wiley & Sons, 942–998.
Ott, U. (2004). Meditation. In D. Vaitl & F. Petermann (Hrsg.), Entspannungsverfahren. Das Praxishandbuch (3. Aufl.). Weinheim: Beltz, 177–188.
Ott, U. (2005). Meditative Versenkung: Veranlagung, Training, physiologische Mechanismen. In W. Belschner, H. Piron & H. Walach (Hrsg.), Bewusstseinstransformation als individuelles und gesellschaftliches Ziel. Ansätze in Meditation, Psychotherapie und empirischer Forschung. Münster: Lit, 53–72.
Oxman, T.E. et al. (1995). Lack of social participation or religious strength and comfort as risk factors for death after cardiac surgery in the elderly. Psychosomatic Medicine, 53, 5–15.

Paloutzian, R.F. & Ellison, C.W. (1982). Loneliness, spiritual well-being, and the quality of life. In L.A. Peplau & D. Perlman (Eds.), Loneliness. New York: John Wiley and Sons, 224–237.
Pargament, K.I. (1997). The psychology of religion and coping. Theory, research, practice. New York: Guilford Press.
Pargament, K.I. (1999). The psychology of religion and spirituality? Yes and no. The International Journal for the Psychology of Religion, 9, 3–16.
Pargament, K.I. & Mahoney, A. (2002). Spirituality. Discovering and conserving the sacred. In Snyder, C.K. & Lopez, S.J.

(Eds.), Handbook of positive psychology. New York: Oxford University Press, 646–659.

Pargament, K.I. et al. (1999). Religious/spiritual coping. National Institute on Aging Working Group (Ed.), Multidimensional measurement of religiousness/spirituality for use in health research. Kalamazoo: Fetzer Institute, 43–55.

Pargament, K.I. et al. (2001). Religious struggle as predictor of mortality among medically ill elderly patients: a 2–year longitudinal study. Archive of Internal Medicine, 161, 1881–1885.

Pearce, J.C. (2002). The biology of transcendence. A blueprint of the human spirit. Rochester: Park Street Press.

Pecheur, D. & Edwards, K.J. (1984) A comparison of secular and religious versions of cognitive therapy with depressed Christian college students. Journal of Psychology and Theology, 12, 45–54.

Peck, M.S. (1987). The different drum: Community making and peace. New York: Simon & Schuster.

Peck, M.S. (1993). Further along the road less travelled: The unending journey towards spiritual growth. New York: Simon & Schuster.

Persinger; M.A. (2002a). The temporal lobe: The biological basis of the God experience. In R. Josef (Ed.), NeuroTheology. Brain, science, spirituality, religious experience. San Jose: University Press, California, 273–278.

Persinger, M.A. (2002b). Experimental simulation of God experience: Implications for religious beliefs and the future of human species. In R. Joseph (Ed.), NeuroTheology. Brain, science, spirituality, religious experience. San Jose: University Press, 279–292.

Peterson, E.A. & Nelson, K. (1987). How to meet your client's spiritual needs. Journal of Psychosocial Nursing, 25 (5), 34–39.

Piaget, J. (1980). Das Weltbild des Kindes. Frankfurt/M.: Ullstein.

Piechowski, M.M. (2001). Childhood spirituality. The Journal of Transpersonal Psychology, 33, 1–15.

Piedmont, R.L. (1999). Does spirituality represent the sixth factor of personality? Spiritual transcendence and the five-factor model. Journal of Personality, 67, 985–1013.

Piedmont, R.L. (2001). Spiritual transcendence and the scientific study of spirituality. Journal of Rehabilitation, 67, 4–14.

Piedmont, R.L. & Leach, M.M. (2002). Cross cultural generalizability of the spiritual transcendence scale in India: Spirituality as a universal aspect of human experience. American Behavioral Scientist, 45, 1888–1901.

Picot, S.J. et al. (1997). Religiosity and perceived rewards of black and white caregivers. Gerontologist, 37, 89–101.

Piron, H. (2003). Meditation und ihre Bedeutung für die seelische Gesundheit. Oldenburg: Bibliotheks- und Informationssystem der Universität Oldenburg.

Piron, H. (2005). Meditatives Gewahrsein in der Verhaltenstherapie: Auf dem Weg zu einer transpersonalen Wende. In W. Belschner, H. Piron & H. Walach (Hrsg.), Bewusstseinstransformation als individuelles und gesellschaftliches Ziel. Münster: Lit, 147–173.

Plante, T.G. (2004). Sin against the innocents: Sexual abuse by priests and the role of the Catholic church. Westport CT: Praeger.

Plante, T.G. & Sherman, A.C. (2001). Research on faith and health. New approaches to old questions. In T.G. Plante & A.C. Sherman (Eds.), Faith and health. Psychological perspectives. New York & London: Guilford Press, 1–12.

Plante, T.G. & Sharma, N.K. (2001). Religious faith and mental health outcomes. In T.G. Plante & A.C. Sherman (Eds.), Faith and health. Psychological perspectives. New York & London: Guilford Press, 240–261.

Plante, T.G., Sauceda, B. & Rice, C. (2001). The association between strength of religious faith and coping with daily stress. Pastoral Psychology, 49, 291–300.

Pollack, A.A. et al. (1977). Limitations of Transcendental Meditation in the treat-

ment of essential hypertension. The Lancet, 8, 71–73.
Porrette, M. (1987). Der Spiegel der einfachen Seelen. Wege der Frauenmystik. Zürich: Artemis.
Post, S.G., Puchalksi, S.G. & Larson, D.B. (2000). Physicians and patients spirituality: Professional boundaries, competency, and ethics. Annals of Internal Medicine, 132, 578–583.
Potts, R.G. (1996). Spirituality and the experience of cancer in African-American communities: Implications for psychosocial oncology. Journal of Psychosocial Oncology, 14, 1–19.
Powell, A. (2001). Spirituality and science: A personal view. Advances in Psychiatric Treatment, 7, 319–321.
Powell, L.H., Shahabi, L.B. & Thoresen, C.E. (2003). Religion and spirituality. Linkages to physical health. American Psychologist, 58, 36–52.
Propst, R.L. (1980). The comparative efficacy of religious and nonreligious imagery for the treatment of mild depression in religious individuals. Cognitive Therapy and Research, 4, 167–178.
Propst, R.L. (1988). Psychotherapy in a religious framework. Spirituality in the emotional healing process. New York: Human Sciences Press.
Propst, R.L. (1996). Cognitive-behavioral therapy and the religious person. In E.P. Shafranske (Ed.), Religion and the Clinical Practice Psychology. Washington DC: American Psychological Association, 391–407.
Propst, R.L. et al. (1992). Comparative efficacy of religious and nonreligious cognitive-behavioral therapy for the treatment of clinical depression in religious individuals. Journal of Consulting and Clinical Psychology, 60, 94–103.
Puchalski, C.M. (2001). Spirituality and health: the art of compassionate medicine. Hospital Physician, March 30–36.
Puchalski, C.M. & Romer, A.I. (2000). Taking a spiritual history allows clinicians to understand patients more fully. Journal of Palliative Medicine, 3, 129–137.

Quade, G. (2005). Spirituality in cancer care. www.meb.uni-bonn.de/cancer.gov/CDR0000328116.html

Ray, R.E. & McFadden, S.H. (2001). The web and the quilt: Alternatives to the heroic journey toward spiritual development. Journal of Adult Development, 8, 202–211.
Reed, P. (1986). Development ressources and depression in the elderly. Nursing Research, 35, 368–374.
Reed, P. (1987). Spirituality and well-being in terminally ill hospitalized adults. Research in Nursing and Health, 10, 335–344.
Reed, P. (1991). Self-transcendence and mental health in oldest-old adults. Nursing Research, 40, 5–11.
Reed, P. (1992). An emerging paradigm for the investigation of spirituality in nursing. Research in Nursing and Health, 15, 349–357.
Reed, P. (1995). Spirituality and well-being in terminally ill hospitalized patients. In L. VandeCreek (Ed.), Spiritual needs and pastoral services: Readings in Research, Decatur: Journal of Pastoral Care Publications, 52–66.
Reese, D.J. & Kaplan, M.S. (2000). Spirituality, social support, and worry about health: Relationship in a sample of HIV+Women. Social Thought, 19 (4), 37–52.
Reich, K.H. (2002). Developing the horizons of mind. Relational and contextual reasoning and the resolution of cognitive conflict, Cambridge: Cambridge University Press.
Reinert, D.F. (1998). The act of surrender. Then and now. The Addictions Newsletter. The American Psychological Association, Division 50: Special Issue: Spirituality in addiction and recovery.
Reker, G.T. & Chamberlain, K. (Eds.) (2000). Exploring existential meaning: Optimizing human development across the life span. Thousand Oaks, CA: Sage Publications.
Remid (2000). Religionsgemeinschaften in Deutschland: Mitgliederzahlen (Stand

Dezember 2000). www.remid.de/remid.htm
Renz, M. (2003). Grenzerfahrung Gott. Spirituelle Erfahrungen in Leid und Krankheit. Freiburg i.Br.: Herder.
Richards, P.S. & Bergin, A.E. (1997). A spiritual strategy for counseling and psychotherapy. Washington DC: American Psychological Association.
Richards, P.S. & Bergin, A.E. (Eds.) (2000). Handbook of psychotherapy and religious diversity. Washington DC: American Psychological Association.
Richards, T.A. & Folkman, S. (1997). Spiritual aspects of loss at the time of a partner's death from AIDS. Death Studies, 21, 527–552.
Richards, P.S., Owen, L. & Stein, S. (1993). A religiously oriented group counseling intervention for self-defeating perfectionism: A pilot study. Counseling and Values 37, 96–104.
Richards, P.S. & Potts, R.W. (1995). Using spiritual interventions in psychotherapy: Practices, successes, failures, and ethical concerns of Mormon psychotherapist. Professional Psychology: Research and Practice, 26, 163–170.
Richards, P. et al. (1997). Spiritual issues and interventions in the treatment of patients with eating disorders. Eating Disorders, 5, 261–279.
Richardson, J.T. (1995). Clinical and personality assessment of participants in new religions. The International Journal for the Psychology of Religion, 5, 145–170.
Richmond, L. (2004). When spirituality goews awry: Students in Cults. Professional School Counselling, 7, 1096–2009.
Ring, K. (1984). Heading towards omega. In search of the meaning of the near-death experience. New York: Quill/William Morrow.
Ringwald, C.D. (2002). The soul of recovery: Uncovering the spiritual dimension in the treatment of addiction. Oxford: Oxford University Press.
Ringwald, C.D. (2003). Spirituality: An evidence-based practice for treatment and recovery. Counselor. The Magazine for Addiction Professionals, 4 (3), 32–37.
Robinson, E. (1977). The original Vision. A study of religious experience in childhood. Oxford: Oxford University Press.
Roehlkepartain, E.C. et al. (Eds.) (2005). The handbook of spiritual development in childhood and adolescence. Thousand Oaks, CA: Sage Publications.
Roof, C.W. (2000). Spiritual marketplace: Baby boomers and the remaking of American religion. Princeton, NJ: Princeton University Press.
Rose, S. (2001). Is the term 'spirituality' a word that everyone uses, but nobody knows, what anyone means by it? Journal of Contemporary Religion, 16, 193–207.
Rosenthal, G. (1987). Inflated by the spirit. In D. Antony, B. Ecker &. K.E. Wilber (Eds.), Spiritual choices: The problem of recognizing authentic paths to inner transformation. New York: Paragon, 305–323.
Rosenthal, J. (1990). The meditative therapist. Family Therapy Networker, 15 (5), 38–41, 70–71.
Roth, P.D. (1988). Spiritual well-being and marital adjustment. Journal of Psychology and Theology, 16, 153–158.
Rothbaum, F.M., Weisz, J.R. & Snyder, S.S. (1982). Changing the world and changing the self: A two-process modell of perceived control. Journal of Personality and Social Psychology, 42, 5–37.
Royce, J.E. (1985). Sin or solace? Religious views on alcohol and alcoholism. Journal of Drug Issues, 14, 51–61.
Royer, A. (1994: The role of Transcendental Meditation technique in promoting smoking cessation: A longitudinal study. Alcoholism Treatment Quarterly, 11, 221–239.
Rumbold, B. (Ed.) (2002). Spirituality and palliative care: Social pastoral perspectives. Melbourne: Oxford University Press.
Rupp, J. (1998). Dear Heart come home. The path of midlife spirituality. New York: Crossroad.

Sanderson, C. & Linehan, M.M. (1999). Acceptance and forgiveness. In W.R. Miller (Ed.), Integrating spirituality into treatment: Resources for practitioners. Washington D.C. American Psychological Association, 199–216.

Sannella, L. (1987). The Kundalini experience. Psychosis or transcendence. Lower Lake: Integral Publishing.

Sawatzky, R. (1999). A meta-analysis of the relationship between spirituality and quality of life. Thesis at the Faculty of Graduate Studies (School of Nursing), University of British Columbia, www.ricksawatzky.com/Rick/Files/Spirituality%20and%20QOL%20Thesis.pdf

Schaler, J. (1996). Spiritual thinking in addiction-treatment providers: The Spiritual Belief Scale. Alcoholism Treatment Quarterly, 14, 7–33.

Scharfetter, C. (1999). Der spirituelle Weg und seine Gefahren (5. Aufl.). Stuttgart: Enke.

Scheindlin, L. (2003). Emotional perception and spiritual development. International Journal of Children's Spirituality, 8, 179–193.

Schlitz, M. & Braud, W. (1997). Distant intentionality and healing: Assessing the evidence. Alternative Therapies, 3, 62–73.

Schöll, A. & Streib, H. (2000). Wege der Entzauberung. Jugendliche Sinnsuche und Okkultfaszination. Kontexte und Analysen. Münster: Lit.

Schowalter, M. & Murken, S. (2003). Religion und psychische Gesundheit – empirische Zusammenhänge komplexer Konstrukte. In C. Henning, S. Murken & E. Nestler (Hrsg.), Einführung in die Religionspsychologie. Paderborn: Schöningh, 138–162.

Schowalter, M. u.a. (2003). Die Integration von Religiosität in die psychotherapeutische Behandlung bei religiösen Patienten – ein Klinikvergleich. Zeitschrift für Klinische Psychologie, Psychiatrie und Psychotherapie, 51, 361–374.

Schreurs, A. (2002). Psychotherapy and spirituality. Integrating the spiritual dimension into therapeutic practice. London & Philadelphia: Jessica Kingsley Publishers.

Schroeder, T. (1977). Der psychoanalytische Zugang zur religiösen Erfahrung. In E. Nase & J. Scharfenberg (Hrsg.), Psychoanalyse und Religion. Darmstadt: Wissenschaftliche Buchgesellschaft, 54–74.

Schultz-Hipp, P.L. (2001). Do spirituality and religion increase with age? In D.O. Moberg (Ed.), Aging and spirituality. Spiritual dimensions of aging theory, research, practice and policy. New York: The Haworth Press, 85–98.

Schulze, G. (1992). Die Erlebnisgesellschaft. Kultursoziologie der Gegenwart. Frankfurt/M.: Campus.

Schwennen, C. (2004). Verzeihen. In A.E. Auhagen (Hrsg.), Positive Psychologie. Anleitung zum „besseren“ Leben. Weinheim: Beltz, 139–153.

Scott, D. (2005). Spirituality in young adolescents: thinking developmentally. In C. Ota, & C. Erricker (Eds.), Spiritual education. Literary, empirical and pedagogical approaches. Brighton: Sussex Academic Press, 94–108.

Seager, R.A. (1998). America as sacred space, place and landscape. Religious Studies Review, 24, 248–252.

Seefeldt, D. (Hrsg.) (2000). Spiritualität und Psychotherapie. Lengerich: Papst.

Seeman, T.E., Dubin, L.F. & Seeman, M. (2003). Religiosity/Spirituality and health. A critical review of the evidence for biological pathways. American Psychologist, 58, 53–63.

Segerstrom, , S.C. et al. (1998). Optimism is associated with mood, coping, and immune change in response to stress. Journal of Personality and Social Psychology, 74, 1646–1655.

Seidlitz, L. et al. (2002). Development of the Spiritual Transcendence Index. Journal for the Scientific Study of Religion, 41, 439–453.

Sell, D.M. (2000). Personality and religiousness in the Family. Personality and religiousness in youth members of 'The Family'. A new religios movement. Presented on October 21, 2000. Annual

Meeting of the Society for the Scientific Study of Religion. www.cesnur.org/2001/thefamily.htm
Septhon, S.E. et al. (2001). Spiritual expression and immune status in women with metastatic breast cancer: An exploratory study. The Breast Journal, 7, 345–353.
Shafranske, E.P. (1996). Religious beliefs, affiliations, and practices of clinical psychologist. In E.P. Shafranske (Ed.), Religion and the clinical practice of psychology. Washington D.C.: American Psychological Association, 149–162.
Shafranske, E.P. (Ed.) (1996a). Religion and the clinical practice of psychology. Washington DC: American Psychological Association.
Shafranske, E.P. (2000). Religious involvement and professional practices of psychiatrists and other mental health professionals. Psychiatric Annals, 30, 525–532.
Shafranske, E.P. & Gorsuch, R.L. (1984). Factors associated with the perception of spirituality in psychotherapy. The Journal of the Transpersonal Psychology, 16, 231–241.
Shafranske, E.P. & Malony, H.N. (1990). Clinical psychologists' religious and spiritual orientations and their practice of psychotherapy. Psychotherapy, 27, 72–78.
Shahabi, L.B. et al. (2002). Correlates of self-perception of spirituality in American adults. Annals of Behavioral Medicine, 24, 59–68.
Shapiro, S.L., Schwartz, G.E. & Bonner, G. (1998). Effects of mindfulness-based stress reduction on medical and premedical students. Journal of Behavioral Medicine, 6, 581–599.
Sheikh, A.A., Kunzendorf, R.G. & Sheikh, K.S. (1989). Healing images: From ancient wisdom to modern science. In A.A. Sheikh & K.S. Sheikh (Eds.), Eastern and Western approaches to healing. Ancient wisdom and modern knowledge. New York: John Wiley & Sons, 470–515.
Sherman, D.W. (1996). Nurses' willingness to care for AIDS patients and spirituality, social support, and death anxiety. Journal of Nursing Scholarship, 28, 205–213.
Sherman, A.C. & Simonton, S. (2001). Religious involvement among cancer patients. Associations with adjustment and quality of life. In T.G. Plante & A.C. Sherman (Eds.), Faith and health. Psychological perspectives. New York & London: Guilford Press, 167–194.
Shuler, P.A., Gelberg, L. & Brown, M. (1994). The effects of spiritual/religious practices on psychosocial well-being among inner city homeless women. Nurse Practitioner Forum, 5, 106–113.
Shulman, A. (1995). Drinking the rain. New York: Farrar, Straus & Giroux.
Sicher, F. et al. (1998). A randomized double-blind study of the effect of distant healing in a population with advanced AIDS: Report of a small scale study. Western Journal of Medicine, 169, 356–363.
Simonton, O.C., Matthews, S. & Creighton, J. (1978). Getting well again. Los Angeles: J.P. Tarcher.
Simpson, M.E. & Conklin, G.H. (1989). Socioeconomic development, suicide, and religion: A test of Durkheim's theory of religion and suicide. Social Forces, 67, 945–964.
Singer, M.T. & Lalich, J. (1997), Sekten: Wie Menschen ihre Freiheit verlieren und wiedergewinnen können. Heidelberg: Carl-Auer-Systeme Verlag.
Sinnott, J. (1994). Development and yearning: Cognitive aspects of spiritual development. Journal of Adult Development, 1, 91–99.
Sinnott, J.D. (2001). Introduction: Special issue on spirituality and adult development, Part 1. Journal of Adult Development, 8, 199–200
Sipe, A.R. (1992). Sexualität und Zölibat. Paderborn u.a.: Schöningh.
Slater, W., Hall, T.W. & Edwards, K.J (2001). Measuring religion and spirituality: Where are we and where are we going? Journal of Psychology and Theology, 29, 4–21.
Sloan, R.P, Bagiella, E. & Powell, T. (1999). Religion, spirituality, and medicine. The Lancet, 353, 664–667.

Sloan, R.P., Bagiella, E. & Powell, T. (2001). Without a prayer. Methodological problems, ethical challenges, and misrepresentations in the study of religion, spirituality, and medicine. In T.G. Plante & A.C. Sherman (Eds.), Faith and health. Psychological perspectives. New York & London: Guilford Press, 339–354.

Sloan, R.P. et al. (2000). Should physicians prescribe religious activities. The New England Journal of Medicine, 342, 1913–1916.

Smith, T.W. (2001). Religion and spirituality in the science and practice of health psychology. Openness, skepticism, and the agnosticism of methodology. In T.G. Plante & A.C. Sherman (Eds.), Faith and health. Psychological perspectives. New York & London: Guilford Press, 355–380.

Smith, C. & Faris, R. (2002). Religion and American adolescent delinquency, risk behaviours and constructive social activities. A research report of the National Study of Youth and Religion. Chapel Hill: The University of North Carolina.

Smith, E. et al. (1993). Spiritual awareness, personal perspective on death, and psychosocial distress among cancer patients: An initial investigation. Journal of Psychosocial Oncology, 11, 89–104.

Smith, C. et al. (2002). Mapping American adolescent religious participation. Journal for the Scientific Study of Religion, 41, 597–612.

Snyder, L. (2003). Satisfactions and challenges in spiritual faith and practice for persons with dementia. Dementia, 2, 299–313.

Snyder, C.R. et al. (1997). The development and validation of the children's hope scale. Journal of Pediatry Psychology, 22, 399–421.

Sperry, L. (2001). Spirituality in clinical practice: Incorporating the spiritual dimension in psychotherapy and counselling. New York: Brunner-Routledge.

Sperry, L. & Giblin, P. (1996). Marital and family therapy with religious persons. In E.P. Shafranske (Ed.), Religion and the clinical practice of psychology. Washington DC: American Psychological Association, 511–532.

Sperry, L. & Shafranske, E. (Eds.) (2004). Spiritually oriented psychotherapy. Washington DC: American Psychological Association.

Spilka, B. et al. (2003). The psychology of religion. An empirical approach (3. Aufl.). New York/London: Guilford Press

Stanczak, G.C. & Miller, D.E. (2002). Engaged spirituality. Spirituality and social transformations in mainstream American religious traditions, Los Angeles: University of Southern California.

Starbuck, E.D. (1911). The psychology of religion: An empirical study of the growth of religious consciousness: New York: Walter Scott.

Starhawk (1989). Spiral Dance: A Rebirth of the ancient religion of the great Goddess. San Francisco: Harper Collins.

Staudinger, U. & Baltes, P.B. (1996). Weisheit als Gegenstand psychologischer Forschung. Psychologische Rundschau, 47, 57–77.

Stefanek, M., McDonald, P.G. & Hess, S.A. (2004). Religion, spirituality and cancer: Current status and methodological challenges. Psycho-Oncology, 14, 450–463.

Stein, D. et al. (1992). The association between adolescent's attitudes toward suicide and their psychosocial background and suicidal tendencies. Adolescence, 27, 949–959.

Stifoss-Hansen, H. (1999). Religion and spirituality: What a European ear hears. The International Journal for Psychology of Religion, 9, 25–33.

Stoll, R.I. (1989). The essence of spirituality. In V. Carson (Ed.), Spiritual dimension of nursing practice, Toronto: W.B. Saunders, 4–23.

Strawbridge, W.J. et al. (1997). Frequent attendance at religious services and mortality over 28 years. American Journal of Public Health, 87, 957–961.

Strawbridge, W.J. et al. (2001). Religious attendance increases survival by improving and maintaining good health behav-

iours, mental health, and social relationships. Annals of Behavioral Medicine, 23, 68–74.
Sudsuang, R., Chentanez, V. & Veluvan, K. (1991). Effect of Buddhist meditation on serum cortisol and total protein levels, blood pressure, pulse rate, lung volume and reaction time. Physiology Behavior, 50, 543–548.
Suzuki, S. (1982). Zen-Geist, Anfänger-Geist (3. Aufl.). Zürich: Theseus.

Tacey, D. (2004). The spiritual revolution. The emergence of contemporary spirituality, Hove & New York: Brunner-Routledge.
Tan, S.Y. (1996). Religion in clinical practice: Implicit and explicit integration. In E.P. Shafranske (Ed.), Religion and the clinical practice of psychology. Washington DC: American Psychological Association, 365–387.
Tangenberg, K.M. (2001). Surviving two diseases: Addiction, recovery, and spirituality among mothers living with HIV disease. Families in Society, 82, 517–524.
Targ, E.F. & Levine, E.G (2002). The efficacy of mind-body-spirit group for women with breast cancer: a randomized controlled trial. General Hospital Psychiatry, 24, 238–248.
Tart, C.T. (Hrsg.) (1978). Transpersonale Psychologie. Olten & Freiburg i.Br.: Walter
Tart, C.T. (1993). Marijuana intoxication, Psi and spiritual experiences. Journal of the American Society for Psychical Research, 87, 149–170.
Tausch, R. (2004). Sinn in unserem Leben. In A.E. Auhagen (Hrsg.), Positive Psychologie. Anleitung zum „besseren“ Leben. Weinheim: Beltz, 86–102.
Taylor, D.N. (1995). Effects of behavioural stress-management programm on anxiety, mood, self-esteem and T-cell count in HIV posive men. Psychological Reports, 76, 451–457.
Taylor, E. (1999). Shadow culture: Psychology and spirituality in America. Washington DC: Counterpoint.
Taylor, B. (2001). Earth and nature based spirituality (Part 1): From deep ecology to radical environmentalism. Religion, 31, 175–193.
Taylor, B. (2001a). Earth and nature based spirituality (Part 2): From Earth First! and bioregionalism to scientific paganisms and the New Age. Religion, 31, 225–245.
Teasdale, J.D. et al. (2002). Prevention of relapse/recurrence in major depression by mindfulness-based cognitive therapy. Journal of Consulting and Clinical Psychology, 69, 615–623.
Teresa von Avila (1960). Sämtliche Schriften der hl. Theresia von Jesus. Erster Band: Leben von ihr selbst beschrieben. München & Kempten: Kösel.
Teresa von Avila (1979). Die innere Burg. Zürich: Diogenes.
Thomas, L.E. (1994). Cognitive development and transcendence: An emerging transpersonal paradigm of consciousness. In M. Miller & S. Cook-Greuter (Eds.), Transcendence and mature thought in adulthood, Lanham: Rowmann & Littlefield, 71–87.
Thomas, J. & Retsas, A. (1999). Transacting self-preservation: a grounded theory of the spiritual dimension of people with terminal cancer. International Journal of Nursing Studies, 36, 191–201.
Thomas, L.E. et al. (1993). Two patterns of transcendence: An empirical examination of Wilber's and Washburn's Theories. Journal of Humanistic Psychology, 33, 66–81.
Thoresen, C.E. (1999). Spirituality and health: Is there a relationship? Journal of Health Psychology, 4, 291–300.
Thoresen, C.E., Harris, A.H. & Luskin, F. (2000). Forgiveness amd health: An unanswered question. In M. McCullough, Pargament, K.I & Thoresen, C.E. (Eds.), Forgiveness. Theory, research, and practice. New York & London: Guilford Press, 254–280.
Thoresen, C.E., Harris, A.H. & Oman, D. (2001). Spirituality, religion, and health. Evidence, issues, and concerns. In T.G.

Planthe (Ed.), Faith and health: Psychological perspectives. New York: Guilford Press, 15–52.
Timio, M. et al. (1987). Blood pressure trend and cardiovascular events in nuns in a selected order: A 30–year follow-up study. Blood Pressure, 6, 81–87.
Tloczinyki, J., Knoll, C. & Fitch; A. (1997). The relationship among spirituality, religious ideology, and personality. Journal of Psychology and Theology, 25, 208–213.
Tolstoj, L. (1990). Meine Beichte. München: Diederichs.
Tonigan, J.S., Toscova, R.T. & Connors, G.J. (1999). Spirituality and the 12–step programs: A guide for clinicians. In W.R. Miller (Ed.), Integrating spirituality into treatment: Resources for practitioners. Washington DC: American Psychological Association, 111–131.
Top, B.L. (2003) Spirituality and self-esteem. The role of religion in the lives of LDS Teens. www.ldsmag.com/articles/031003selfesteem.html
Tornstamm, L. (1999). Late-Life Transcendence. A new developmental perspective on aging. In L.E. Thomas & S.A. Eisenhandler (Eds.), Religion, belief, and spirituality in late life. New York: Springer, 178–202.
Tornstamm, L. (2003). Gerotranscendence from young old age to old old age. www.soc.uu.se/publications/fulltext/gtransoldold.pdf
Trieschmann, R.B. (2001). Spirituality and energy medicine. Journal of Rehabilitation, 67, 26–32.
Trott, D.C. (1996). Spiritual-well being of workers. Doctoral Dissertation, University of Texas – Austin.
Troyer, H. (1988). Reviews of cancer among 4 religious sects: Evidence that life-styles are distinctive sets of risk factors. Social Science and Medicine, 26, 1007–1017.
Trungpa, C. (1989). Spirituellen Materialismus durchschneiden. Zürich/München: Theseus.
Tuck, R.N. et al. (2001). Spirituality and psychosocial factors in persons living with HIV. Journal of Advanced Nursing, 33, 776–781.
Turner, J.A. et al. (1994). The importance of placebo effects in pain treatment and research. The Journal of the American Medical Association, 271, 1609–1614.

Underwood, L.G. & Teresi, J.A. (2002). The Daily Spiritual Experience Scale: Development, theoretical description, reliability, exploratory factor analysis, and preliminary construct validity using health related data. Annual of Behavioral Medicine, 24, 22–33.
Utsch, M. (1998). Religionspsychologie. Voraussetzungen, Grundlagen, Forschungsüberblick. Stuttgart: Kohlhammer.
Utsch, M. (2002). Spiritualität – Chance oder Risiko für seelische Gesundheit? www.ekd.de/ezw/spirit.pdf
Utsch, M. (2004). Religiosität und Spiritualität. In A.E. Auhagen (Hrsg.), Positive Psychologie. Anleitung zum „besseren" Leben. Weinheim: Beltz, 67–85.
Utsch, M. (2005). Religiöse Fragen in der Psychotherapie. Psychologische Zugänge zu Religiosität und Spiritualität. Stuttgart: Kohlhammer.

Vaitl, D. & Petermann, F. (Hrsg.) (2004). Entspannungsverfahren. Das Praxisbuch (3. Aufl.). Weinheim: Beltz.
VandeCreek, L. et. al. (1994). „Where There's Life, There's Hope, and Where There is Hope, There Is. . ." Journal of Religion and Health, 33, 51–59.
Van Lommel, P. et al. (2001). Near-death experience in survivors of a cardiac arrest: A prospective study in the Netherlands. The Lancet, 358, 2039–2045.
Van Uden, M. & Pieper, J. (2000). Religion in mental health care. Psychotherapist's views. Archiv für Religionspsychologie, 23, 264–277.
Vaughan, F. (1987). A question of balance: Health and pathology in New Religious Movements. In D. Antony, B. Ecker &.

K.E. Wilber (Eds.), Spiritual choices. New York: Paragon, 265–282.
Vaughan, F. (1990). Die Reise zur Ganzheit. Psychotherapie und spirituelle Suche. München: Kösel.
Vaughan, F. (1991). Spiritual issues in psychotherapy. The Journal of Transpersonal Psychology, 23, 105–119.
Vaughan, F. (1993). Heilung aus dem Inneren. Leitfaden für eine spirituelle Psychotherapie. Reinbek: Rowohlt.
Vaughan, F., Wittine, B. & Walsh, R.N. (1996). Transpersonal psychology and the religious person. In E.P. Shafranske (Ed.), Religion and the clinical practice of psychology. Washington D.C.: American Psychological Association, 483–509.

Walach, H. (2005). Spiritualität als Ressource. Ein neues Forschungsfeld und seine Chancen und Probleme. Zeitschrift für Onkologie, 37, 4–12.
Walach, H. & Hofmann, L. (2005). Spirituality and religiosity in psychotherapy practice. www.igpp.de/english/eks/eks-forschungsprojekte_english.htm
Walach, H. & Reich, K.H. (2005). Reconnecting science and spirituality: Toward overcoming a taboo. Zygon, 40, 423–441.
Walker, L.J. & Reimer, K.S. (2005). The relationship between moral and spiritual development. In E.C. Roehlkepartain, E.C. et al. (Eds.), The handbook of spiritual development in childhood and adolescence. Thousand Oaks, CA: Sage Publications, 224–238.
Wallace, R.K. (1970). Physiological effects of Transcendental Meditation. Science, 167, 1751–1754.
Wallace, R.K. et al. (1983). Systolic blood pressure and long term practice of the Transcendental meditation and TM-Sidhi programm: Effects of TM on systolic blood pressure. Psychsomatic Medicine, 45, 41–46.
Waller, N.G. et al. (1990). Genetic and environmental influences on religious interests, attitudes, and values: A study of twins reared apart and together. Psychological Science, 1, 138–142.
Wallis, C. (1996). Faith and healing. Time, 147 (24. Juni), 58–63.
Walsh, R.N. (1998). Der Geist des Schamanismus. Frankfurt/M.: Fischer.
Walsh, R.N. (1999). Essential spirituality. The 7 central practices to awaken heart and mind. New York: Wiley & Sons.
Walsh, F. (Ed.) (2003). Spiritual resources in family therapy. New York: Guilford Press.
Walsh, R.N. & Rauche, L. (1979). Precipation of acute psychotic episodes by intensive meditation in individuals with a history of schizophrenia. American Journal of Psychiatry, 136, 1085–1086.
Walsh, R.N. & Vaughan, F. (Eds.) (1993). Paths beyond ego. The transpersonal vision. Los Angeles: Tarcher.
Walsh, K. et al. (2002). Spiritual beliefs may affect outcome of bereavement: prospective study. British Medical Journal, 324, 1–5.
Walton, J. (1999). Spirituality of patients recovering from an acute myocordial infarction: A Grounded Theory study. Journal of Holistic Nursing, 17, 34–53.
Walton, J. & Sullivan, N. (2004). Men of prayer: Spirituality of men with prostate cancer. A Grounded Theory study. Journal of Holistic Nursing, 22, 133–151.
Warfield, R.D. & Goldstein, M.B. (1996). Spirituality: the key to recovery from alcoholism. Counseling & Values, 40, 196–205.
Washburn, M. (1988). The ego and the dynamic ground. Albany: State University of New York Press.
Washburn, M. (1990). Two patterns of transcendence. An empirical examination of Wilber's and Washburn's theories. Journal of Humanistic Psychology, 30, 84–112.
Watts, A. (1961). Psychotherapy East and West. New York: Pantheon.
Weber, S. & Frick, E. (2002). Zur Bedeutung der Spiritualität von Patienten- und Betreuern in der Onkologie. In Tumorzentrum München (Hrsg.),

Manual Psychoonkologie, Zuckerschwert Verlag, 106–109.
Wehr, D.S. (2000). Spiritual abuse: when good people do bad things. In P. Young-Eisendrath & M.E. Miller (Eds.), The psychology of mature spirituality: integrity, wisdom, transcendence. New York: Brunner-Routledge, 47–61.
Weis, H.W. (2002). Ken Wilbers transpersonale Systemspekulation. In W. Belschner u.a. (Hrsg.), Transpersonale Forschung im Kontext. Oldenburg: Bibliotheks- und Informationssystem der Universität Oldenburg, 101–114.
Welwood, J. (1980). Reflection on psychotherapy, focusing, and meditation. The Journal of Transpersonal Psychology, 12, 127–141.
Welwood, J. (1987). On spiritual authority. Genuine and Counterfeit. In D. Anthony, B. Ecker &. K.E. Wilber et al. (Eds.), Spiritual choices: The problem of recognizing authentic paths to inner transformation. New York: Paragon, 283–304.
Welwood, J. (2001). Toward a psychology of awakening. Buddhism, psychotherapy, and the path of personal and spiritual transformation. Boston: Shambala Publications.
West, W.S. (1998). Therapy as a spiritual process. In C. Feltham (Ed.), Witness and vision of therapists. London: Sage, 158–179.
West, W.S. (2000). Psychotherapy and spirituality. Crossing the line between therapy and religion. London et al.: Sage Publications.
Westlake, C. & Dracup, K. (2001). Role of spirituality in adjustement of patients with advanced heart failure. Progress in Cardiovascular Nursing, 16, 119–125.
Whitlock, G.E. (1983). The structure of personality in Hebrew psychology. In H. Malony (Ed.), Wholeness and holiness. Grand Rapids: Baker, 41–51.
WHO (1998). WHO and spirituality, religiousness and personal beliefs. Report an WHO consultation June 22–24, 1998, Worlds Health Organisation, Divison of Mental Health and Prevention of Substance Abuse.
Widerquist, J. (1992). The spirituality of Florence Nightingale. Nursing Research, 41, 49–55.
Wilber, K. (1987). The spectrum model. In D. Antony, B. Ecker & K. Wilber (Eds.), Spiritual choices. New York: Paragon House Publishers, 237–264.
Wilber, K. (1988). Die drei Augen der Erkenntnis. Auf dem Weg zu einem neuen Weltbild. München: Kösel.
Wilber, K. (1991). Wege zum Selbst. Östliche und westliche Ansätze zu persönlichem Wachstum. München: Goldmann.
Wilber, K. (1996). Halbzeit der Evolution. Der Mensch auf dem Weg vom animalischen zum kosmischen Bewusstsein. Frankfurt/M.: Fischer.
Wilber, K. (1996a). Transpersonal art and literary theory. The Journal of Transpersonal Psychology, 28, 63–91.
Wilber, K. (1999). Collected works, Vol. three: A sociable God. Eye to eye. Boston: Shambala Publications.
Wilber, K. (2000). Sex, ecology, spirituality. The spirit of the evolution (2. Aufl.). Boston: Shambhala Press.
Wilber, K. (2001). Integrale Psychologie. Geist, Bewusstsein, Psychologie, Therapie. Freiamt: Arbor Verlag.
Wilber, K. (2001a). Vom Tier zu den Göttern. Die große Kette des Seins. Freiburg i.Br.: Herder.
Wilber, K. (2002). Eros, Kosmos, Logos. Eine Jahrtausend-Vision (3. Aufl.). Frankfurt/M.: Fischer.
Wilber, K., Engler, J. & Brown, D. (Eds.) (1986). Transformations of consciousness. Boston: Shambala.
Williams, R.B. (2002). Hostility, neuroendocrine changes, and health outcomes. In Koenig, H.G. & H.J. Cohen (Eds.), The link between religion and health. Psychoneuroimmunology and the faith factor. New York: Oxford University Press, 160–173.
Wilson, M. (2004). A part of you so deep. What vulnerable adolescents have to say about spirituality. Burlington: New Eng-

land Network for Child, Youth & Familiy Services.
Windham, R.C., Hooper, L.M. & Hudson, P.E. (2005). Selected spiritual, religious, and family factors in the prevention of school violence. Counseling and Values, 49, 208–216.
Wink, P. & Dillon, M. (2002). Spiritual development across the adult life course. Findings from a longitudinal study. Journal of Adult Development, 9, 79–94.
Wink, P., Dillon, M. & Fay, K. (2005). Spiritual seeking, narcissm, and psychotherapy. Journal for the Scientific Study of Religion, 44, 143–158.
Wirtz, U. (2003). Die spirituelle Dimension der Traumatherapie. In J. Galuska (Hrsg.), Den Horizont erweitern. Die transpersonale Dimension in der Psychotherapie. Berlin: Leutner, 136–153.
Witvliet, C., Ludwig, T.E. & van der Laan, K.L. (2000). Granting forgiveness or harbouring grudges: Implications or emotions, physiology and health. Psychological Science, 121, 117–123.
Wolf-Braun, B. & Binder, M. (1997). Geistige Heilung aus der Sicht von Patienten. Ergebnisse einer empirischen Untersuchung. Erfahrungsheilkunde, 1, 13–20.
Woods, T.E. et al. (1998). Religiosity is associated with affective and immune status in symptomatic HIV-infected gay men. Journal of Psychosomatic Research, 46, 165–170.
Worth, L.M., Westphal, V.K. & Tonigan, J.S. (2003). Longitudinal perspectives of changes in religiosity and spirituality among three AA exposed groups in project MATCH. http://casaa.unm.edu/posters/Longitudinal%20Perspective%20of%20Changes%20in%20Rel igiosity%20and%20Spirituality.pdf
Worthington, E.L (Ed.) (1999). Dimensions of forgiveness. Psychological research and theological perspectives. Philadelphia: Templeton Press.
Worthington, E.L. et al. (Eds.) (1993). Psychotherapy and religious values. Grand Rapids: Baker.
Worthington, E.L. et al. (1996). Empirical research on religion and psychotherapeutic processes and outcomes: A 10–year review and research prospectus. Psychological Bulletin, 119, 448–487.
Worthington, E.L. & Wade, N.G. (1999). The social psychology of unforgiveness and forgiveness and the implications for clinical practice. Journal of Social and Clinical Psychology, 18, 385–418.
Wulff, D. (1997). Psychology of religion: Classic and contemporary views (2. Aufl.). New York: Wiley.
Wulff, D.M. (2004). Mystical experience. In E. Cardeña, S.J. Lynn & S. Krippner (Eds.), Varieties of anomalous experiemce: Examining the scientific evidence (3. Aufl.). Washington DC: American Psychological Association, 397–440.
Wuthnow, R. (2000). After Heaven. Spirituality in America since the 1950s. Berkeley: University of California Press.

Yeginger, A. (2000). Forschungsinstrumente der transpersonalen Psychologie. Oldenburg: Bibliotheks- und Informationssystem der Universität Oldenburg.
Young-Eisendrath, P. & Miller, M.M. (Eds.) (2000). The psychology of spiritual maturity. Integrity, wisdom, transcendence. London: Routledge.
Younger, J.W. et al. (2004). Dimensions of forgiveness: The views of laypersons. Journal of Social and Personal Relationships, 21, 837–855.

Zainuddin, R. (1993). Needs as determinants of orientation towards spirituality. Journal of the Indian Academy of Appplied Psychology, 19, 31–38.
Zatorsky, H. (2004). Fasten und Essen im geistlichen Leben. Hamburg: Verlag Dr. Kovac.
Zimmermann, M. (1995). Spiritualität und Positives Denken. Zwei Lebenskonzepte im Vergleich. Frankfurt/M. u.a.: Peter Lang.
Zinnbauer, B.J. & Pargament, K.I. (1998). Spiritual conversion: A study of religious change among college students. Journal

for the Scientific Study of Religion, 37, 161–180.
Zinnbauer, B.J. & Pargament, K.I. (2000). Working with the sacred: Four approaches to religious and spiritual issues in counselling. Journal of Counseling and Development, 78, 162–171.
Zinnbauer, B. et al. (1997). Religion and spirituality: Unfuzzying the fuzzy. Journal for the Scientific Study of Religion, 36, 549–564.
Zinnbauer, B.J., Pargament, K.I. & Scott, A.B. (1999). The emerging meanings of religiousness and spirituality: Problems and prospects. Journal of Personality, 67, 889–919.
Znoj, H., Morgenthaler, C. & Zwingmann, C. (2004). Mehr als nur Bewältigen? Religiosität, Trauerreaktion und Coping bei elterlicher Depressivität nach dem Verlust eines Kindes. In C. Zwingmann & H. Moosbrugger (Hrsg.), Religiosität: Messverfahren und Studien zu Gesundheit und Lebensbewältigung. Münster: Waxmann, 277–297.
Zollinger, T.W., Philipps, R.L. & Kuzma, J.W. (1984). Breast cancer survival rates among Seventh-Day Adventists and non-Seventh-Day Adventists. American Journal of Epidemology, 119, 503–509.
Zulehner, P. (Hrsg.) (2004). Spiritualität – mehr als ein Megatrend. Ostfildern: Schwabenverlag.

Personenverzeichnis

Sachverzeichnis